首都圏電車路線図

Tokyo Bay
東京湾

KEY TO LINES 凡例

JR LINE JR線	**KEISEI LINE** 京成線
ODAKYŪ LINE 小田急線	**OTHER PRIVATE LINES** その他の私鉄
KEIŌ LINE 京王線	**SUBWAY (TOKYO METRO LINE)** 東京地下鉄
TŌKYŪ LINE 東急線	**SUBWAY (TOEI LINE)** 都営地下鉄
KEIHIN KYŪKŌ LINE 京急行	**SUBWAY (YOKOHAMA SHIEI LINE)** 横浜市営地下鉄
SEIBU LINE 西武線	**SHINKANSEN** 新幹線
TŌBU LINE 東武線	**NIPPORI TONERI LINER** 日暮里・舎人ライナー

D0959708

TOKYO SUBWAY SYSTEM

TOEI MITA LINE 都営三田線
TÔBU TÔJÔ LINE 東武東上線

Nishi-Takashimadaira 西高島平 I27
Shin-Takashimadaira 新高島平 I26
Takashimadaira 高島平 I25
Nishidai 西台 I24
Hasune 蓮根 I23
Shimura-Sanchôme 志村三丁目 I22
Shimura-Sakaue 志村坂上 I21
Moto-Hasunuma 本蓮沼 I20
Itabashi-Honchô 板橋本町 I19
Itabashi-Kuyakushomae 板橋区役所前 I18
Shin-Itabashi 新板橋 I17

Wakô-shi 和光市 Y01 F01
Chikatetsu-Narimasu 地下鉄成増 Y02 F02
Chikatetsu-Akatsuka 地下鉄赤塚 Y03 F03
Heiwadai 平和台 Y04 F04
Hikawadai 氷川台 Y05 F05
Kotake-Mukaihara 小竹向原 Y06 F06
Senkawa 千川 Y07 F07
Kanamechô 要町 Y08 F08
Ikebukuro 池袋 Y09・Y09・M25

Shin-Sakuradai 新桜台
Shin-Ôtsuka 新大塚 M24
Ôtsuka 大塚
Myôgadani 茗荷谷 M23
Higashi-Ikebukuro 東池袋 Y10
Gokokuji 護国寺 Y11
Zôshigaya 雑司が谷 F10
Edogawabashi 江戸川橋 Y12
Waseda 早稲田 T04
Kagurazaka 神楽坂 T05

Hikarigaoka 光が丘 E38
Nerima-Kasugachô 練馬春日町 E37
Toshimaen 豊島園 E36
Nerima 練馬 E35
Shin-Egota 新江古田 E34
Ochiai-Minami-Nagasaki 落合南長崎 E33
Nakai E32

SEIBU IKEBUKURO LINE 西武池袋線
SEIBU SHINJUKU LINE 西武新宿線

Mejiro 目白
Takadanobaba 高田馬場 T03
Nishi-Waseda 西早稲田 F11
Ushigome-Kagurazaka 牛込神楽坂 E05
Ushigome-Yanagichô 牛込柳町 E04
Wakamatsu-Kawada 若松河田 E03
Higashi-Shinjuku 東新宿 E02 F12
Shinjuku-Sanchôme 新宿三丁目 S02 M09 F13

Ochiai T02
Nakano T01
Ogikubo 荻窪 M01
Minami-Asagaya 南阿佐ケ谷 M02
Shin-Kôenji 新高円寺 M03
Higashi-Kôenji 東高円寺 M04
Shin-Nakano 新中野 M05
Nakano-Sakaue 中野坂上 M06・E30
Nakano-Fujimichô 中野富士見町 m03
Nakano-Shimbashi 中野新橋 m04
Nishi-Shinjuku-Gochôme 西新宿五丁目 m05
Nishi-Shinjuku 西新宿 M07
Shinjuku-Nishiguchi 新宿西口 E01

KEIÔ INOKASHIRA LINE 京王井の頭線
KEIÔ LINE 京王線

To Mitaka 三鷹へ直通
To Hashimoto, Takaosan-guchi 橋本・高尾山口へ直通

Tochômae 都庁前 E28
Shinjuku 新宿 M08・S01 E27
Shinjuku-Gyoemmae 新宿御苑前 M10

Yoyogi 代々木 E26
Harajuku 原宿
Kita-Sandô 北参道 F14
Kokuritsu-Kyôgijô 国立競技場 E25
Meiji-jingûmae 明治神宮前 C03 F15

Sendagaya 千駄ケ谷
Yotsuya-Sanchôme 四谷三丁目 M11
Yotsuya 四ツ谷 M12 N08
Shinano-machi 信濃町

Ichigaya 市ヶ谷 S04・Y14・N09
Kôjimachi 麹町 Y15
Nagatachô 永田町 N07・Z04・Y16
Hanzômon 半蔵門 Z05
Sakuradamon 桜田門 Y17

Iidabashi 飯田橋 E06・T06・Y13・N10
Kudanshita 九段下 S05・Z06・T07
Takebashi 竹橋 T08
Jimbôchô 神保町 S06・I10・Z07
Suidôbashi 水道橋 I11
Kôrakuen 後楽園 N11・M22
Kasuga 春日 I12・E07
Hongô-Sanchôme 本郷三丁目 E08・M21

CHÛÔ, SÔBU LINE 中央・総武線
TOEI ÔEDO LINE 都営大江戸線
TOEI SHINJUKU LINE 都営新宿線
NAMBOKU LINE 南北線
YÛRAKUCHÔ LINE 有楽町線
HANZÔMON LINE 半蔵門線
GINZA LINE 銀座線
HIBIYA LINE 日比谷線

SAIKYÔ LINE 埼京線
To Urawa-Misono 浦和美園
To Ômiya 大宮

Akabane-Iwabuchi 赤羽岩淵 N19
Shimo 志茂 N18
Ôji-Kamiya 王子神谷 N17
Ôji 王子 N16
Komagome 駒込 N14
Komagome 巣鴨 I15
Sugamo 巣鴨 M25
Nishi-Sugamo 西巣鴨 I16
Nishigahara 西ケ原 N15
Sengoku 千石 I14
Hakusan 白山 I13
Hon-Komagome 本駒込 N13
Tôdaimae 東大前 N12
Tabata 田端

Kokkai-Gijidômae 国会議事堂前 M15・H06
Kasumigaseki 霞ヶ関
Tameike-Sannô 溜池山王 G06・N06
Toranomon 虎ノ門 N05
Kamiyachô 神谷町 H05
Akasaka-Mitsuke 赤坂見附 G05・M13
Akasaka 赤坂 C06
Aoyama-Itchôme 青山一丁目 E24・Z03・G04
Gaiemmae 外苑前 G03
Nogizaka 乃木坂 C05
Omote-Sandô 表参道 Z02・C04・G02
Roppongi 六本木 H04・E23
Roppongi-Itchôme 六本木一丁目 N04
Akabanebashi 赤羽橋 E21
Azabu-Jûban 麻布十番 N04・E22
Sengakuji 泉岳寺 A07

To Shinrin-Kôen 森林公園へ直通
To Kotesashi 小手指へ直通
To Hannô 飯能へ直通
To Hashimoto, Takaosan-guchi
To Hon-Atsugi 本厚木へ直通
ODAKYÛ LINE 小田急線
To Chûô-Rinkan 中央林間へ直通
To Kikuna 菊名へ直通
To Musashi-Kosugi 武蔵小杉へ直通
TÔKYÛ DEN'EN TOSHI LINE 東急田園都市線
TÔKYÛ TÔYOKO LINE 東急東横線
TÔKYÛ MEGURO LINE 東急目黒線
TÔKYÛ IKEGAMI LINE 東急池上線

Yoyogi-Uehara 代々木上原 C01
Yoyogi-Kôen 代々木公園 C02
Shibuya 渋谷 Z01・G01
Naka-Meguro 中目黒 H01
Meguro 目黒 I01・N01
Ebisu 恵比寿 H02
Hiro-o 広尾 H03
Shirokanedai 白金台 I02・N02
Shirokane-Takanawa 白金高輪 I03・N03
Takanawadai 高輪台 A06
Gotanda 五反田 A05
Meidaimae 明大前
Shimo-Kitazawa 下北沢

TÔEI ASAKUSA LINE 都営浅草線
Nishi-Magome 西馬込 A01
Magome 馬込 A02
Nakanobu 中延 A03
Togoshi 戸越 A04

YOKOSUKA LINE 横須賀線
To Yokohama 横浜へ
Ôsaki 大崎

Honancho 方南町 m03
Hommachi 本町

東京地下鉄路線図

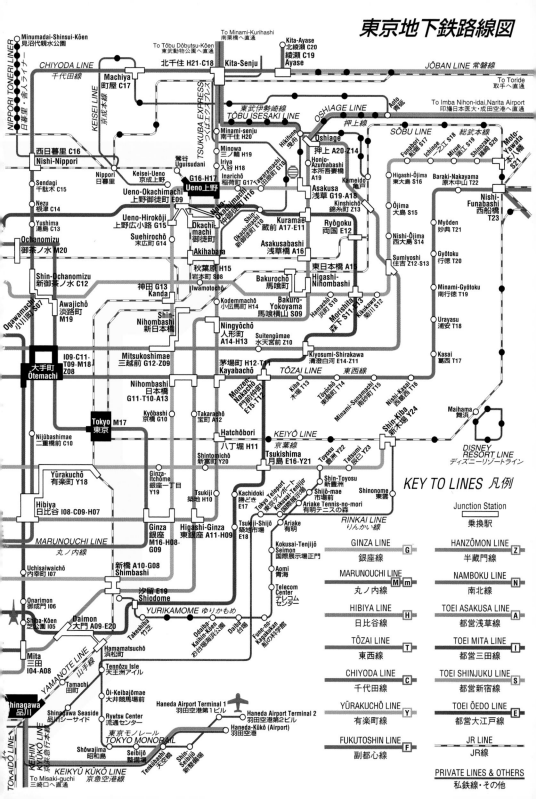

KEY TO LINES 凡例

Junction Station
乗換駅

GINZA LINE 銀座線	G	HANZŌMON LINE 半蔵門線	Z
MARUNOUCHI LINE 丸ノ内線	M m	NAMBOKU LINE 南北線	N
HIBIYA LINE 日比谷線	H	TOEI ASAKUSA LINE 都営浅草線	A
TŌZAI LINE 東西線	T	TOEI MITA LINE 都営三田線	I
CHIYODA LINE 千代田線	C	TOEI SHINJUKU LINE 都営新宿線	S
YŪRAKUCHŌ LINE 有楽町線	Y	TOEI ŌEDO LINE 都営大江戸線	E
FUKUTOSHIN LINE 副都心線	F	JR LINE JR線	

PRIVATE LINES & OTHERS
私鉄線・その他

LEGEND 凡 例

Prefectural Boundary 都県界	Tourist Spot or Place of Historic Interest 名所旧跡
City (-*shi*) Boundary 市町界	干 Shintō Shrine (Shr.) (*-jinja*) 神社
Ward (-*ku*) Boundary 区界	Buddhist Temple (*-ji,-in*) 寺院
Town (-*machi* / -*chō*) Boundary 町界	Church, Cathedral 教会
Chōme Boundary 丁目界	◎ Ward Office, City Office 区役所、市役所
(1) (2) (3) *Chōme* Number 丁目番号	○ Branch Ward Office 区役所出張所
1 2 3 Block Number (*banchi*) 番地番号	⊠⊗ Police Station (Pol. Sta.) 警察署
J.R. Line JR線	Fire Station (Fire Sta.) 消防署
Other Railways その他の鉄道	Post Office (P.O.) 郵便局
Subway 地下鉄 (Entrance/Exit Number 出入口番号)	℡ Telephone Office NTT(支所、営業所)
Expressway 高速道路 (Exit/Entrance 出入口)	8 Bank 金融機関
	⊕ Hospital (Hosp.) 病院
Underground Passage/Arcade 地下街	⊠⊗⊠ School (Sch.) 学校 (Elem., Elementary; Jr. H., Junior High; H., High)
Park 公園 Garden 庭園	Factory 工場
Cemetery 霊園	Power Plant 発電所
Government Office 官公庁	Hotel, Inn ホテル、旅館
Embassy 外国公館	© Cinema 映画館

Distributed in the United States by Kodansha America, LLC, and in the United Kingdom and continental Europe by Kodansha Europe Ltd.

Published by Kodansha International Ltd., 17–14, Otowa 1-chome, Bunkyo-ku, Tokyo 112–8652.

First edition, 1998
Revised edition, 2001
3rd edition, 2004
17 16 15 14 13 12 11 10 09 08   17 16 15 14 13 12 11 10 9

www.kodansha-intl.com

CONTENTS 目次

Metropolitan Tokyo Rail System　首都圏電車路線図　　inside front cover
Tokyo Subway System　東京地下鉄路線図　　inside front cover
Legend　凡例　　2
Key to Map Plates: Tokyo 23 Wards (-*ku*)　索引図　東京23区　　4
Key to Map Plates: Central Tokyo　索引図　東京都心部　　6

Central Tokyo　東京都心部

Tokyo, Marunouchi, Nihombashi　　8
　東京、丸の内、日本橋

Ginza, Yūrakuchō　銀座、有楽町　　10

Hamamatsuchō　浜松町　　12

Roppongi, Azabu　六本木、麻布　　14

Akasaka, Nagatachō, Kasumigaseki　　16
　赤坂、永田町、霞が関

Yotsuya, Ichigaya, Iidabashi　　18
　四谷、市谷、飯田橋

Kanda, Akihabara　神田、秋葉原　　20

Ueno　上野　　22

Asakusa　浅草　　23

Ikebukuro　池袋　　24

Shinjuku　新宿　　26

Harajuku, Aoyama　原宿、青山　　28

Shibuya　渋谷　　30

Hiro-o, Nishi-Azabu　広尾、西麻布　　32

Shinagawa, Gotanda　品川、五反田　　34

Ebisu, Meguro　恵比寿、目黒　　36

Tennōzu　天王洲　　37

Kinshichō　錦糸町　　37

Tokyo 23 Wards (-*ku*) 東京23区　38

Other Areas　その他の地域

Keihin　京浜　　80

Kawasaki　川崎　　70, 76, 81

Yokohama　横浜　　81

Minato Mirai 21　みなとみらい21　　82

Yokota　横田　　84

Zama　座間　　84

Yokosuka　横須賀　　84

Index　索引　　85

Supplemental Indexes　補遺
Hotels and Inns　ホテル・旅館　　119
Embassies　外国公館　　122
Airlines　航空会社　　124

KEY TO MAP PLATES

Adachi-ku 足立区　42・44・50

Arakawa-ku 荒川区　50

Bunkyō-ku 文京区　49・50・57・58

Chiyoda-ku 千代田区　57・58

Chūō-ku 中央区　58・66

Edogawa-ku 江戸川区　53・60・68

Itabashi-ku 板橋区　39・40・48

Katsushika-ku 葛飾区　44・51・52・60

Kita-ku 北区　41・49・50

Kōtō-ku 江東区　59・60・66・68・74

Meguro-ku 目黒区　64・72

Minato-ku 港区　57・65・66

Nakano-ku 中野区　47・48・55・56

Nerima-ku 練馬区　38・46・48

Ōta-ku 大田区　72・74・77・78

Setagaya-ku 世田谷区　54・62・64・71・72

Shibuya-ku 渋谷区　56・64

Shinagawa-ku 品川区　65・66・73・74

Shinjuku-ku 新宿区　48・56

Suginami-ku 杉並区　46・54・56

Sumida-ku 墨田区　51・59

Taitō-ku 台東区　50・58

Toshima-ku 豊島区　48・50

TOKYO 23 WARDS (-ku)

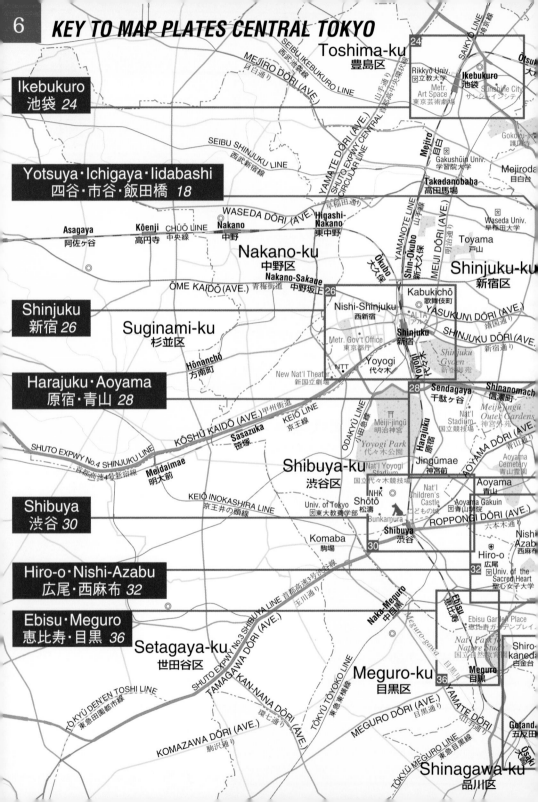

Toshima-ku
豊島区

Ikebukuro
池袋 *24*

Yotsuya·Ichigaya·Iidabashi
四谷·市谷·飯田橋 *18*

Shinjuku
新宿 *26*

Harajuku·Aoyama
原宿·青山 *28*

Shibuya
渋谷 *30*

Hiro-o·Nishi-Azabu
広尾·西麻布 *32*

Ebisu·Meguro
恵比寿·目黒 *36*

SEIBU IKEBUKURO LINE
西武池袋線

MEJIRO DŌRI (AVE.)
目白通り

MEJIRO DŌRI (AVE.)

山手通り

首都高速中央環状線

24

Rikkyō Univ.
立教大学

Metr.
Art Space
東京芸術劇場

Ikebukuro
池袋

Sunshine City
サンシャインシティ

Ōtsu

SAIKYŌ LINE

SHUTO EXPWY CENTRAL CIRCULAR LINE

埼京線

Gokoku-ji
護国寺

Mejiro
目白

Gakushūin Univ.
学習院大学

Mejirodai
目白台

SEIBU SHINJUKU LINE
西武新宿線

WASEDA DŌRI (AVE.)
早稲田通り

Takadanobaba
高田馬場

Waseda Univ.
早稲田大学

Toyama
戸山

Asagaya
阿佐ケ谷

Kōenji
高円寺

CHŪŌ LINE
中央線

Nakano
中野

Higashi-
Nakano
東中野

YAMATE DŌRI (AVE.)

ŌkuboＳhin-Okubo
大久保 新大久保

MEIJI DŌRI (AVE.)
明治通り

YAMANOTE LINE
山手線

Shinjuku-ku
新宿区

Nakano-ku
中野区
Nakano-Sakaue
中野坂上

ŌME KAIDŌ (AVE.) 青梅街道 中野坂上

26

Nishi-Shinjuku
西新宿

Kabukichō
歌舞伎町

ALTA

YASUKUNI DŌRI (AVE.)
靖国通り

Suginami-ku
杉並区

Metr. Gov't Office
東京都庁

Shinjuku
新宿

SHINJUKU DŌRI (AVE.)
新宿通り

Hōnanchō
方南町

NTT

New Nat'l Theater
新国立劇場

Yoyogi
代々木

Shinjuku
Gyoen
新宿御苑

Shinanomachi
信濃町

28

Sendagaya
千駄ケ谷

Meiji Jingū
Outer Gardens
神宮外苑

Meiji-jingū
明治神宮

Nat'l
Stadium
国立競技場

KŌSHŪ KAIDŌ (AVE.) 甲州街道

KEIŌ LINE
京王線

Sasazuka
笹塚

ODAKYŪ LINE
小田急線

Harajuku
原宿

AOYAMA DŌRI (AVE.)
青山通り

Aoyama
Cemetery
青山霊園

SHUTO EXPWY No.4 SHINJUKU LINE
首都高速4号新宿線

Meidaimae
明大前

Yoyogi Park
代々木公園

Nat'l Yoyogi
Stadium
国立代々木競技場

Jingūmae
神宮前

Shibuya-ku
渋谷区

Aoyama
青山

KEIŌ INOKASHIRA LINE
京王井の頭線

Univ. of Tokyo
東大教養学部

NHK

Shōtō
松濤

Bunkamura

Nat'l
Children's
Castle
こどもの城

Aoyama Gakuin
青山学院

ROPPONGI DŌRI (AVE.)
六本木通り

Nishi
Azab
西麻布

Komaba
駒場

Shibuya
渋谷

30

Hiro-o
広尾

32

Univ. of the
Sacred Heart
聖心女子大学

Naka-Meguro
中目黒

Ebisu
恵比寿

Ebisu Garden Place
恵比寿ガーデンプレイス

Shiro
kaneda
白金台

Setagaya-ku
世田谷区

SHUTO EXPWY No.3 SHIBUYA LINE 首都高速3号渋谷線

TAMAGAWA DŌRI (AVE.)
玉川通り

玉川通り

Meguro-gawa
目黒川

Nat'l Park for
Nature Study
国立自然教育園

36

Meguro
目黒

TŌKYŪ DEN'EN TOSHI LINE
東急田園都市線

KAN-NANA DŌRI (AVE.)
環七通り

TŌKYŪ TŌYOKO LINE
東急東横線

Meguro-ku
目黒区

YAMATE DŌRI (AVE.)

KOMAZAWA DŌRI (AVE.)
駒沢通り

MEGURO DŌRI (AVE.)
目黒通り

目黒通り

TŌKYŪ MEGURO LINE
東急目黒線

東急目黒線

Gotand
五反田

Shinagawa-ku
品川区

Ōsa

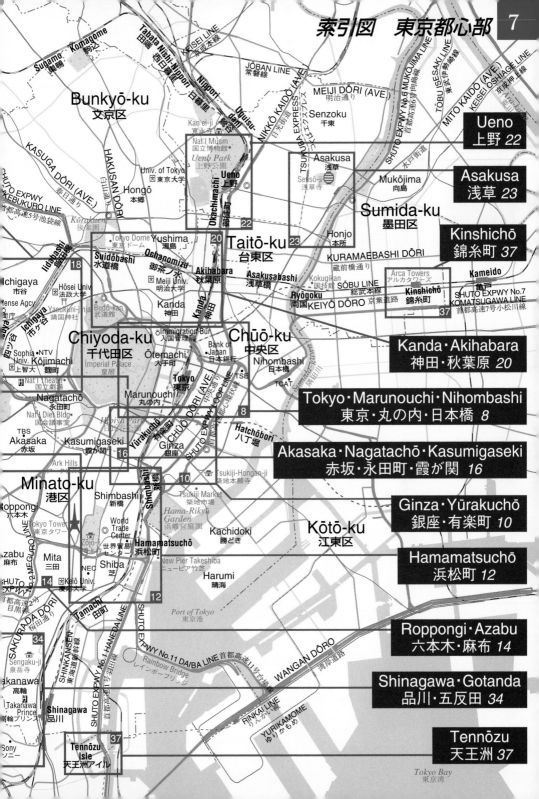

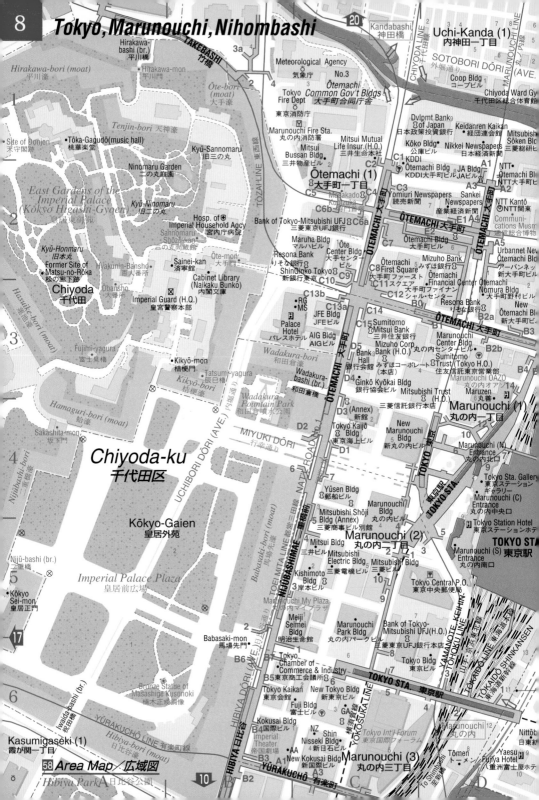

Hirakawachō (2)
平河町二丁目

To Kudanshita 九段下
Engei Hall
演芸場

Shimizudani Park
清水谷公園

Kioichō
紀尾井町

Nihon Toshi Center Kaikan
日本都市センター会館

Toshi Center Hotel
都市センターホテル

Zenkyōren Bldg
全共連ビル

Hotel New Ōtani
ホテルニューオータニ

Chiyoda Hōsō Kaikan
千代田放送会館

Kōjimachi Jr. H. Sch.
麹町中

Emb. of S. Africa
南アフリカ大使館

Japan Jr. Chamber Inc.
日本青年会議所

1

Sunroser Akasaka
サンローゼ赤坂

Grand Prince H. Akasaka
グランドプリンスホテル赤坂

Todōfuken Kaikan
都道府県会館

Sabō Kaikan
砂防会館

Tower
タワー

AN
Garden Court
ガーデンコート

NAMBOKU LINE 南北線

SHUTO EXPWY No.4 SHINJUKU LINE

MARUNOUCHI LINE 丸ノ内線

To Yotsuya 四ツ谷

Moto-Akasaka (2)
元赤坂二丁目

Benkei-bori (moat)
弁慶濠

Benkei-bashi (br.)
弁慶橋

19a

9b

NAGATACHŌ 永田町

NAGATACHŌ 永田町

Emb. of Benin
ベナン大使館

Democr. Party of Ja

2

SA

Maeda Hosp.
前田病院

Suntory
サントリー

Akasaka-mitsuke
赤坂見附

Official Residence Speaker, House of Representatives
衆議院議長公邸

Official Residence President, House of Councillors 参議院議長公邸

Liberal Democratic Party (H.Q.)
自由民主党本部

NAGATACHŌ 永田町

Moto-Akasaka (1)
元赤坂一丁目

AIU

B

C

Excel H. Tōkyū
赤坂エクセルホテル東急

Emb. of Lebanon & Jordan
レバノン、ヨルダン大使館

Emb. of Mexico
メキシコ大使館

House of Councillors Office Bldg
参議院議員会館

Kajima (H.O.)
鹿島本社

Belle Vie Akasaka
ベルビー赤坂

CS, PR

Akasaka Center Bldg
赤坂センタービル

AC

Sannō Grand Bldg
山王グランドビル

Hibiya H. Sch.
日比谷高校

Akasaka (3)
赤坂三丁目

Toyokawa Inari
豊川稲荷

Mizuho Bank
みずほ銀行

Hitotsugi-dōri P.O.
一ツ木通局

Prudential Tower
プルデンシャルタワー

House of Representatives Office Bldg No.2
衆議院第二議員会館

JIS
日本規格協会

Akasaka-Fudōson
赤坂不動尊

3

Mansion of Prince Chichibu
秩父宮邸

Toraya
虎屋

Sumitomo Seimei Bldg
住友生命ビル

Sumitomo Mitsui Bank
三井住友銀行

Palais Royal
パレロワイヤル

AOYAMA-DŌRI (AVE) 青山通り

HANZŌMON LINE 半蔵門線

Akasaka Police Sta.
赤坂署

Akasaka (4)
赤坂四丁目

HITOTSUGI-DŌRI 一ツ木通り

MISUJI-DŌRI 三筋通り

Kokusai Sannō Bldg
国際山王ビル

Hie-jinja (shrine)
日枝神社

TBR Bldg
TBRビル

House of Representatives Office Bldg No.1
衆議院第一議員会館

4

To Shibuya 渋谷

NATL. ROAD No. 246

To Shibuya 至渋谷

Akasaka Community Plaza
赤坂コミュニティプラザ

Jōdo-ji
浄土寺

Yamawaki Gakuen (Sch.)
山脇学園

Jōgen-ji
常玄寺

Bank of China
中国銀行

Sanyō Bldg
サンヨービル

San'ō Park Tower
山王パークタワー

GINZA LINE 銀座線

TAMEIKE-SANNŌ 溜池山王

Nippon Columbia
日本コロムビア

Mitsubishi UFJ Trust
三菱UFJ信託

Tokyo Isuzu Motors
東京いすゞ

Biz Tower
ビズタワー

Akasaka-dōri P.O.
赤坂通局

Mizuho Bank
みずほ銀行

TAMEIKE-SANNŌ 溜池山王

Gadelius Bldg
ガデリウスビル

Entsū-ji
円通寺

Akasaka (5)
赤坂五丁目

Akasaka Sacas
赤坂サカス

Bank of Tokyo-Mitsubishi UFJ
三菱東京UFJ銀行

East Bldg
東館

Kokusai Akasaka Bldg
国際赤坂ビル

Toshiba EMI
東芝EMI

Bank of Tokyo-Mitsubishi UFJ
三菱東京UFJ銀行

5

YAGEN-ZAKA (SLOPE) 薬研坂

INARI-ZAKA (SLOPE) 稲荷坂

Akasaka Park Bldg
赤坂パークビル

TBS Broadcasting Center
TBS放送センター

Kokusai Shin-Akasaka Bldgs
国際新赤坂ビル

West Bldg
西館

AKASAKA-DŌRI 赤坂通り

Akasaka (7)
赤坂七丁目

Shampia Hotel Akasaka
シャンピアホテル赤坂

Hitotsugi Park
一ツ木公園

Hikawa Park
氷川公園

Akasaka Tameike Tower
赤坂溜池タワー

Akasaka (2)
赤坂二丁目

Resona Bank
りそな銀行

Komatsu Bldg
小松ビル

Tokyo Star Bank
東京スター銀行

6

Akasaka-Nana P.O.
赤坂七局

Noritake
ノリタケ

Kajima K1 Bldg
鹿島K1ビル

Akasaka Welfare Hall
赤坂福祉会館

Minato-ku
港区

Akasaka Hosp.
赤坂病院

Akasaka Twin Tower
赤坂ツインタワー

AT&T

Akasaka (1)
赤坂一丁目

Akasaka (8)
赤坂八丁目

Akasaka Elem. Sch.
赤坂小

Akasaka Yōkō Hotel
赤坂陽光ホテル

Emb. of Estonia
エストニア大使館

NTT Akasaka
NTT赤坂

CS Tower
CSタワー

Emb. of the United States
アメリカ大使館

To Omote-Sandō 至表参道

MaRRoad Inn Akasaka
マロウドイン赤坂

Akasaka Ch.
赤坂教会

ROPPONGI-DŌRI (AVE) 六本木通り

LOOP LINE

SHUTO EXPWY

ANA Intercontinental
ANAインターコンチネンタル

Akasaka Jr. H. Sch.
赤坂中

Akasaka Residential Hotel
赤坂レジデンシャルホテル

Hikawa-jinja (shrine)
氷川神社

HIKAWA-ZAKA 氷川坂

INANBU-ZAKA 新坂

Akasaka (9)
赤坂九丁目

Emb. of Syria
シリア大使館

Roppongi (2)
六本木二丁目

U.S. Embassy Residences
アメリカ大使館宿舎

Ark Hills
アークヒルズ

Official Residence U.S. Ambassad

Emb. of the United States
アメリカ大使館

To Roppongi-Itchōme 至六本木一丁目

To Roppongi 至六本木

Ark Mori Bldg
アーク森ビル

IIDABASHI STA.
飯田橋

Kagura-zaka (1) 神楽坂一丁目
Kagurazaka (2) 神楽坂二丁目
Kagurazaka (3) 神楽坂三丁目
Fukuromachi 袋町
Wakamiyachō 若宮町
Funagawaramachi 市谷船河原町
Ichigaya- 市谷

Nippon Dent. Univ. Hosp. 日本歯科大学附属病院
Tokyo Police Hosp. 警察病院
Iidabashi P.O. 飯田橋郵便局
Kadokawa Shoten 角川書店
Nippon Dental Univ. 日本歯科大学

Fujimi (1) 富士見一丁目
Fujimi (2) 富士見二丁目
Kudan-Kita (2) 九段北二丁目
Kudan-Kita (3) 九段北三丁目
Kudan-Kita (4) 九段北四丁目
Kudan-Minami (2) 九段南二丁目
Kudan-Minami (3) 九段南三丁目
Kudan-Minami (4) 九段南四丁目

Toyota Bldg. トヨタビル
KS Bldg.
To Jimbōchō 至神保町
Italian Institute of Culture イタリア文化会館
Yamatane Mus'm of Art 山種美術館
Tanabe Seiyaku 田辺製薬
Kowa Bldg No.25 興和ビル25

Yasukuni-jinja (Treasure House) 靖国神社遊就館
Yasukuni-jinja 靖国神社
Yasukuni-Kaikan 靖国会館
Emb. of Tunisia チュニジア大使館

Tokyo Teishin Hosp. 東京逓信病院
Tokyo Girls' H. Sch. 東京女子高
Kaetsu Univ. 嘉悦女子大学

Shirayuri Gakuen 白百合学園

Hōsei Univ. 法政大学
Science Univ. of Tokyo (Pharm.) 東京理科大学薬学部
Science Univ. of Tokyo 東京理科大学
No. 10 Bldg.
Shin-Mitsuke

British Council ブリティッシュカウンシル
Univ. of Tokyo 東京日仏学院
Institut Franco-Japonais de Tokyo

Minamichō 南町
Nakachō 中町
Kitamachi 北町
Saiku-machi 細工町
Minami-machi
Nandomachi 納戸町
Yamabushichō 山伏町

Miyagi Michio Mem'l Hall 宮城道雄記念館
Officiel Residence Chief Justice Supreme Court 最高裁判所長官公邸

Ichigaya-Sadoharachō (3) 市谷砂土原町三丁目
Ichigaya-Sadohara-chō (2) 市谷砂土原町二丁目
Ichigaya-Sadohara-chō (1) 市谷砂土原町一丁目

Harai katamachi 払方町
Ichigaya-Tamachi (3) 市谷田町三丁目
Ichigaya-Tamachi (2) 市谷田町二丁目
Ichigaya-Tamachi (1) 市谷田町一丁目

Tokyo YWCA Sadohara Center 東京YWCAさど原センター
Lutheran Ichigaya Center ルーテル市ヶ谷センター
Hoken Kaikan 保険会館
Hōsei Univ. 法政大学

Yaraichō 矢来町
Yokoderachō 横寺町
Tansumachi 箪笥町
Kita-Yamabushichō 北山伏町
Nijukkimachi 二十騎町
Minami-Yamabushichō 南山伏町

USHIGOME 牛込
KAGURAZAKA 神楽坂
Ushigome San. Jr. H. Sch. 牛込三中
Aibi Elem. Sch. 愛日小
Tokyo City Shinkin 東京シティ信金

Ichigaya-Takajōmachi 市谷鷹匠町
Ichigaya-Sanaichō 市谷左内町
Chōenjimachi 市谷長延寺町
Ichigaya-Honmurachō 市谷本村町

Shinjuku-ku 新宿区

Ichigaya-Kagachō (2) 市谷加賀町二丁目
Ichigaya-Kagachō (1) 市谷加賀町一丁目

Dai Nippon Printing 大日本印刷
Japan Scholarship Foundation 国際奨学会
JICA Int'l Cooperation Center 国際協力事業団国際協力総合研修所

Sony Music ソニーミュージック
Egami Cooking Academy エガミ料理学院
Sharp シャープ
Hachimanchō 八幡町
Hachimanmae

Mem'l Mus'm of the Printing Bureau 印刷局記念館
Defense Ministry 防衛庁
Sumitomo Ichigaya Bldg 住友市ヶ谷ビル
Vogue Bldg

Grand Hill Ichigaya グランドヒル市ヶ谷

ICHIGAYA STA. 市ヶ谷
Mizuho Bank みずほ銀行
Bank of Tokyo-Mitsubishi UFJ 三菱東京UFJ銀行

CHŪŌ LINE (moat) 中央線
SŌBU LINE 総武線
TOEI ŌEDO LINE 都営大江戸線
TOEI SHINJUKU LINE 都営新宿線
YASUKUNI DORI (AVE.) 靖国通り
SOTO-DORI 外堀通り
USHIGOME CHŪŌ DORI 牛込中央通り

To Shinjuku 至新宿

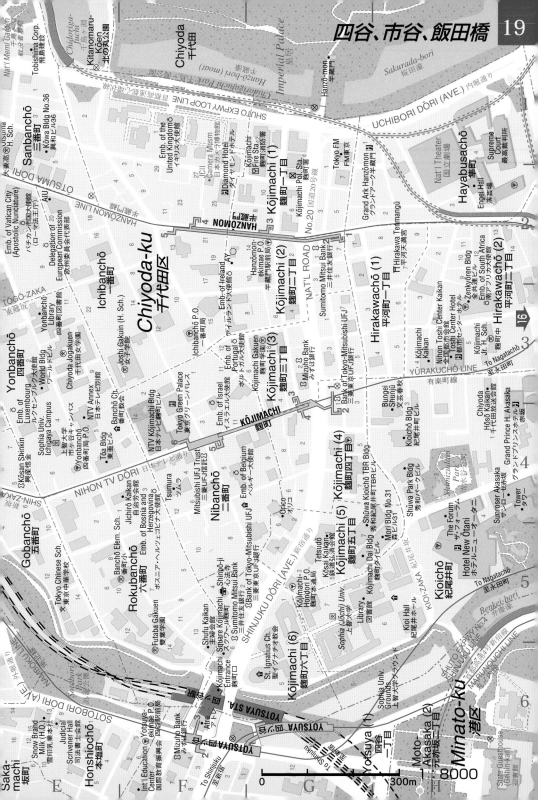

Tokyo Dome
東京ドーム

Koishikawa Kōrakuen
小石川後楽園

Blue Bldg
青いビル

Prism Hall
プリズムホール

Kōrakuen Hall
後楽園ホール

Tokyo Dome City
東京ドームシティ

Tokyo Dome Hotel
東京ドームホテル

Yellow Bldg
黄色いビル

WINS Kōrakuen
ウインズ後楽園

Kōraku (1)
後楽一丁目

Kōraku P.O.
後楽局

West Entrance
西口

To Sugamo
To Ikebukuro
巣鴨

IKI-ZAKA
壱岐坂

To Ikebukuro
池袋

Tōyō Gakuen Univ.
東洋学園大

Hongō (2)
本郷二丁目

Hongō (1)
本郷一丁目

Kotohira-gū
金刀比羅宮

Oin Gakuen H. Sch.
桜蔭学園高

Hongō
Kyūsuijo Park
本郷給水所苑

Tokyo Waterworks History Musm
東京都水道歴史館

Shōsho Noh Theater
宝生能楽堂

Sato
サトー

Metr.
Polytech H. Sch.
都立工芸高

Shōwa Daiichi H. Sch.
昭和第一高

Motomachi Park
元町公園

Century Tower
センチュリータワー

Juntendō Univ. (Med.)
順天堂大学

Tokyo Green Hotel Kōrakuen
東京グリーンホテル後楽園

Misaki-bashi (br.)
三崎橋

East Entrance
東口

Suidō-bashi (br.)
水道橋

SUIDŌBASHI STA. 水道橋駅

SOTOBORI DŌRI (AVE.)
外堀通り

Kanda-gawa (river) 神田川

KAEDE DŌRI (AVE.)
かえで通り

To Shinjuku
至新宿

Iidabashi (3)
飯田橋三丁目

Misaki Inari-jinja
三崎稲荷神社

Misaki
三崎

Tōyō H. Sch.
東洋高

Tokyo Dental Coll. Hosp.
東京歯科大病院

Misakichō (1)
三崎町一丁目

Athénée Français
アテネフランセ

Shufunotomosha
主婦の友社

Kanda-Surugadai (2)
神田駿河台二丁目

Sanraku Hosp.
三楽病院

Hamac

I Garden Terrace
アイ ガーデン テラス

Hotel Metropolitan Edmont
ホテル メトロポリタン エドモント

Misakichō (3)
三崎町三丁目

Misakichō (2)
三崎町二丁目

Misakichō (1)
三崎町一丁目

Green Hotel Suidōbashi
グリーンホテル水道橋

Nihon Univ. (Econ.)
日本大 (経済)

Kanda Jogakuen (Girls' H. Sch.)
神田女学園

YMCA

Meiji Univ. Comm.
明大明治高

Senior Work Tokyo
シニアワーク東京

Nichirei (H.O.)
ニチレイ (本社)

Misakichō P.O.
三崎町局

Nihon Univ. (Law)
日本大 (法)

Nishi-Sarugakuchō (2)
猿楽町二丁目

Meiji Univ. (Comm.)
明治大 (商)

Iidabashi-dōri P.O.
飯田橋通局

Iidabashi (2)
飯田橋二丁目

Nihon Univ. Library
日本大図書館

Nishi-Kanda (1)
西神田一丁目

Nihon Univ. (Econ.)
日本大 (経済)

Sarugakuchō (1)
猿楽町一丁目

Nihon Univ. (Sci. & Engin.)
日本大 (理工)

Iidabashi (1)
飯田橋一丁目

Pensée Hall
パンセホール

Nishi-Kanda (2)
西神田二丁目

Taiheiyō Cement
太平洋セメント

Kita-Jimbōchō P.O
北神保町局

Hilltop Hotel
山の上ホテル

Kinka Park
錦華公園

Ochanomizu Elem. Sch.
お茶の水小

Meiji Univ.
明治大

Nishi-Kanda (3)
西神田三丁目

Nikkan Kōgyō Newspapers
日刊工業新聞

Nishi-Kanda
西神田

Ōhara Gakuen
大原学園

Kanda-Jimbōchō (1)
神田神保町一丁目

Univ. Archaeologi

博物

Hotel Grand Palace
ホテルグランドパレス

Sumitomo Mitsui Bank
三井住友銀行

Kanda-Jimbōchō (2)
神田神保町二丁目

Kanda-Jimbōchō (1)
神田神保町一丁目

Kanda-Ogawamachi
神田小川町三丁目

Kitanomaru Square
北の丸スクエア

Kusei Kaikan
区政会館

KUDANSHITA
九段下

Senshū Univ.
専修大学

Mizuho Bank
みずほ銀行

Bank of Tokyo-Mitsubishi UFJ
三菱東京UFJ銀行

Kanda Bookshop Area
神田書店街

Shosen Tuttle Books
書泉 グランデ

Sanseidō Bookstore
三省堂本店

Science Univ. of Tokyo
東京理科大

YASUKUNI DŌRI (AVE.) 靖国通り

JIMBŌCHŌ 神保町

SUZURAN DŌRI すずらん通り

Shōsen Book Mart
書泉ブックマート

National Shōwa Mem.Mus
国立昭和記念館

Jōnan Shinkin
城南信金

Kitazawa Shoten
北沢書店

Iwanami Hall
岩波ホール

Minami-Jimbōchō P.O.
南神保町局

Tōkyō-dō
東京堂

Kudan P.O.
九段局

Kudan 九段

Salvation Army
救世軍

SAKURA DŌRI さくら通り

Wakashio Bank
わかしお銀行

Kyōritsu Women's Univ.
共立女子大

Iwanami Shoten
岩波書店

Shūeisha
集英社

Tokyo Park Tower
東京パークタワー

Shōgakukan
小学館

Jimbōchō Mitsui Bldg
神保町三井ビル

Tomi Bank
都民銀行

Kudan Kaikan (hall)
九段会館

Tayasu-mon (gate)
田安門

Chiyoda Ward Office
千代田区役所

Chiyoda Public Hall
千代田公会堂

Kudan-minami (1)
九段南一丁目

Kōjimachi Tax Office
麹町税務署

Hitotsubashi Jr. H. Sch.
一橋中

Kyōritsu Girls' Jr. H. Sch.
共立女子中

Kyōritsu Women's Univ.
共立女子大

Chiyoda-ku
千代田区

Gakushi Kaikan
学士会館

Hakuhōdō
博報堂

Nippon Budō-kan
日本武道館

Ushiga-fuchi
牛ヶ淵

Shimizu-bori
清水濠

Shimizu-mon
清水門

Kudan Common Gov't Bldg
九段合同庁舎

Hitotsubashi (2)
一ツ橋二丁目

Kyōritsu Kōdō (hall)
共立講堂

National Center of Sciences
学術総合センター

Kanda-Nishikichō (3)
神田錦町三丁目

Kanda Tax Office
神田税務署

Kowa HitotsubashBldg
興和一ツ橋ビル

Seisoku Gakuen
正則学園

Kitanomaru-Kōen
北の丸公園

Science Museum (Kagaku Gijutsukan)
科学技術館

Sumitomo Corp.
住友商事

Josui Kaikan
如水会館

Hitotsubashi (1)
一ツ橋一丁目

Hitotsubashi
一ツ橋

Kitanomaru Nat'l Garden
北の丸公園

Kitanomaru
北の丸

Nat'l Archives
国立公文書館

Nat'l Musm of Modern Art
国立近代美術館

Take-bashi
竹橋

TAKEBASHI 竹橋

Palace Side Bldg
パレスサイドビル

Mainichi Newspapers
毎日新聞

Ōtemachi (1)
大手町一丁目

SHUTO EXPWY LOOP LINE
首都高速都心環状線

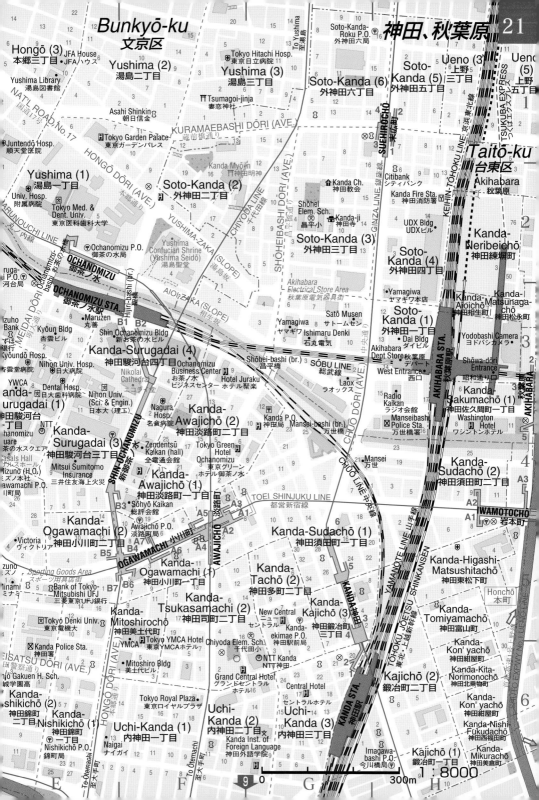

Hongō (3) JFA House
本郷三丁目 •JFAハウス

Yushima (2)
湯島二丁目

Yushima (3)
湯島三丁目

Soto-Kanda (6)
外神田六丁目

Soto-
Kanda (5)
外神田五丁目

Ueno (3)
上野
三丁目

Ueno
(5)
上野
五丁目

Yushima Library
湯島図書館

Tsumagoi-jinja
妻恋神社

Tokyo Hitachi Hosp.
東京日立病院

Soto-Kanda-
Roku P.O.
外神田六局

Akihabara
秋葉原

NATL ROAD No.17
国道17号

Asahi Shinkin
朝日信金

KURAMAEBASHI DŌRI (AVE.)
蔵前橋通り

To Yushima
至湯島

Juntendō Hosp.
順天堂医院

Tokyo Garden Palace
東京ガーデンパレス

Kanda Myōjin
神田明神

Citibank
シティバンク

Kanda Ch.
神田教会

Kanda Fire Sta.
神田消防署

Yushima (1)
湯島一丁目

HONGŌ DŌRI (AVE.)

Soto-Kanda (2)
外神田二丁目

Shōhei
Elem. Sch.
昌平小

Kanda-ji
神田寺

UDX Bldg
UDXビル

Kanda-
Neribeichō
神田練塀町

Univ. Hosp.
附属病院

Tokyo Med. &
Dent. Univ.
東京医科歯科大学

MARUNOUCHI LINE

Ochanomizu P.O.
御茶の水局

Yushima
Confucian Shrine
(Yushima Seidō)
湯島聖堂

Soto-Kanda (3)
外神田三丁目

Soto-
Kanda (4)
外神田四丁目

Kanda-
Aioichō
神田相生町

Kanda-
Matsunaga-
chō
神田松永町

ugai-
i P.O.
河台局

OCHANOMIZU STA.
御茶ノ水駅

OCHANOMIZU
御茶ノ水

AIOI-ZAKA (SLOPE)
相生坂

Akihabara
Electrical Store Area
秋葉原電気器具街

Soto-
Kanda (1)
外神田一丁目

Yamagiwa
ヤマギワ本店

Yodobashi Camera
ヨドバシカメラ

izuho
Bank

Maruzen
丸善

B1 B2

Shin Ochanomizu Bldg
新お茶の水ビル

Yamagiwa
ヤマギワ

Satō Musen
サトームセン

Dai Bldg
ダイビル

Shōwa-dori
昭和通り

Kyōun Bldg
杏雲ビル

Nihon Univ. Hosp.
日大病院

Ishimaru Denki
石丸電機

Akihabara
Dept Store
秋葉原
デパート

Kanda-
Sakumachō (1)
神田佐久間町一丁目

Kyōundō Hosp.
杏雲堂病院

Kanda-Surugadai (4)
神田駿河台四丁目

Ochanomizu
Business Center
お茶の水
ビジネスセンター

Shōhei-bashi (br.)
昌平橋

SŌBU LINE
総武線

West Entrance
西口

YWCA
anda-
urugadai (1)
田駿河台
丁目

Dental Hosp.
日大歯科病院

Nihon Univ.
(Sci. & Engin.)
日本大 (理工)

Hotel Juraku
ホテル聚楽

Laox
ラオックス

Radio
Kaikan
ラジオ会館

Kanda-
Sudachō (2)
神田須田町二丁目

Nagura
Hosp.
名倉病院

Kanda-
Awajichō (2)
神田淡路町二丁目

Kanda P.O.
神田局

Manseibashi
Police Sta.
万世橋署

Washington
Hotel
ワシントンホテル

Kanda-
Surugadai (3)
神田駿河台三丁目

Zendentsū
Kaikan (hall)
全電通会館

Tokyo Green
Hotel
Ochanomizu
東京グリーン
ホテル御茶ノ水

Mansei-bashi (br.)
万世橋

A3

asals Hall
izuno (H.O.)
awamachi
川局

Mitsui Sumitomo
Insurance
三井住友海上火災

SHIN-OCHANOMIZU
新御茶ノ水

Kanda-
Awajichō (1)
神田淡路町一丁目

Sōhyō Kaikan
総評会館

Mansei
万世

Kanda-
Sudachō (2)
神田須田町二丁目

A2

WAMOTOCHO

zuno
ズノ

Victoria
ヴィクトリア

B3

Awajichō P.O.
淡路町局

A5

A1

TOEI SHINJUKU LINE
都営新宿線

A1

WAMOTOCHO
岩本町

Kanda-
Ogawamachi (2)
神田小川町二丁目

B5

A7

AWAJICHO 小町

A2

Kanda-Sudachō (1)
神田須田町一丁目

Kanda-Higashi-
Matsushitachō
神田東松下町

Bank of Tokyo-
Mitsubishi UFJ
三菱東京UFJ銀行

B4

OGAWAMACHI 小川町

A6

A4

Kanda-
Ogawamachi (1)
神田小川町一丁目

Kanda-
Tachō (2)
神田多町二丁目

Kanda-
Kajichō (3)
神田鍛冶町
三丁目

Kanda-
Tomiyamachō
神田富山町

Sporting Goods Area
スポーツ用具街

B7

B6

Kanda-
Tsukasamachi (2)
神田司町二丁目

New Central
セントラル

Kanda-
ekimae P.O.
神田駅前局

Kanda-
Kon' yachō
神田紺屋町

inami
ミナミ

Tokyo Denki Univ.
東京電機大

Kanda-
Mitoshirocho
神田美土代町

Tokyo YMCA Hotel
東京YMCAホテル

Chiyoda Elem. Sch.
千代田小

Kanda-Kita-
Norimonochō
神田北乗物町

KANDA STA.
神田駅

EISATSU DŌRI (AVE.)
城学通り

Kanda Police Sta.
神田署

YMCA

Mitoshiro Bldg
美土代ビル

NTT Kanda
NTT神田

Kanda-
Kon' yachō
神田紺屋町

Gakuen H. Sch.
学園高

Kanda-
shikichō
神田錦町

Kanda-
Nishikichō (1)
神田錦町一丁目

一丁目

Tokyo Royal Plaza
東京ロイヤルプラザ

Uchi-
Kanda (2)
内神田二丁目

Grand Central Hotel
グランドセントラル

Central Hotel
セントラルホテル

Uchi-
Kanda (3)
内神田三丁目

Kajichō (2)
鍛冶町二丁目

Kanda-Nishi-
Fukudachō
神田西福田町

Nishikichō P.O.
錦町局

Uchi-Kanda (1)
内神田一丁目

Naigai
ナイガイ

Kanda Inst. of
Foreign Language
神田外語学院

Imagawa-
bashi P.O.
今川橋局

Kajichō (1)
鍛冶町一丁目

Kanda-Mikurachō
神田美倉町

To Ōtemachi

To Ōtemachi

E

F

G

H

KAPPABASHI KITCHENWARE TOWN
かっぱ橋道具街

To Minowa
三ノ輪へ

KOTOTOI DORI (AVE.)
言問通り

Asakusa (3)
浅草三丁目

Kaminari Gorogoro Kaikan
雷5656会館

Asakusa (6)
浅草六丁目

Honnen-ji
本然寺

Banryu-ji
万隆寺

Edo Shitamachi
Trad. Crafts Musm.
江戸下町伝統工芸館

Senso-ji Hosp.
浅草病院

Senso-ji Welfare Hall
浅草寺福祉会館

Nishi-Asakusa (3)
西浅草三丁目

HISAGO DORI
ひさご通り

Hanayashiki
Amusement Park
花やしき遊園地

Asakusa (2)
浅草二丁目

Senso-jinja (shr.)
浅草神社

Hanakawado (2)
花川戸二丁目

Asakusa View Hotel
浅草ビューホテル

Asakusa Shingekijō
浅草新劇場

Awashima-dō
淡島堂

Asakusa Kannondō
浅草観音堂

Taitō Ward Hall
台東区民会館

Nishi
Asakusa P.O.
西浅草局

Tengaku-in
天獄院

Nichirin-ji
日輪寺

Asakusa
Chūei
浅草中映

WINS Asakusa
ウインズ浅草

©Tōhō

Mokuba-kan
木馬館

Senso-ji (temple)
浅草寺

Niten-mon
二天門

Hanakawado
Park
花川戸公園

Sumida
Park
隅田公園

Asakusa Ch.
浅草教会

Rock-za
Kaikan
ロック座
会館

©Tōhō
©Rakutenchi Bowling
楽天地ボウル

Storied Pagoda
(Gojuno-to) 五重塔

Hōzō-mon
宝蔵門

Asakusa Elem. Sch.
⊗浅草小

Hanakawado (1)
花川戸一丁目

Kikuya
喜久屋

Tepco Asakusa-kan
テプコ浅草館

Asakusa Engei Hall
浅草演芸ホール

Asakusa Park
浅草公園

Senso-ji Kinder.
浅草寺幼稚園

Benten-dō
弁天堂

Nishi-Asakusa (2)
西浅草二丁目

Hachiman-jinja
八幡神社

Denbo-in
伝法院

DENBOIN DORI
伝法院通り

Asakusa (1)
浅草一丁目

ROX

UMAMICHI DORI (AVE.)
馬道通り

TOBU ISESAKI LINE
東武伊勢崎線

Taitō-ku
台東区

Drum Musm
太鼓館

Tokyo
Hongan-ji
東京本願寺

KOKUSAI DORI (AVE.)
国際通り

KAMINARIMON DORI (AVE.)
雷門通り

ORANGE DORI
オレンジ通り

NAKAMISE DORI
仲見世通り

Asakusa
Public Hall
浅草公会堂

KANNON DORI
観音通り

Ryokan Shigetsu
旅館浅草指月

Bank of Tokyo-Mitsubishi UFJ
三菱東京UFJ銀行

Kaminari-mon
(gate)
雷門

TOBU-ASAKUSA STA.
東武浅草駅

Matsuya Dept Store
松屋

ASAKUSA STA.
浅草駅

Nishi-Asakusa (1)
西浅草一丁目

Hotel Sunroute Asakusa
ホテルサンルート浅草

Kaminarimon (1)
雷門一丁目

Bank of Tokyo-Mitsubishi UFJ
三菱東京UFJ銀行

Kamiya Bar
神谷バー

Sea-bus Terminal
水上バスターミナル
(River Commuter)

Sumida
Ward Office
墨田区役所

To Ueno
上野へ

Asakusa P.O.
浅草局

TAWARAMACHI
田原町

Tawara Elem. Sch.
田原小

Metr. Taitō Tax Office
東京都税事務所

NTT Asakusa
NTT浅草

Kaminarimon (2)
雷門二丁目

Asakusa Tourist
Information Center
浅草文化観光センター

Kaminarimon P.O.
雷門局

River Pier Azumabashi
リバーピア吾妻橋

Asahi Breweries (H.O.)
アサヒビール本社

Azumabashi Hall
吾妻橋ホール

Life Tower
ライフタワー

To Oshiage

Honpō-ji
本法寺

Kinryū-ji
金竜寺

Tokyo Toyota
東京トヨタ

ASAKUSA DORI (AVE.)
浅草通り

GINZA LINE
銀座線

Kaminarimon-dō

ASAKUSA 浅草

Azumabashi (1)
吾妻橋一丁目

Kotobuki (2)
寿二丁目

Mishima-jinja
三島神社

Kotobuki (4)
寿四丁目

Bank of Tokyo-Mitsubishi UFJ
三菱東京UFJ銀行

Komagata-dō
駒形堂

TSUKUBA EXPRESS
つくばエクスプレス

Kuröfune-jinja
黒船神社

Komagata (1)
駒形一丁目

Ace World Bag &
Luggage Musm
エース世界のバッグ＆
ラゲッジ館

Kotobuki (1)
寿一丁目

TOEI ASAKUSA LINE

Asakusa
Fire Sta.
浅草消防署

KOMAGATA-BASHI (br.)
駒形橋

KIYOSUMI DORI (AVE.)
清澄通り

Higashi-
Komagata (2)
東駒形二丁目

Kotobuki (3)
寿三丁目

Hotel Tōwa
ホテルトワ

Résona Bank
りそな銀行

Bandai
バンダイ

To Shin-Okachimachi
室新御徒町へ

TOEI SUBWAY NO.6 MUKŌJIMA LINE
首都高速6号向島線

Sumida-gawa (river)
隅田川

Higashi-
Komagata (1)
東駒形一丁目

Sumida-ku
墨田区

Hotel
Tōyoko Inn
ホテル東横イン

Kuramae (4)
蔵前四丁目

KURAMAE
蔵前

Kaya-dera
榧寺

Komagata (2)
駒形二丁目

Komagata
駒形

Honjo Public
Health Center
本所保健所

Jissō-ji
実相寺

Kuramae (3)
蔵前三丁目

EDO DORI (AVE.)
江戸通り

TOEI ŌEDO LINE
都営大江戸線

UMAYA-BASHI (br.)
厩橋

Honjo (2)
本所二丁目

Honjo Ni P.O.
本所二局

Kuramae Elem. Sch.
蔵前小

KURAMAE
蔵前

Kuramae (2)
蔵前二丁目

To Hakozaki JCT
箱崎JCTへ

Honjo (1)
本所一丁目

59 *Area Map* 広域図

0   300m

1 : 8000

Kami-Ikebukuro (2)
上池袋二丁目

子安稲荷神社 Koyasu Inari-
jinja (shrine)

Kami-Ikebukuro (1)
上池袋一丁目

Sugamo Gakuen (Sch.)
巣鴨学園

Toshima-ku
豊島区

Kita-Ōtsuka (3)
北大塚三丁目

Fujimi-
bashi (br.)
富士見橋

Toshima Garbage
Incineration Plant
豊島清掃工場

Kenkō Plaza Toshima
(Ikebukuro Sports Center)
健康プラザ豊島
(池袋スポーツセンター)

Kami-Ikebukuro
P.O.
上池袋局

Hōsei Elem. Sch.
豊成小

YAMANOTE LINE 山手線

Nishi-
Sugamo-bashi (br.)
西巣鴨橋

Kita Ōtsuka Park
北大塚公園

Ikebukuro-
ōhashi (br.)
池袋大橋

UTSUNOMIYA & TAKASAKI LINE 宇都宮、高崎線

To Akabane
至赤羽

To Nippori
至日暮里

Higashi-
Ikebukuro (1)
東池袋一丁目

Yachiyo
Bank
八千代銀行

Suitengū
水天宮

D-Box

Meiji Yasuda
Seimei Bldg
明治安田生命ビル

Higashi-
Ikebukuro (2)
東池袋二丁目

Sunroute
Ikebukuro
サンルート池袋

Toshima
Ward Office
豊島区役所

Tokyo Electric Power Co.
東京電力

KASUGA DŌRI (AVE.) 春日通り

TG Bldg
TGホームズ池袋ビル

Toshima
Public Hall
豊島公会堂

Tokyo Electronics Coll.
東京電子専門学校

Naka-Ikebukuro
Park 中池袋公園 Toshima Civic Center

Higashi-
Ikebukuro Park
東池袋公園

NTT Toshima
NTT豊島

Higashi-
Ikebukuro (3)
東池袋三丁目

Tokyo Nissan
東京日産

Ikebukuro Public
Health Center
池袋保健所

Ikebukuro Hosp.
池袋病院

Urbannet
Ikebukuro Bldg
池袋ビル

Daihatsu
Tokyo
新東京販売

Mitsukoshi
Dept Store
三越

Mitsukoshi
Annex
三越別館

Grand
City

MARUNOUCHI LINE 丸ノ内線

Toshima Driver
Training Sch.
豊島自動車教習所

Toshima
Fire Station
豊島消防署

Bank of
Tokyo-Mitsubishi UFJ

Tokyo Star Bank
東京スター銀行

Higashi-Ikebukuro
Central Park
東池袋中央公園

Toshima P.O.
豊島局

General Playground
総合体育場

Resona
りそな
銀行

ホテルテアトル
Theatre

Toyota
Amlux
トヨタ
アムラックス

Sunshine City
Prince Hotel
サンシャインシティ
プリンスホテル

Higashi-
Ikebukuro
東池袋

Mizuho Bank
みずほ銀行

Cinema Sunshine
シネマサンシャイン

Tōkyū
Hands
東急ハンズ

Sunshine City
サンシャインシティ

Sunshine 60 Bldg
サンシャイン60

World Import Mart
ワールドインポートマート

Hōyū
Elem. Sch.
朋有小

Bic
Camera

JTB Bldg
JTBビル

Alpa (shopping
complex)
アルパ

Nanjatown
ナンジャタウン

Sumitomo
Mitsui Bank
三井住友銀行

Tokyo Credit
Assoc. (H.O.)
東京信用金庫本店

Aquarium
国際水族館

Culture Center
(Bunka Kaikan)
文化会館

Bank of Tokyo-
Mitsubishi UFJ
三菱東京UFJ銀行

Toshimagaoka
Joshi Gakuen
豊島岡女子学園

Ancient Orient Musm
古代オリエント博物館

Mint Bureau
Tokyo Branch
造幣局東京支局

Aozora Bank
あおぞら銀行

Sunshine Theater
サンシャイン劇場

Minami-
Ikebukuro Park
南池袋公園

Presso Inn Ikebukuro
プレッソイン池袋

Kampo Health
Plaza Tokyo
かんぽヘルス
プラザ東京

Seiyū
西友

Minami-
Ikebukuro P.O.
南池袋局

Ikebukuro
Green-dōri P.O.
池袋グリーン通り局

Hinodechō Park
日之出町公園

Higashi-
Ikebukuro (4)
東池袋四丁目

Myōten-ji
妙典寺

Honryū-ji
本立寺

UFJ Nicos
UFJニコス

Honda Verno
ホンダベルノ

Jōzai-ji
常在寺

Sengyō-ji
仙行寺

Seitai-ji
盛泰寺

Rise Arena Bldg
ライズアリーナビル

Higashi-
Ikebukuro (5)
東池袋五丁目

Minami-
Ikebukuro (2)
南池袋二丁目

Air Rise Tower
エアライズタワー

HIGASHI-IKEBUKURO 東池袋

Higashi-Ikebukuro P.O.
東池袋局

JTB Traveland
JTBトラベランド

HIGASHI-IKEBUKURO
YONCHŌME

Higashi-Ikebukuro
四丁目

Ōtsuka (6)
大塚六丁目

Honkyō-ji
本教寺

Hōmyō-ji
法明寺

Kanju-in
寛受院

ZŌSHIGAYA 雑司ヶ谷

1 : 7000

0   300m

J-SHIBUYAGAWA-PROMENADE
旧渋谷川遊歩道

OMOTE-SANDO (AVE.) 表参道

28 Tokyo Union Ch.
東京ユニオンチャーチ

Itō Hosp.
伊藤病院

Zenkō-ji
善光寺

A2

OMOTE-SANDO 表参道

To Aoyama-itchōme 至青山一丁目

Kawai Music Shop
カワイミュージックショップ

Bank of Tokyo-Mitsubishi UFJ
三菱東京UFJ銀行

Hanae Mori Bldg
ハナエモリビル

Akiba-jinja
秋葉神社

Minami-Aoyama (3)
南青山三丁目

1

Inden-jinja
印田神社

Tenrism Shrine
天理教東中央大教会

Crayon House
クレヨンハウス

Mizuho Bank
みずほ銀行

A4

Cine City

Kita-Aoyama Hosp.
北青山病院

Kyōdō Tokyo
キョードー東京

A5

CHIYODA LINE 千代田線

Jingūmae (5)
神宮前五丁目

Kita-Aoyama (3)
北青山三丁目

B2

B3

Sawayaka Shinkin
さわやか信金

Alliance
アライアンス VA

Shimada Yōsho
(foreign books)
嶋田洋書

Minato-ku
港区

Hankyū Sports Sch.
阪急スポーツスクール

Tokyo Women's Plaza
東京ウイメンズプラザ

Cosmos Aoyama
コスモス青山

NAT'L ROAD NO.246 国道246号

B1

Spiral (hall)
スパイラル

Mar's
Mar's 南青山

Minami-Aoyama (5)
南青山五丁目

KOTTŌ DŌRI (ANTIQUE ST.) 骨董通り

Ohara-ryū
Ikebana Center
小原流会館

Nikka Whisky
ニッカウキスキー

Aoyama Park Tower
青山パークタワー

Aoyama Book Center
青山ブックセンター

JBP Oval Bldg
JBPオーバルビル

Mizuho Bank
みずほ銀行

Aoyama-dōri P.O.
青山通局

Kuyō-ru
九曜ビル

Sumitomo Bldg
住友ビル

To Nishi-Azabu 至西麻布

Shibuya-ku
渋谷区

Nat'l Children's Castle
こどもの城

United Nations University (H.Q.)
国連大学（本部）

Meml Hall
記念館

3

Q.P. Corp.
キユーピー

Aoyama Theater
青山劇場

Aogaku Kaikan (hall)
青学会館

Alive Mitake Bldg
アライブ美竹ビル

Shibuya (1)
渋谷一丁目

Shibuya Ward Office Mitake Branch
渋谷区役所 美竹分庁舎

Karakuri (Trick) Musm
からくりミュージアム

Aoyama Gakuin Univ.
青山学院大学

Shibuya (4)
渋谷四丁目

Yachiyo Bank
八千代銀行

Chapel
礼拝堂

Aoyama Gakuin Women's Jr. Coll.
青山学院女子短大

32

Shibuya P.O.
渋谷局

YAMASU-ZAKA (SLOPE) 宮益坂

Shibuya (2)
渋谷二丁目

H & A Bldg
H＆Aビル

4

Shionogi Bldg

NTT Shibuya
NTT渋谷

Library
図書館

Jr. H. Sch.
中等部

オノギビル
鹽野

Mizuho Bank Tokyo Business Center
みずほ銀行東京事務センター

Pharmaceutical Society of Japan
Nagai Meml Hall
日本薬学会 長井記念館

H. Sch.
高等部

To Roppongi 至六本木

Higashi-guchi Bldg
東口ビル

Shibuya Cross Tower
渋谷クロスタワー

Shibuya 渋谷

Aoyama Tunnel
青山トンネル

KONNŌ-ZAKA (SLOPE) 金王坂

ROPPONGI DŌRI (AVE.) 六本木通り

Minami-Aoyama (7)
南青山七丁目

5

Sawayaka Shinkin
さわやか信金

Jōnan Shinkin
城南信金

Bank of Tokyo-Mitsubishi UFJ
三菱東京UFJ銀行

Japan Productivity Center for Socio-Economic Development
社会経済生産性本部

Konnō Hachimangū
金王八幡宮

AXA Life Insurance
アクサ生命

Gym
体育館

Elem. Sch.
初等科

Coca-Cola (Japan)
日本コカコーラ

Mansion of Prince Hitachi
常陸宮邸

MEIJI DŌRI (AVE.) 明治通り

Shibuya (3)
渋谷三丁目

Jissen Joshi Gakuen (H. Sch.)
実践女子学園

Emb. of Peru
ペルー大使館

Higashi (4)
東四丁目

TŌKYŪ TŌYOKO LINE 東急東横線

WINS Shibuya
ウインズ渋谷

Higashi (1)
東一丁目

Shibuya Library
渋谷図書館

Shibuya Ward Shirane Meml Culture Hall
渋谷区立白根記念郷土文化館

Shibuya-San P.O.
渋谷三局

Tokiwamatsu Elem. Sch.
常盤松小

Library
図書館

Emb. of Burkina Faso
ブルキナファソ大使館

Namiki-bashi
並木橋

To Unidama 至自由が丘

Higashi (2)
東二丁目

Kokugakuin Univ.
国学院大学

Hiro-o (3)
広尾三丁目

To Ebisu 至恵比寿

0   300m   1:6500

Tōhoku
東北
Kitahara
北原
To Musashi-Urawa 武蔵浦和
Hamasaki
浜崎
Wakuwaku Dome
わくわくドーム

Asashigaoka
朝志ヶ丘
Nishihara
西原
Kita-Asaka
北朝霞
Hamasaki
浜崎

Kitano
北野
Rikkyō H. Sch.
立教高校
Mihara
三原
Nishi-Benzai
西弁財
Asakadai
朝霞台
Oka
岡
Tajima
田島

Rikkyō Univ.
立教大学
Higashi
東
Asaka
朝霞
Tōyō Univ.
東洋大学
Asaka City Musm
朝霞市博物館

Higashi-Benzai
東弁財
Asaka Kōsei Hosp.
朝霞厚生病院
Tōyō Univ.
東洋大学
Oka
岡
Hikawa-jinja
氷川神社

Honda Motor Laboratory
本田技術研究所
Mizonuma
溝沼

Senzui
泉水
Asaka City
朝霞市

Toppan
凸版印刷
Mizonuma
溝沼
Civic Hall
市民会館

To Nishi-Kokubun
至西国分寺
Toppan Display
トッパンディスプレイ
Takinone Park
滝の根公園
Honchō
本町

Nobitome
野火止
Hizaorichō
膝折町
Asaka Fire Sta.
朝霞消防署

Badehof Quelle
バーデフグ
Niiza P.O.
新座局
Aobadai
Park
青葉台公園
Asaka
City Office
朝霞市役所
Higashi-Asaka
Civic Hall
東朝霞公民館

Niiza Pol. Sta.
新座署
NAT'L ROAD No.254
国道254号
Asaka Tax Office
朝霞税務署
Asaka P.O.
朝霞局
Nakachō
仲町

Niiza City Office
新座市役所
Miyuki Warehouse
ユキ開発倉庫
Saiwaichō
幸町
Hizaori
膝折
Central Civic Hall
中央公民館
City Library
立図書館

Citizen's Hall
市民会館
Asaka-Nishi
H. Sch.
朝霞西高
General Gym
総合体育館
Oka
岡
Sakaechō
栄町
Honda Mo
本田

Hatanaka
畑中
Niiza City
新座市
Tōfuku-ji
東福寺
Hizaori
膝折
Asaka Public
Health Center
朝霞保健所
Central Park
中央公園
Mizonuma
溝沼

Musashi Univ.
Grounds
武蔵大グラウンド
Asaka H. Sch.
朝霞高
KAWAGOE KAIDO (AVE.)
川越街道
Honchō
本町

Baba
馬場
Co-op
生協
Mizonuma
溝沼
Oka
岡

Niizuka
新塚
Ground Self-
Defense Force
Asaka Post
陸上自衛隊
朝霞駐屯地
Wakō City Office
和光市役所

KAN-ETSU EXPWY
関越自動車道
City Cemetery
市営墓地
Niiza General
Tech. H. Sch.
新座総合技術高
Hirosawa
広沢
Nishi-Yam
西大和口

Horinouchi
堀ノ内
Niiza H. Sch.
新座高
Sakae
栄
Wakō Int'l H. Sch.
和光国際高

Niiza Toll Gate
新座料金所
Wakō Forest Park
和光樹林公園

Dōjō
道場
Ōizumi
Central Park
大泉中央公園
Legal Training
Research Inst.
司法研修所

Ikeda
池田
Tokyo-to
東京都
Nerima-ku
練馬区

Katayama
片山
Ōizumi-
Gakuenchō
大泉学園町
Ōizumimachi
大泉町

1 : 28000
900m
To Ōizumi JCT
大泉JCT

A **B** 46 **C** **D**

Kami-chimagi
上の間木

Shimo-Uchimagi
下内間木

Asaka Public Golf Course
朝霞パブリック
ゴルフ場

Toda-Nishi
戸田西

Toda
戸田

To Kawaguchi
至川口

To Yono
至与野

Bijogi
美女木

Suzuki Hospital
鈴木病院

Toda City
戸田市

Sai-ko (lake)

Teigai
堤外

彩湖

SHUTO EXPWY No.5 IKEBUKURO LINE

Sasame
笹目

Sasame-Minamichō
笹目南町

Negishi
根岸

Dai
台

Sekisui Chemical
積水化学

Asaka Sluice
朝霞水門

Kōkoh-Ōhashi (br.)

Kongō-ji
金剛寺

Ara-kawa Right Bank Sewage Disposal Plant
荒川右岸流域
下水道終末処理場

Toda Public Golf Course
戸田パブリック
ゴルフコース

Toda-Minami
戸田南

Ara-kawa (river)
荒川

Negishidai
根岸台

Wakō-Kita
和光北

Matsunoki-jimachō
松ノ木島町

Arakawa Sports Park
荒川河川敷運動公園

Hayase
早瀬

Niikura
新倉

Navi Motor School
ナビモータースクール

Sasame-bashi (br.)
笹目橋

Shingashi
新河岸

TOKYO GAIKAN EXPWY
東京外環自動車道

Wakō H. Sch.
和光高

Misono Filtration Plant
三園浄水場

Itabashi Truck Terminal
板橋トラックターミナル

40

Niikura
新倉

Rainbow Motor School
レインボーモータースクール

Misono (2)
三園

Itabashi Market
板橋市場

Nishi-Takashimadaira
西高島平

Shimo-Niikura
下新倉

Fukiage Kannon
吹上観音

Takashimadaira
高島平

Wakō City
和光市

Saitama-ken
埼玉県

Narimasu Danchi (apts)
成増団地

Narimasu Kōsei Hosp.
成増厚生病院

Hist'l Musm
歴史資料館

Takashimadaira
高島平

Wakō-shi
和光市

TOBU TOJO LINE
東武東上線

Wakō
和光

Tokyo-to
東京都

Itabashi Ward Art Musm
板橋区立美術館

Daimon
大門

Maruyamadai
丸山台

Narimasu
成増

Tokyo Daibutsu
東京大仏

To Ikebukuro
至池袋

Wakō P.O.
和光郵便局

Chūō
中央

Honda Motor Inst. of Tech.
本田技術研究所

Shirako
白子

Akatsuka Botanical Gardens
赤塚植物園

Yotsuba
四葉

Wakō Fire Sta.
和光消防

Physical & Chemical Research Inst.
理化学研究所

Shōgetsu-in
松月院

Minami
南

Suwa
諏訪

Nat'l Saitama Hosp.
国立埼玉病院

Itabashi-ku
板橋区

Akatsuka Gym
赤塚体育館

Suwahara Danchi
諏訪原団地

Asahichō
旭町

CHIKATETSU-NARIMASU
地下鉄成増

Akatsuka
赤塚

Saitama-ken
埼玉県

Nerima-ku
練馬区

Akatsuka-Shinmachi
赤塚新町

Shimo-Akatsuka
下赤塚

CHIKATETSU-AKATSUKA
地下鉄赤塚

Doshida
土支田

47 Hikarigaoka
光が丘 (4)

Hikarigaoka Park Town
光が丘パークタウン

To Ikebukuro
至池袋

Toda City Library
戸田市立図書館
Toda H. Sch.
戸田高
Sasame
笹目
Toda Fire Dept
戸田消防本部
Niizo
新曽
Kami-Toda
上戸田
Cultural Hall
文化会館
Toda City Office
戸田市役所
Nishikichō
錦町
Warabi Pol. Sta.
蕨署
Chūō
中央
Warabi City
蕨市
Minamichō
南町
Toda
戸田
Shimo-Toda
下戸田
Toda City
戸田市
Toda Central General Hosp.
戸田中央総合病院
Sasame-Minamichō
笹目南町
Hikawachō
氷川町
Honchō
本町
Simomae
下前
Nakachō
中町
Toda-Kōen
戸田公園
Niizo-Minami
新曽南
Sunwave
サンウェーブ
Minamichō
南町
Japan Energy
ジャパンエナジー
Kizawa-Minami
喜沢南
Hayase
早瀬
Toda Boat Race Course
戸田競艇場
Toda Hosp.
戸田病院
Kawagishi
川岸
Toda Park
戸田公園
Toda-Kōen
戸田公園
Toda Regatta Course
戸田漕艇場
Meiji Milk Products
明治乳業
Teigai
堤外
Arakawa Toda-bashi Green
荒川戸田橋緑地
Funado
舟渡
Toda-bashi (br.)
戸田橋
Shingashi
新河岸
Shingashi Sewage Disposal Plant
新河岸下水処理場
Ukima Park
浮間公園
39
Nippon Metal
日本金属
Itabashi Market
板橋市場
Nippon Steel
新日鉄
Itabashi Garbage Incineration Plant
板橋清掃工場
Ukima-Funado
浮間舟渡
Shin-Takashimadaira
新高島平
Takashimadaira
高島平
Metro M Takashimadaira
メトロエム高島平
NAT'L ROAD No.17
Ukima
浮間
Takashimadaira Danchi (apts)
高島平団地
TOEI MITA LINE 都営三田線
Nishidai
西台
TAKASHIMA DŌRI (AVE.) 高島通り
Takashima H. Sch.
高島高
高島平署
Takashimadaira Pol. Sta.
Itabashi-Nishi P.O.
板橋西局
Sakashita Library
坂下図書館
Daiei
ダイエー
Sakashita
坂下
Akatsuka Park
赤塚公園
Takashimadaira
高島平
To Bijogi JCT
美女木ジャンクション
SHUTO EXPWY No.5 IKEBUKURO LINE
首都高速5号池袋線
Hasune
蓮根
Higashi-Sakashita
東坂下
Daitō Univ. Dai-Ichi H. Sch.
大東大一高
大東文化大
Daitō Bunka Univ.
Yotsuba
四葉
Itabashi-ku
板橋区
KAN-PACHI DŌRI (AVE.) 環八通り
Itabashi-Kita P.O.
板橋北局
Azusawa Park
小豆沢公園
Shimura Fire Sta.
志村消防署
Aioichō
相生町
Shimura-Sanchōme
志村三丁目
Shimura
志村
Tokumaru
徳丸
Nishidai
西台
Shimura H. Sch.
志村高
Nakadai
中台
Sun City
サンシティ
Nakadai
中台
Wakagi
若木
Maenochō
前野町
Kitano H. Sch.
北野高
Nihon Univ. Buzan Girls' H. Sch.
日大豊山女子高
Izumiya
イズミヤ
Saty
サティ
東武練馬
Tōbu-Nerima
48
A
B
C
D
1
2
3
4
5
6

Chūō
中央

Nichōme
二丁目
Yashio
Driving Sch.
八潮自動車教習所

Kizone
木曽根

Nichōme
二丁目

Minami-
Kawasaki
南川崎

Minami-
Kawasaki
南川崎

Yashio
H. Sch.
八潮南高

Minami-Kawasaki
南川崎

Yashio
八潮

Yashio City
八潮市

Iseno
伊勢野

Cultural
Sports Center
文化スポーツセンタ

Ōsone
大曽根

Misato C
三郷市

Jusco
ジャスコ

Yashio P.A.
八潮
キングフェリー

Daibara
大原

Saitama
Kaisei Hosp.
埼玉回生病院

Iseno
伊勢野

Ōze
大瀬

Togasaki
戸ヶ崎

Togasaki
戸ヶ崎

Maruetsu
マルエツ

Yashio-Minami
八潮南

Gake
垳

Saitama-ken
埼玉県

Yomaki
寄巻

Aquatic
Botanical Gardens
水生植物園

Ukizuka
浮塚

Koshinden
古新田

Mizumoto Pa
水元公園

Mutsugi
六木

Mizumoto-Kō
水元公

Shinmei
神明

Tokyo-to
東京都

Shimmei-
Minami
神明南

Matr
Mutsugi Apts
都営六木

*Misa
Par*
みさ
公園

Mizumoto
Youth House
水元青年の家

Sano
佐野

Nishi-Mizumoto
西水元

Katsushika-ku
葛飾区

Higashi-
Mizumoto
東水元

Tatsunuma
辰沼

Mizumoto
水元

Katori-jinja
番取神社

Kita-
Kaheidchō
北加平町

Yanaka
谷中

Ōyata
大谷田

Mizumoto
Gym.
水元体育館

Mizumoto
H. Sch.
水元高

Iris Garden
花菖蒲園

Mizumoto
Library
水元図書館

Manzō-in

Adachi Higashi
H. Sch.
足立東高

Katsushika Garbage
Incineration Plant
葛飾清掃工場

Honjo Tech. H. Sch.
本所工業高

Adachi-ku
足立区

Kōdan Apts
公団アパート

Minami-Mizumoto
南水元

Mitsubishi
Gas Chemical
三菱ガス化学

Mizumoto
Danchi (apts)
金町団地

Ayase
Pol. Sta
綾瀬署

Kita-Ayase

Nakagawa Park
中川公園

Nakagawa
Sewage Disposal
Plant
中川下水処理場

Tōwa Hosp.
東和病院

Nakagawa
中川

Niijuku
新宿

Itō Yōkadō
イトーヨーカ堂

Tōwa
東和

Higashi-
Ayase
東綾瀬

Kanamachi
金町

Monto-Shinden 主水新田
Asahichō 旭町
Nishi-Mabashi 西馬橋
Shin-Matsudo-Minami 新松戸南

Shinwa (3) 新和

Daiwa Steel ダイワスチール

Green Hosp. グリーン病院

Matsudo-Mabashi H. Sch. 松戸馬橋高

Nishi-Mabashi Alkawachō 西馬橋相川町

Nishi-Mabashi Hirofuchō 西馬橋広ヶ手町
Nishi-Mabashi Kuramotochō 西馬橋蔵元町
Mabashi 馬橋
Nishi-Mabashi Saiwaichō 西馬橋幸町

Mabashi 馬橋

Sankei Sports Center サンケイスポーツセンター

Sakaechō-Nishi 栄町西

Nihon Univ. (Matsudo Dent.) 日大松戸歯学部

Sakaechō 栄町
Nakane-Nagatsuchō 中根長津町
Nakane 中根

Takano 鷹野

Misato Kenwa Hosp. みさと健和病院

Matsudo City 松戸市

Takara Shuzō 宝酒造

Shinzaku 新作

Shinzaku 新作

Matsudo Keirin Race Course 松戸競輪場
Matsudo Chūō Driving Sch. 自動車学校

Kogasaki 古ヶ崎

Kogasaki 古ヶ崎

Gōdō 合同

Kita-Matsudo 北松戸

Kita-Matsudo Industrial Park 北松戸工業団地

Nichiita Package 日板パッケージ

Kami-Hongō 上本郷

Matsudo City Hosp. 松戸市立病院

Kawatetsu 川鉄

Minami-Hanashima 南花島
Yamazaki 山崎
Takegahana Nishimachi 竹ヶ花西町
Takegahana 竹ヶ花
Yoshichō 若ヶ町

Nemoto 根本

Hinokuchi 樋野口
Nishiguchi Fire Sta. 西口消防署

Minami-Hanashima 南花島
Nakaichō 仲井町

Chiba-ken 千葉県

Konemoto 小根本

Matsudo City Office 松戸市役所

Midorigaoka 緑ヶ丘

Korokudai 胡録台

Azumachō 東町

Baseball Grounds 野球場

Takasu 高州(2)

Saitama-ken 埼玉県

Isetan 伊勢丹

Matsudo Central Park 松戸中央公園

Shotoku Univ. 聖徳大

Iwase 岩瀬

Iwase 岩瀬

Chūō Fire Station 中央消防署

Wholesale Market 卸売市場

Tokyo-to 東京都

Matsudo P.O. 松戸局

Honchō 本町

Legal-Affairs Bureau 法務局
District Court 地方裁判所

Sunny Land サニーランド

Nogikuno 野菊野

Matsudo 松戸

Sports Center スポーツセンター
Clean Center クリーンセンター

Katsushikabashi Hosp. 葛飾橋病院

Koyama 小山

Chiba Univ. (Hort.) 千葉大学(園芸学部)

Matsudo-Shinden 松戸新田

Higashi-Kanamachi 東金町

Matsudo Pol. Sta. 松戸警察署

Wanagaya 和名ヶ谷

Kami-Yakiri 上矢切

Ni-Yōkadō トーヨーカ堂

Miyakodai 都ヶ台

Nijusseikigaoka Minosatochō 二十世紀が丘戸山町
Nijusseikigaoka Kakinokichō 二十世紀が丘柿ノ木町
Nijusseikigaoka Nakamatsuchō 二十世紀が丘中松町
Nijusseikigaoka Hagichō 二十世紀が丘萩町
Nijusseikigaoka Nashimotochō 二十世紀が丘梨元町

1:28000
900m

38

Katayama
片山

Saitama-ken
埼玉県

Nodera
野寺

Niiza City
新座市

Nishi-Ōizumichō
西大泉町

Tokyo-to
東京都

Nishi-Ōizumi
西大泉

Ōizumi Hosp.
大泉病院

KAN-ETSU EXPWY
関越自動車道

Ōizumi P.O.
大泉局

Ōizumimachi
大泉町

Ōizumi-Gakuenchō
(3) 大泉学園町

Ōizumi Library
大泉図書館

Kubota Hosp.
久保田病院

Yōwa Hosp.
陽和病院

Ōizumi JCT.
大泉ジャンクション

Ōizumi
大泉

Kitamachi
北町

Shirako-gawa (river)
白子川

Miharadai
三原台

Tōei Studio
東映撮影所

LIVIN OZ Ōizumi
リヴィンオズ大泉

Shimo-Hōya
下保谷

Hōya
保谷

To
Tokorozawa
至所沢

Hōya Hosp.
保谷病院

Higashi-Ōizumi
東大泉

Higashi-Ōizumi Hosp.
東大泉病院

Makino Meml Garden
牧野記念庭園

Nerima-Nishi Tax Office
練馬西税務署

Ōizumi-Gakuen
大泉学園

Shakujiimachi
(8) 石神井町

SEIBU-IKEBUKURO LINE
西武池袋線

Shakujii-Ku
石神井署

Minami-Ōizumi
南大泉

Ōizumi H. Sch.
大泉高

Gakugei Univ. H. Sch.
学芸大附属高

Higashichō
東町

KYŪ-WASEDA DŌRI (AVE.)
旧早稲田通り

FUJI KAIDŌ (AVE.)
富士街道

Shakujii P.O.
石神井局

Shakujii Pol. Sta.
石神井署

Koya Hos.

Shakujii-Ike (Pond)
石神井池

Sampōji-ike
三宝寺池

Shakujii Park
石神井公園

Shakujii Swimming Pool
プール

Nakamachi
中町

Shakujiidai
石神井台

Sanpōji
三宝寺

Nishi-Tokyo City
西東京市

Waseda Univ. H. Sch.
早大高等学院

Shimo-Shakujii
下石神井

Fujimachi
富士町

Kami-Shakujii Apts
上石神井アパート

Shakujii Fire Sta.
石神井消防署

Shakujii H. Sch.
石神井高

Tokyo Joshi Gakuin H. Sch.
東京女子学院高

SHIN-ŌME KAIDŌ (AVE.)
新青梅街道

Chihiro Art Musm
ちひろ美術館

Higashi-Fushimi
東伏見

Sophia Univ. (Theol.)
上智大（神学部）

Kami-Shakujii
上石神井

Igusa H. Sch.
井草高

Musashiseki
武蔵関

Kami-Igusa
上井草

Ice Arena
アイスアリーナ

Waseda Univ. Grounds
早大グラウンド

Musashiseki Park
武蔵関公園

Sekimachi-Kita
関町北

Sekimachi-Higashi
関町東

Kami-Shakujii Minamimachi
上石神井南町

Kami-Igusa Sōgō Grounds
上井草総合運動場

Higashi-Fushimi
東伏見

To
Tanashi
至田無

ŌME KAIDŌ (AVE.)
青梅街道

Sekimachi-Minami
関町南

Jiundō Hosp.
慈雲堂病院

Zenpuku-ji
善福寺

Suginami Tech. H. Sch.
杉並工業高

Kami-Igusa
上井草

Musashino City
武蔵野市

Midorichō
緑町

General Gym
総合体育館

Kichijōji-Kitamachi
吉祥寺北町

Tatenochō
立野町

54

48

Bunkyō-ku (NW), **Itabashi-ku** (SE), **Kita-ku** (SW), **Nakano-ku** (NE), **Nerima-ku** (E), **Shinjuku-ku** (N), **Toshima-ku**

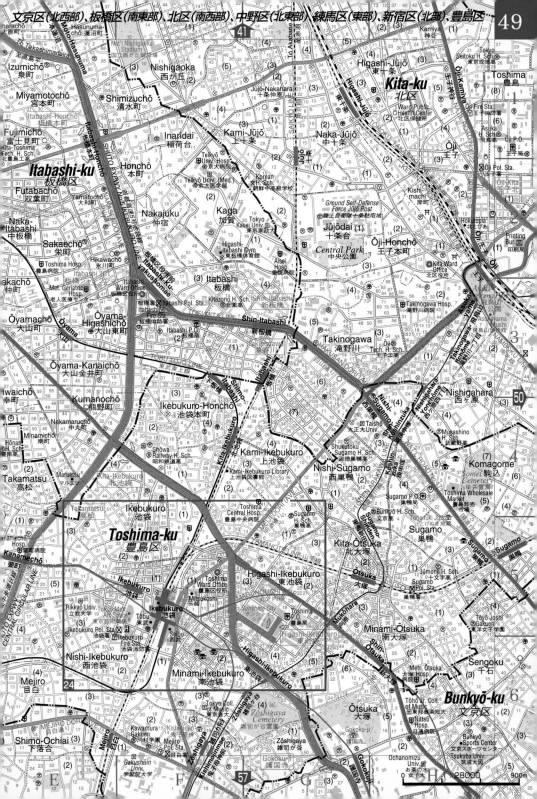

Musashino City Office
武蔵野市役所

Nerima-ku
練馬区

Zenpukuji Park
善福寺公園

Kami-Igusa
上井草

Nogei
H. Sch.
能芸高

Imagawa
今川

Igusa
Hachimangu
井草八幡宮

Ogikubo
Fire St
荻窪消防署

Midorichō
緑町

Kichijōji-Kitamachi
吉祥寺北町

Tatenochō
立野町

Sekimachi-
Minami
関町南

Zenpukuji
善福寺

Ogikubo
Hachimangu
荻窪八幡宮

Central Library
中央図書館

Seikei Gakuen
H. Sch.
成蹊高

Nishi-
kubo
西久保

Musashino Fire Sta.
武蔵野消防署

Seikei Univ.
成蹊大

Tokyo Women's
Christian Univ.
東京女子大

Nishiogi-Kita
西荻北

Musashino
P.O.
武蔵野局

Civic
Culture Hall
市民文化会館

Musashino City
武蔵野市

Musashino
Hachimangu
武蔵野八幡宮

JOSHIDAI DORI (AVE.) 女子大通り

Nakachō
中町

Hōsei-Ichi
H. Sch.
法政一高

Nishiogi-Kita
西荻北

Yokogawa
Electric
横河電機

Kichijōji-Honchō
吉祥寺本町

Kichijōji-
Higashichō
吉祥寺東町

Ogikubo
Hachimangu
荻窪八幡宮

Kinokuniya Int'l
紀ノ国屋

Tōkyū
東急

Isetan
伊勢丹

Parco
パルコ

Seiyu
西友

Kichijōji
Library
吉祥寺図書館

Kichijo
Girls' H. Sch.
吉祥女子高

Nishi-Ogikubo
西荻窪

Mitaka
三鷹

Kichijōji
吉祥寺

CHŪŌ LINE 中央線

Marui
丸井

Goten'yama
御殿山

Kichijōji-Minamichō
吉祥寺南町

Shōan
松庵

Nishiogi-Minami
西荻南

Natural
Cultural Garden
自然文化園

Inokashira Park
井の頭恩賜公園

Zenshin-za
Theater
前進座劇場

**West
Garden**
西園

Mitaka-no-mori Ghibli Museum
三鷹の森ジブリ美術館

Rikkyō Jogakuin
(St. Margaret's)
立教女学院

Nishi H. Sch.
西高

Shimo-Renjaku
下連雀

Myōjō Gakuen
H. Sch.
明星学園高

Inokashira
井の頭

Mitakadai
三鷹台

Kugayama
久我山

Mitaka City
三鷹市

Mure
牟礼

Kugayama
久我山

Fujimigaoka
富士見ヶ丘

NTT

Nihon Musen
Mitaka Factory
日本無線三鷹工場

Kokugakuin
Kugayama
H. Sch.
国学院久我山高

Takaido IC
高井戸IC

Mure Danchi
(apts)
牟礼団地

Mitakadai
Danchi (apts)
三鷹台団地

Nomura
Hosp.
野村病院

Mitaka Fire Sta.
三鷹消防署

Kugayama Hosp.
久我山病院

To Fuchū
至府中

TOHACHI DŌRO (AVE.) 東八道路

Karasuyama Teramachi
烏山寺町

Mitaka H. Sch.
三鷹高

Kitano
北野

Japan Women's
Coll. of P.E.
日本女子体育大

Kita-Karasuyama
北烏山

Kyōrin Univ. Hosp.
杏林大病院

Shinkawa
新川

Kyōrin Univ.
(Sch. of Med.)
杏林大

Shinkawa
Danchi (apts)
新川団地

CHŪŌ EXPWY 中央自動車道

Setagaya-ku
世田谷区

Jindaiji-
Higashi-
machi
深大寺東町

Nakahara
中原

Mitaka
Toll Gate
三鷹料金所

Setagaya-
izumi H. Sch.
世田谷泉高

Shōwa Univ.
Karasuyama Hosp.
昭和大烏山病院

Chōfu City
調布市

Midorigaoka
緑ヶ丘

Kyūden
給田

Minami-Karasuyama
南烏山

To Hachiōji
至八王子

A

B

62

C

Chitose-Karasuyama
千歳烏山

D

Shirasagi 白鷺
Wakamiya 若宮
Nogata 野方

Nakano-ku 中野区

Shimo-Igusa 下井草

Hon-Amanuma 本天沼

Yamatochō 大和町

To Nakano 至中野

Momoi 桃井
Shimizu 清水

Chūō Univ. Suginami H. Sch. 中大杉並高
Myōshō-ji 妙正寺

Asagaya Library 阿佐谷図書館
Asagaya-Kita 阿佐谷北

Mabashi Park 馬橋公園

Kōenji-Kita 高円寺北

Kamiogi 上荻

Amanuma 天沼

Nihon Univ. Dai-Ni H. Sch. 日大二高

Tokyo Eisei Hosp. 東京衛生病院

Kawakita General Hosp. 河北総合病院

Kōenji 高円寺

Seiyū 西友
Lumine DEO
Ogikubo 荻窪

American Express アメリカン エキスプレス

Bunka Girls' H. Sch. 文化女子高

Asagaya 阿佐ヶ谷

Asagaya-Minami 阿佐谷南

Kōenji-Minami 高円寺南

Minami-Ogikubo 南荻窪

Ogikubo H. Sch. 荻窪高

Central Library 中央図書館

Ogikubo 荻窪

Minami-Asagaya 南阿佐ヶ谷

Peacock ピーコック

Shin-Kōenji 新高円寺

MARUNOUCHI LINE 丸ノ内線

Suginami Ward Office 杉並区役所

Suginami P.O. 杉並局

Umezato 梅里

Ogikubo Danchi (apts) 荻窪団地

Suginami Pol. Sta. 杉並署

Minami-Ogikubo Library 南荻窪図書館

Suginami H. Sch. 杉並高

Asagaya Danchi (apts) 阿佐ヶ谷団地

Suginami Tax Office 杉並税務署

Narita Library 成田図書館

Matsunoki 松ノ木

Horinouchi 堀ノ内

Tokyo Rissho Women's Jr. Coll. 東京立正女子短大

Myōhō-ji 妙法寺

Miyamae 宮前

Zenpukujigawa Park 善福寺川公園

Narita-Higashi 成田東

Takaido Police Sta. 高井戸署

Narita-Nishi 成田西

Suginami-ku 杉並区

Social Insur. Agcy 社会保険庁

Toyotama H. Sch. 豊多摩高

Wadabori Park 和田堀公園

Folk Musm of Suginami 杉郷土博物館

Takaido-Nishi 高井戸西

HITOMI KAIDO (AVE) 人見街道

Takachiho Univ. 高千穂大

Ōmiya 大宮

Takaido 高井戸

Suginami Garbage Incineration Plant 杉並清掃工場

Ōmiya Hachimangū 大宮八幡宮

To Shinjuku 至新宿

Yokufūkai Hosp. 浴風会病院

Takaido-Higashi 高井戸東

Hamadayama 浜田山

Suginami P.O. 杉並南局

Dai-en-ji 大円寺

Kami-Takaido 上高井戸

Hamadayama 浜田山

Nishi-Eifuku 西永福
Summit サミット

Izumi 和泉

Eifukuchō 永福町

SHUTO EXPWY No.4 SHINJUKU LINE 首都高速4号新宿線

Shimo-Takaido 下高井戸

Eifuku 永福

Eifuku-ji 永福寺

Meiji Univ. 明治大

Kami-Kitazawa 上北沢

Hachiman'yama 八幡山

Matsuzawa Hosp. 松沢病院

Kami-Kitazawa 上北沢

Sakurajōsui 桜上水 63

Eifuku 永福

Meidai-Mae 明大前

To Yoga 至用賀

To Shinjuku 至新宿

To Kanhachi

To Shin-Yawata

To Moto-Yawata

Higashi-Matsumoto
東松本

Kita-Shinozaki
北篠崎

Ōsu
大州

Ōwada
大和田

Matsumoto
松本

Shishibone Shinbashi
鹿骨新橋

Shishibone
鹿骨

Shinozaki
Green
篠崎緑地

Sengen-
jinja

To Chiba & Nalita

Shinozaki Park
篠崎公園

Nishi-Shinozaki
西篠崎

Edo-gawa (river)

Tōkagi
稲荷木

Ōsugi-bashi

Kami-Shinozaki
上篠崎

Koiwa Fire Sta
小岩消防署

Shishibone Sports Plaza
鹿骨スポーツ広場

Edogawa
Grounds
江戸川
グランド

Ōsugi
大杉

Niibori
新堀

Shinozaki
篠崎

Shinozaki Library
篠崎図書館

KEIYO DŌRO

Pony Land
ポニーランド

Nishi-Ichinoe
西一之江

Ichinoe-bashi (br.)

Yagōchi
谷河内

Shinozakimachi
篠崎町

Kawara
河原

Edogawa Sluice
江戸川水門

ROAD No.14

Shinozaki
H. Sch.
篠崎高

Haruechō
春江町

SHUTO EXPWY No.7 KOMATSUGAWA LINE
首都高速7号小松川線

Mizue
瑞江

Shimo-Kamatachō
下鎌田町

Minami-Shinozakichō
南篠崎町

Shimo-Shinozakichō
下篠崎町

Higashi-Shinozaki
東篠崎

Ichinoe
一之江

Mizue
瑞江

Edogawa-ku
江戸川区

Oji Paper
王子製紙

Hon-Gyōtoku
本行徳

Nishi-Mizue
西瑞江

Shimo-Kamatamachi
下鎌田町

Honshio
本塩

Ichinoe
一之江

Higashi-Mizue
東瑞江

TOEI SHINJUKU LINE
都営新宿線

Sekigashima
関ヶ島

Isejuku
伊勢宿

Edogawa
Garbage
Incineration Plant
江戸川清掃工場

Kasai Tech
H. Sch.
葛西工高

Edogawa
江戸川

Oshikiri
押切

Shin-Imai-bashi (br.)

Edogawa-Nichōme
Danchi Jutaku
江戸川二丁目団地

To Nishi-Funabashi

Gyōtoku
Library
行徳図書館

Tokyo-to
東京都

Mizue-ōhashi (br.)

Minato
湊

Suehiro
末広

Kyū-Edo-gawa (river)
旧江戸川

Minato-shinden
湊新田

Gyōtoku
行徳

Chiba-ken
千葉県

Kandori
香取

Minato-shinden
湊新田

Gyōtoku-Ekimae
行徳駅前

Haruechō
春江町

Mizuho-ōhashi (br.)

Gyōtoku P.O.
行徳郵便局

Minami Fire Sta
南消防署

Hiro-o
広尾

Ainokawa
相之川

Kakemama
欠真間

Ichikawa City
市川市

Sun Bowl
サンボウル

Edogawa
江戸川

Arai
新井

Urayasu-Ichikawa
Citizen's Hosp.

Fukuei
福栄

Niihama
新浜

Shimajiri
島尻

Minami-Gyōtoku
南行徳

Imperial Household Agcy
Niihama Duck-Hunting Fields
宮内庁新浜鴨場

Higashi-Kasai
東葛西

Tōdaijima
当代島

Urayasu-Ichikawa
市民病院

Wild Bird Paradise
(Yachō-na-Rakuen)
野鳥の楽園

Urayasu City
浦安市

Minami-Gyōtoku
南行徳

Kitazakae
北栄

Myōkenjima
妙見島

Daiei
ダイエー

1 : 28000

900m

Minami-Sunamachi
南砂町

Higashi-Suna 東砂 (8)

TŌZAI LINE 東西線

Seisuna-Ōhashi (br.) 清砂大橋

Seishinchō 清新町

Shin-Suna Annex 東京小包島新砂分室
Tokyo Parcel P.O. 東京小包島新砂

Tokyo Hard Board 東京ハードボード

Shin-Suna 新砂

Sunamachi Sewage Disposal Center 砂町水再生センター

Kōtō-ku 江戸区

Timber Dock 貯木場

Yumenoshima Marina 夢の島マリーナ

Shin-Suna Water Gate 新砂水門

Yumenoshima Tropical Greenhouse Dome 夢の島熱帯植物館

Shin-Kōtō Garbage Incineration Plant 新江東清掃工場

Yumenoshima 夢の島

Shin-Kiba 新木場

Arakawa Kakō-bashi (br.) 荒川河口橋

To Tokyo 至東京

67

No.14 Timber Dock (1) 14号地第一貯木場

Shin-Kiba 新木場

No.14 Timber Dock (2) 14号地第二貯木場

Tokyo Heliport 東京ヘリポート

Sunamachi-Minami Unga (canal) 砂町南運河

Wakasu-bashi (br.) 若洲橋

Sea-bus Terminal 海上バスターミナル

Wakasu 若洲

Wakasu Golf Links 若洲ゴルフリンクス

Wakasu Kaihin Park 若洲海浜公園

Camp Site キャンプ場

60 (2)

Nishi-Kasai 西葛西

Daiei ダイエー

Kasai Clean Town 葛西クリーンタウン

Nishi-Kasai 西葛西

Nishi-Kasai 西葛西

Kasai 葛西

Naka-Kasai 中葛西

Nitta Apts 新田住宅

Edogawa Pool Garden 江戸川プールガーデン

Edogawa-ku 江戸川区

Edogawa Minami Tax Office 江戸川南税務署

Edogawa Stadium 江戸川陸上競技場

Momijigawa H. Sch. 紅葉川高

Tokyo Rinkai Hosp. 東京臨海病院

Shin-Sakon-gawa (river) 新左近川

Kasai Minami H. Sch. 葛西南高

Minami-Kasai 南葛西

Central Wholesale Market (Kasai) 中央卸売市場 葛西市場

Horie Apts 堀江住宅

Rinkaichō 臨海町

Kasai Sewage Disposal Center 葛西水再生センター

NAT'L ROAD No.357

Kasai Truck Terminal 葛西トラックターミナル

Kasai JCT. 葛西ジャンクション

KEIYŌ LINE 京葉線

Kasai Rinkai-Kōen 葛西臨海公園

Kasai 葛西

Seaside Edogawa シーサイド江戸川

Kasai Rinkai Park 葛西臨海公園

Sea-bus Terminal 海上バスターミナル

Tokyo Sea Life Park 葛西臨海水族園

Kasai Kaihin Park 葛西海浜公園

West Beach (Nishi Nagisa) 西なぎさ

East Beach (Higashi Nagisa) 東なぎさ

Sunroute Plaza Tokyo サンルートプラザ東京

Tokyo Bay Hotel Tōkyū 東京ベイホテル東急

Hilton Tokyo Bay ヒルトン東京ベイ

Tokyo Bay
東京湾

A **B** **C** **D**

| 1 | 2 | 4 | 5 | 6 |

To Tokyo

Setagaya-ku (sw), Kawasaki City

Unane
宇奈根

Noborito
登戸

Shukugawara
宿河原

Mukônooka H. Sch.
向の岡工業

Seki
堰

Unane
宇奈根

Masugata
桝形

Higashi-
Ikuta
東生田

Kuji
久地

Kuji
久地

FUCHŪ KAIDŌ (AVE.)
府中街道

Mitsubishi Motors
三菱自動車工業

Tsudayama
津田山

Ikuta
Green
生田緑地

Nagao
長尾

Tama-ku
多摩区

Midorigaoka
Cemetery
緑ヶ丘霊園

Shimo-Sakunobe
下作延

Goshozuka
五所塚

Higashi-
Takane
Forest Park
東高根森林公園

Hatsu-
yama
初山

Taira
平

Shiboku-Honchō
神木本町

Kawasaki City
川崎市

Kami-Sakunobe
上作延

Shirahatadai
白幡台

Migawari
Fudōson
身代り不動尊

Nanpeidai
南平台

Shiboku
神木

Miyazaki
宮崎

Mukaigaoka
向ヶ丘 文

Keyakidaira
けやき平

NEC Central Lab.
NEC中央研究所

Tokyo Toll Gate
東京料金所

Miyazaki
宮崎

Takatsu-ku
高津区

Miyamae
Fire Sta.
宮前消防署

Toranomon
Hosp.
虎の門病院分院

Inukura
犬蔵

Miyamae Ward Office
宮前区役所

Miyamae Pol. Sta.
宮前警察署

Tsuchihashi
土橋

Miyamaedaira
宮前平

Miyazakidai
宮崎台

Miyazaki
宮崎

Kajigaya
梶ヶ谷

Tōmei Kawasaki I.C
東名川崎IC

Miyamaedaira
宮前平

TŌKYŪ DENEN TOSHI LINE
東急田園都市線

Kajigaya Freight Terminal

Miyamae-ku
宮前区

MUSASHINO FREIGHT LINE
武蔵野貨物線

Saginuma
Swimming Pool
鷺沼プール

Kodai
小台

Maginu
馬絹

Kajigaya
梶ヶ谷

Saginuma
鷺沼

Saginuma
鷺沼

Utsukushi-
gaoka
美しが丘

Tōkyū
とうきゅう

ATSUGI KAIDŌ (AVE.)
厚木街道

Tōyoko Dai-San Hosp.
東横第三病院

Aoba-ku
青葉区

Miyamae P.O.
宮前局

Arima
有馬

Kawasaki
Kita H. Sch.
川崎北高

Shin-
Ishikawa
新石川

Higashi-Arima
東有馬

Nogawa
野川

Tsuzuki-ku
都筑区

Ayumigaoka
あゆみが丘

Yokohama City
横浜市

Ushikubo
牛久保

Sumiregaoka
すみれが丘

Kita-Yamada
北山田

Higashi-
Yamada
東山田

Edacho
江田町

Nakagawa
中川

Ushikubocho
牛久保町

To Yokohama & Machida

A   B   C   D

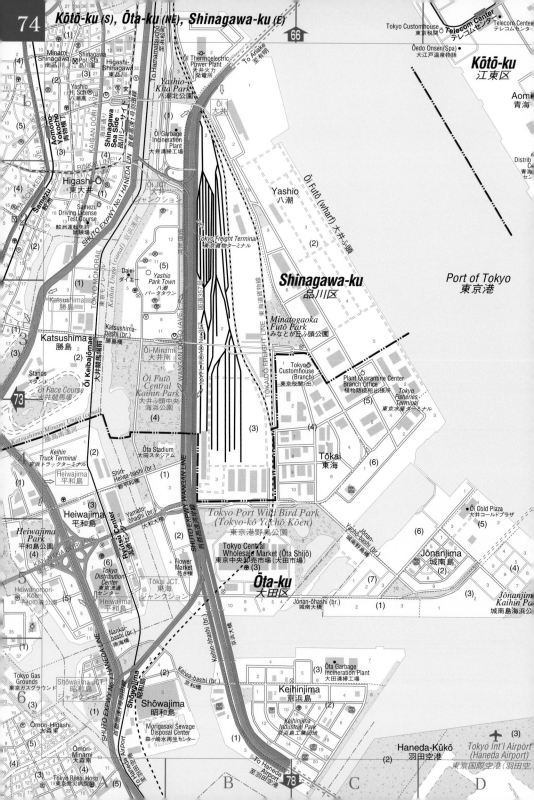

67

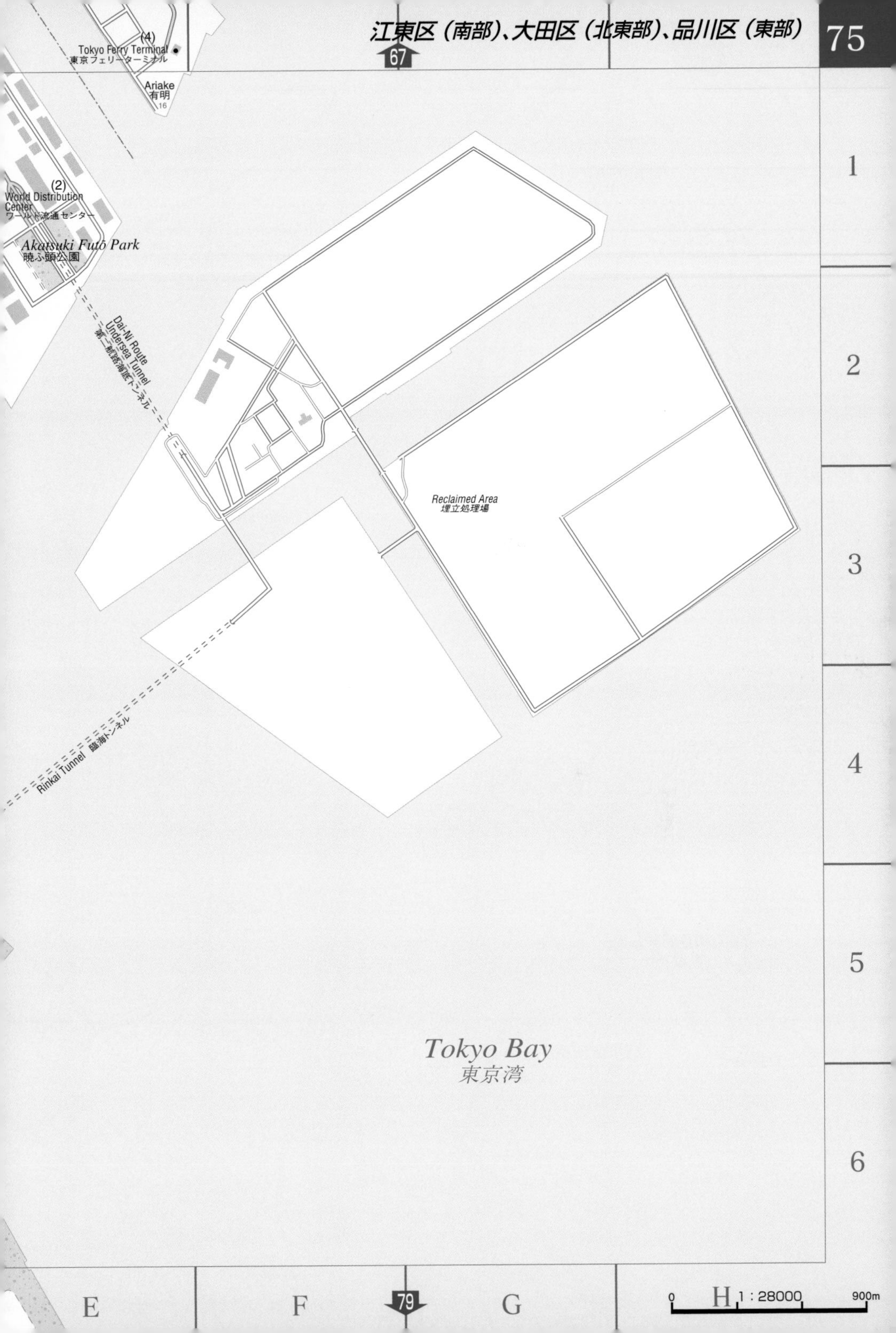
(4)
Tokyo Ferry Terminal
東京フェリーターミナル
Ariake
有明
16
(2)
World Distribution Center
ワールド流通センター
Akatsuki Futō Park
暁ふ頭公園
Dai-Ni Route Undersea Tunnel
第二航路海底トンネル
Reclaimed Area
埋立処理場
Rinkai Tunnel 臨海トンネル
Tokyo Bay
東京湾
1
2
3
4
5
6
E
F
G
H
0
1 : 28000
900m

79

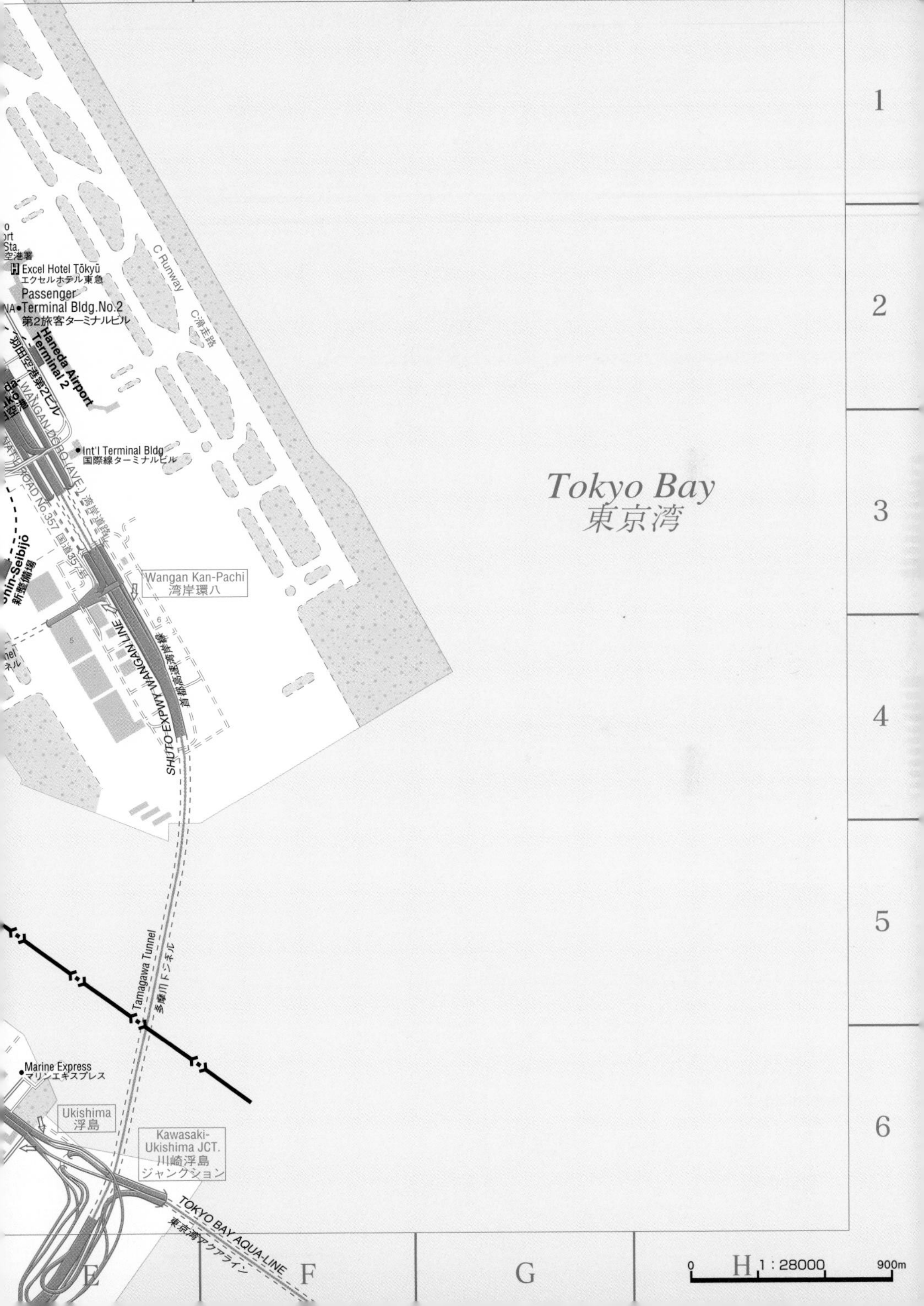

75

1

2

3

4

5

6

Tokyo Bay
東京湾

Excel Hotel Tōkyū
エクセルホテル東急
Passenger
Terminal Bldg.No.2
第2旅客ターミナルビル

Haneda Airport
Terminal 2
羽田空港第2ビル

Int'l Terminal Bldg
国際線ターミナルビル

Shin-Seibijō
新整備場

Wangan Kan-Pachi
湾岸環八

Tamagawa Tunnel
多摩川トンネル

Marine Express
マリンエキスプレス

Ukishima
浮島

Kawasaki-
Ukishima JCT.
川崎浮島
ジャンクション

TOKYO BAY AQUA-LINE
東京湾アクアライン

E   F   G   H   1 : 28000

0   900m

SHUTO EXPWY WANGAN LINE
首都高速湾岸線

WANGAN DORO (AVE.)
国道357号

Takatsu-ku
高津区

Musashi-
Shinjō
武蔵新城

Nakahara-ku
中原区

Shin-
Maruko 新丸子

Tokyo-to
東京都

Ōmori
大森

Ōta-ku
大田区

Miyamae-ku
宮前区

Musashi-
Nakahara
武蔵中原

Musashi-Kosugi
武蔵小杉

Kanagawa-ken
神奈川県

Moto-
Sumiyoshi
元住吉

Mukai-
gawara
向河原

Kamata
蒲田

Keikyū-Kamata
京急蒲田

Tsuzuki-ku
都筑区

Kōhoku-ku
港北区

Hiyoshi
日吉

Keiō Univ.
慶応大

Shin-
Kawasaki
新川崎

Hirama
平間

Kashimada
鹿島田

Saiwai-ku
幸区

Tsuzuki
都筑

Tsunashima
綱島

Ōkurayama
大倉山

Yakō
矢向

Kawasaki City Office
川崎市役所

Kawasaki Race Course

Kōhoku
港北

Mitsuike Park
三ツ池公園

Shitte
尻手

Kawasaki
川崎

81

Kawasaki-ku
川崎区

Kojima-
Shinden
小島新田

Yokohama City
横浜市

Kikuna
菊名

Hatchō-
Nawate
八丁畷

Kawasaki City
川崎市

Kawasaki Daishi

Yokohama
Arena

Shin-Yokohama
新横浜

Tsurumi
鶴見

Hama-
Kawasaki
浜川崎

Hama-Kawasaki
浜川崎

Shōwa
昭和

Port of
Kawasaki
川崎港

Tsurumi-ku
鶴見区

Myōrenji
妙蓮寺

Ōguchi
大口

Kokudō 国道
Tsurumi-Ono
鶴見小野

Musashi-
Shiraishi
武蔵白石

Ōgimachi
扇町

Ōgishima
Thermoelectric
Power Plant

Hakuraku
白楽

Asano
浅野

Anzen
安善

Ōkawa
大川

Higashi-
Ogishima
東扇島

Kanagawa-ku
神奈川区

Kanagawa Univ.
神奈川大学

Asahi Glass
旭硝子

Shin-
Shibaura
新芝浦

Shin-
Koyasu
新子安

Tōshiba
東芝

Umi-Shibaura
海芝浦

JFE

Higashi
Kanagawa
東神奈川

Kanagawa
Shinmachi
神奈川新町

Higashi-
Kanagawa
東神奈川

Nissan Motor
日産自動車

Nissan
日産

JFE

Yokohama
Nat'l Univ.

Mitsuzawa
三ツ沢

Tanmachi
反町

SHUTO EXPWY KANAGAWA
No.5 DAIKOKU LINE
首都高速神奈川5号大黒線

Yokohama
Thermoelectric
Power Plant
横浜火力発電所

Tsurumi
Tsubasa-bashi (br.)
鶴見つばさ橋

JFE

81 Yokohama
横浜

Hodogaya
保土ヶ谷

Nishi-ku
西区

Minato Mirai 21
みなとみらい21

82

Daikoku Futō
大黒ふ頭

Tobe
戸部

Landmark Tower
ランドマークタワー

Port of Yokohama
横浜港

Hodogaya
保土ヶ谷

Nogeyama
Park
野毛山公園

Sakuragichō
桜木町

Kannai
関内

Yokohama
City Office
横浜市役所

Yamashita Park
山下公園

Ishikawachō
石川町

Honmoku Futō (wharf)
本牧ふ頭

Tokyo Bay
東京湾

Ferris University
フェリス女学院大学

Symbol Tower
シンボルタワー

Minami-ku
南区

Yamate
山手

Naka-ku
中区

Honmoku Futō
本牧ふ頭

Isogo-ku
磯子区

Negishi
Forest Park
根岸森林公園

Sankei-en
三渓園

Negishi
根岸

Sankei-en
三渓園

Shin Nippon Oil
新日本石油

Mitsubishi
Heavy Industries
三菱重工業

Kami-
Ōoka
上大岡

Rinkō Park
臨港パーク

inato Mirai (1)
みなとみらい一丁目
• Grand Hall
  大ホール
Pacifico Yokohama
(横浜国際平和会議場)
◘ Yokohama Grand
Inter-Continental Hotel
横浜グランドインター
コンチネンタルホテル
◘ kusai-bashi (br.)
国際橋

Shinkō (2)
新港二丁目

Yokohama World Porters
横浜ワールドポーターズ

Minato Mirai 21
(Shinkō Area)
みなとみらい21(新港地区)

avios Yokohama
ナビオス横浜

Shinkō (1)
新港一丁目

aigan-dōri
anchi (apts)
(5) 26

kohama
mmon Gov't
g No.2

兵第二
司合舎 (4)

Kaigan-dōri
海岸通

• Yūsen Bldg
  郵船ビル

☒ Pref. Police
  Dept (H.Q.)
  県警察本部 (1)

Yokohama Customhouse
横浜税関

Motohamachō
三丁目

Kitanaka-dōri
北仲通

Honchō
本町 (4)

Minaminaka-dōri
南中通 (4)

Benten-dōri
弁天通 (3)

Ōtamachi (2)
太田町

Aioichō
相生町 (1)

Sumiyoshichō
住吉町

Tokiwachō
常盤町 (1)

Onoechō
尾上町

NHK

NIPPON-ODŌRI
日本銀行

TEPCO
東電

District Court
地方裁判所

Bank of Japan
日本銀行

Nihon-Odōri
日本大通

Summary Court
簡易裁判所

Naka Ward Office
区役所

YMCA

Yokohama-Kōen
横浜公園

◉ City Office
  市役所

Yokohama
Stadium
横浜スタジアム

Shinkō Futō (wharf)
新港ふ頭

• Domestic Passenger Terminal
  内航客船ターミナル

ǒ Yokohama Marine Emergency Base
  横浜海上防災基地

Akarenga Park
赤レンガパーク

Bankoku-bashi (br.)
万国橋

Yokohama Customhouse
◘ Shinkō Annex
  税関新港分館

Silk Center
• シルクセンター

Silk Musm
シルク博物館

Yokohama Port P.O.
横浜港郵便局

Trade Center
• 産業貿易センター

◘ Hotel Continental Yokohama
  ホテルコンチネンタル横浜

Yokohama Media and
Communications Center
横浜情報文化センター

• Kenmin Hall
  県民ホール

The Hotel Yokohama
ザ・ホテルヨコハマ

Kita-mon
北門 201

Kagachō
加賀町

◘ Pol. Sta.
  加賀町署

NTT

Holiday Inn
ホリデイ・イン

Higashi-mon (gate)
東門

Port of Yokohama
横浜港

Grand Pier (Osanbashi Futō) 大さん橋ふ頭

Yokohama Int'l
Passenger Terminal
横浜港大さん橋国際客船ターミナル

Marine Pol. Sta.
水上署

Yamashita Park 山下公園

Hikawa-maru (ship)
氷川丸

Kanagawa
Pref. Office
神奈川県庁

Meidi-ya
明治屋 30

Hotel New Grand
ホテルニューグランド

Star Hotel
スターホテル

13 Marine Tower
マリンタワー

Mielparque
Yokohama
メルパルク横浜

Yokohama
Doll Musm
横浜人形の家

China Town
(Chūka-gai)
中華街

Zenrin-mon
善隣門

Yokohama
Chinese Sch.
横浜中華学院

Yamashitachō
山下町

Kantei-byō
関帝廟

Escal
エスカル横浜

TV Kanagawa
テレビ神奈川

Motomachi Plaza
元町プラザ

Minami-mon
南門

Minato
H. Sch.
港高

Minato Jr. H. Sch.
港中

Yokohama Central Hosp.
横浜中央病院

Foreigners'
Cemetery
外国人墓地

Yamatechō
山手町

MOTOMACHI
CHŪKAGAI
元町・中華街

Hori-kawa (river)
SHUTO EXPWY KANAGAWA No.3 KARIBA LINE
首都高速神奈川3号狩場線

Okinachō

Yokohama-
Kōen
横浜公園

Ōgichō
扇町

Family Court
家庭裁判所

Kotobukichō
寿町

Matsukagechō
松影町

Yoshi-
hamachō
吉浜町

MOTOMACHI ŌDŌRI
元町大通り

Motomachi
元町

Meteorological
Observatory
気象台 254

Iwasaki
Musm
岩崎博物館

Jirō Ōsaragi
Meml Musm
大佛次郎記念館

Joypolis
ジョイポリス

Minatono
miernoka Park

Shin-Yamashita (1)
新山下一丁目

Naka-ku
中区

Yamashita Futō
(wharf)
山下ふ頭

Warehouse Area
倉庫区域

• Seabus Sta.
  シーバスのりば

To □anedaAirport
至羽田空港

NEGISHI LINE

ISHIKAWACHŌ
石川町

Ishikawachō JCT
石川町ジャンクション

Ishikawachō
石川町

1 : 12500

0   G   600m

① Yokohama City Port Opening Meml Hall
  横浜市開港記念会館 E4
② Yokohama Archives of History
  横浜開港資料館 F4
③ Kanagawa Musm of Modern Literature
  神奈川近代文学館 H6

1

2

3

4

6

E   F   G   H

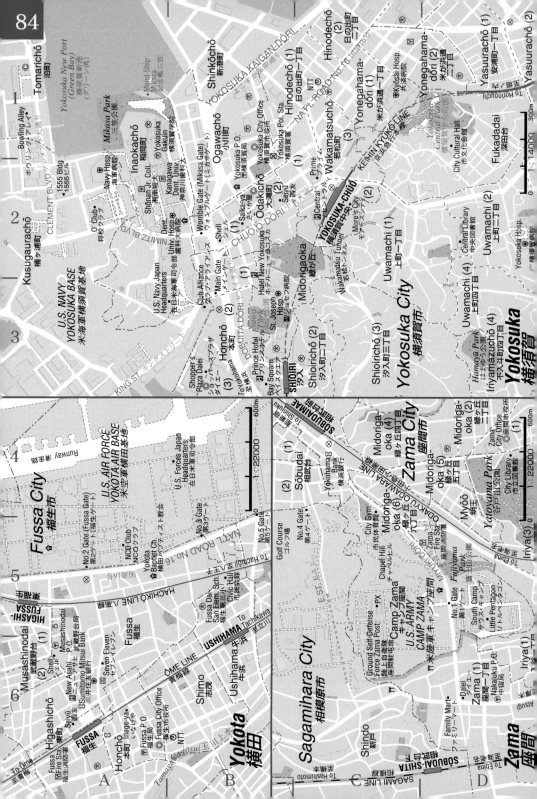

INDEX 索引

For hotels and inns, airlines and embassies, see the Supplemental Indexes.
ホテル・旅館、航空会社、外国公館は、巻末の補遺をご参照ください。

Airlines 航空会社 … 124
Embassies 外国公館 … 122
Hotels and Inns ホテル・旅館 … 119

109 (Ichimarukyū, One-Oh-Nine) 109　30 B4

A

abc Hall　ａｂｃ会館　13 E5
Ace World Bag & Luggage Museum　エース世界のバッグ＆ラゲージ館　23 G5
Acrocity　アクロシティ　51 E4
Adachi 1–4 (Adachi-ku)　足立1～4丁目 (足立区)　51 G1
Adachi Kita Post Office　足立北郵便局　43 F4
Adachi-ku　足立区　42 44 51 52
Adachi Nishi Post Office　足立西郵便局　42 D6
Adachi-Odai Station　足立小台駅　50 C2
Adachi Post Office　足立郵便局　51 G4
Adachi Ward Office　足立区役所　43 F6
Agebachō (Shinjuku-ku)　揚場町 (新宿区)　58 A2
Agency of Natural Resources and Energy　資源エネルギー庁　17 G5
AIG Building　AIGビル　8 C3
Aiiku Hospital　愛育病院　33 E1
Aikidō World Headquarter (Aikidō Honbu Dōjō)　合気道本部道場　57 F3
Aioi-bashi (bridge)　相生橋　59 E6
Aioichō (Itabashi-ku)　相生町 (板橋区)　40 C6
Aioichō 1–6 (Yokohama City)　相生町1～6丁目 (横浜市)　83 E4
Aioi Insurance (H.O.)　あいおい損保 (本社)　33 H6
Airlines 航空会社 (→p124)
Aizumichō (Shinjuku-ku)　愛住町 (新宿区)　57 G4
Ajinomoto (H.O.)　味の素 (本社)　9 F6
Akabane 1–3 (Kita-ku)　赤羽1～3丁目 (北区)　41 G5
Akabanedai 1–4 (Kita-ku)　赤羽台1～4丁目 (北区)　41 F5
Akabanebashi Station (subway)　赤羽橋駅 (地下鉄)　15 F1
Akabane-Iwabuchi Station (subway)　赤羽岩淵駅 (地下鉄)　41 G5
Akabane-Kita 1–3 (Kita-ku)　赤羽北1～3丁目 (北区)　41 E5
Akabane-Minami 1–2 (Kita-ku)　赤羽南1～2丁目 (北区)　41 G6
Akabane-Nishi 1–6 (Kita-ku)　赤羽西1～6丁目 (北区)　41 F6
Akabane Post Office　赤羽郵便局　41 G1
Akabane Station　赤羽駅　41 G6
Akado-Shōgakkomae　赤土小学校前　50 C4
Akagimotomachi (Shinjuku-ku)　赤城元町 (新宿区)　57 H2
Akagishitamachi (Shinjuku-ku)　赤城下町 (新宿区)　57 H2
Akamon (gate)　赤門　58 B1
Akamonchō 1–2 (Yokohama City)　赤門町1～2丁目 (横浜市)　82 A5
Akarenga Park　赤れんがパーク　83 F3
Akasaka 1–9 (Minato-ku)　赤坂1～9丁目 (港区)　57 H6
Akasaka Center Building　赤坂センタービル　16 A3
Akasaka Community Plaza　赤坂コミュニティプラザ　16 A3
Akasakamitsuke Station (subway)　赤坂見附駅 (地下鉄)　16 B3
Akasaka Park Building　赤坂パークビル　16 A5
Akasaka Post Office　赤坂郵便局　29 H4

Akasaka Press Center (Hardy Barracks)　赤坂プレスセンター (ハーディーバラックス)　32 A2
Akasaka Station (subway)　赤坂駅 (地下鉄)　16 B5
Akasaka Tameike Tower　赤坂溜池タワー　16 C5
Akasaka Twin Tower　赤坂ツインタワー　16 C6
Akashichō (Chūō-ku)　明石町 (中央区)　58 D6
Akatsuka 1–8 (Itabashi-ku)　赤塚1～8丁目 (板橋区)　39 H6
Akatsuka Park　赤塚公園　40 A5
Akatsuka-Shinmachi 1–3 (Itabashi-ku)　赤塚新町1～3丁目 (板橋区)　39 G6
Akatsuki Futō Park　暁ふ頭公園　75 E1
Akatsutsumi 1–5 (Setagaya-ku)　赤堤1～5丁目 (世田谷区)　63 G2
Akebonobashi Station (subway)　曙橋駅 (地下鉄)　57 G4
Akebonochō 1–5 (Yokohama City)　曙町1～5丁目 (横浜市)　82 C6
Akihabara (Taitō-ku)　秋葉原 (台東区)　21 H2
Akihabara Electrical Store Area　秋葉原電気器具街　21 G3
Akihabara Station　秋葉原駅　21 H3
Alive Mitake Building　アライブ美竹ビル　31 F3
Alpa (shopping complex)　アルパ　25 F4
Alta (Studio ALTA)　スタジオアルタ　27 F2
Amanuma 1–3 (Suginami-ku)　天沼1～3丁目 (杉並区)　55 F2
Amazing Square　アメージングスクエア　51 G4
American Center　アメリカンセンター　13 E5
American Club　アメリカンクラブ　15 E2
American Express　アメリカンエキスプレス　55 F2
Ameya Yokochō (Ameyoko)　アメヤ横丁 (アメ横)　22 B5
Ana Hachiman (shrine)　穴八幡　57 F3
Anamori-Inari Station　穴守稲荷駅　78 A2
Ancient Orient Museum　古代オリエント博物館　25 G5
Aobadai 1–4 (Meguro-ku)　青葉台1～4丁目 (目黒区)　64 D2
Aoba Roppongi Building　青葉六本木ビル　14 C4
Aoi　青井　43 H6
Aoi 1–6 (Adachi-ku)　青井1～6丁目 (足立区)　43 G6
Aomi 1–2 (Kōtō-ku)　青海1～2丁目 (江東区)　66 D6
Aomi Distribution Center　青海流通センター　74 D2
Aomi Station　青海駅　66 D6
Aomono-Yokochō Station　青物横丁駅　74 A1
Aoto 1–8 (Katsushika-ku)　青戸1～8丁目 (葛飾区)　52 C3
Aoto Station　青砥駅　52 C3
Aoyama Bell Commons　青山ベルコモンズ　29 E5
Aoyama Book Center　青山ブックセンター　14 C6
Aoyama Building　青山ビル　29 G4
Aoyama Cemetery (Aoyama Reien)　青山霊園　29 G6
Aoyama Funeral Hall　青山斎場　65 G1
Aoyama Gakuin University　青山学院大学　31 G3
Aoyama-Itchōme Station (subway)　青山一丁目駅 (地下鉄)　29 H4
Aoyama Metro Hall　青山メトロ会館　29 E6
Aoyama Park Tower　青山パークタワー　31 E3
Aoyama Plaza Building　青山プラザビル　29 E5
Aoyama Theater　青山劇場　31 F3
Aqua City　アクアシティ　66 C5
Arai 1–5 (Nakano-ku)　新井1～5丁目 (中野区)　56 A1
Arai-Yakushi (temple)　新井薬師　56 B1
Arai-Yakushimae Station　新井薬師前駅　56 B1
Arakawa 1–8 (Arakawa-ku)　荒川1～8丁目 (荒川区)　50 D4
Arakawa Itchūmae Station　荒川一中前駅　51 E5

Arakawa-ku 荒川区 50
Arakawa Kuyakushomae Station 荒川区役所前駅 51 E5
Arakawa Nanachōme Station 荒川七丁目駅 50 D4
Arakawa Natural Park 荒川自然公園 51 E4
Arakawa Nichōme Station 荒川二丁目駅 50 D4
Arakawa-Ōhashi (bridge) 荒川大橋 60 C3
Arakawa Post Office 荒川郵便局 50 D4
Arakawa Shakomae Station 荒川車庫前駅 50 B3
Arakawa Ward Office 荒川区役所 50 D4
Arakawa-Yūen (park) あらかわ遊園 50 B2
Arakawa Yūenchimae Station 荒川遊園地前駅 50 B3
Arakichō (Shinjuku-ku) 荒木町 (新宿区) 57 G4
Arca Central アルカセントラル 37 E4
Arcadia Ichigaya アルカディア市ヶ谷 (私学会館) 18 D3
Arca East アルカイースト 37 F4
Arca Towers アルカタワーズ 14 B2
Ariake 1-4 (Kōtō-ku) 有明1〜4丁目 (江東区) 67 E5
Ariake Colosseum 有明コロシアム 67 E4
Ariake Station 有明駅 67 E5
Ariake Tennis-no-mori Park 有明テニスの森公園 67 E4
Ariake Tennis-no-mori Station 有明テニスの森駅 67 E4
Arisugawanomiya Kinen Kōen (Prince Arisugawa Meml Park)
    有栖川宮記念公園 33 F2
Ark Hills アークヒルズ 14 A2
Ark Mori Building アーク森ビル 14 A3
Ark Towers アークタワーズ 14 B2
Art Sphere (theater) アート スフィア (シアター) 37 G1
Asagaya-Kita 1-6 (Suginami-ku) 阿佐谷北1〜6丁目 (杉並区) 55 G1
Asagaya-Minami 1-3 (Suginami-ku) 阿佐谷南1〜3丁目 (杉並区) 55 G2
Asagaya Station 阿佐ヶ谷駅 55 G2
Asahi Breweries (H.O.) アサヒビール (本社) 23 H4
Asahi Building あさひビル 10 D4
Asahichō 1-3 (Nerima-ku) 旭町1〜3丁目 (練馬区) 47 F1
Asahigaoka 1-2 (Nerima-ku) 旭丘1〜2丁目 (練馬区) 48 C5
Asahi Newspapers 朝日新聞 66 C1
Asahi Seimei Building 朝日生命ビル 26 D3
Asaka City (Saitama-ken) 朝霞市 (埼玉県) 38
Asaka City Office 朝霞市役所 38 C3
Asakadai Station 朝霞台駅 38 C1
Asaka Station 朝霞駅 38 D3
Asakura Chōso Museum 朝倉彫塑館 50 C6
Asakusa 1-7 (Taitō-ku) 浅草1〜7丁目 (台東区) 59 E1
Asakusabashi 1-5 (Taitō-ku) 浅草橋1〜5丁目 (台東区) 58 D3
Asakusabashi Station 浅草橋駅 58 D3
Asakusa Bunka Kankō Center (Tourist Information Center／
    Asakusa) 浅草文化観光センター 23 G3
Asakusa Chūei (cinema) 浅草中映 (映画) 23 F2
Asakusa Engei Hall 浅草演芸ホール 23 F2
Asakusa-jinja (shrine) 浅草神社 23 G1
Asakusa Post Office 浅草郵便局 23 E4
Asakusa Public Hall 浅草公会堂 23 G3
Asakusa Shingekijō (cinema) 浅草新劇場 23 F2
Asakusa Station (subway) 浅草駅 (地下鉄) 23 G4
Asakusa Tōhō (cinema) 浅草東宝 23 F2
Asakusa Tourist Information Center 浅草文化観光センター 23 G3
Asukayama Museum 飛鳥山博物館 49 H3
Asukayama Park 飛鳥山公園 49 H3
Asukayama Station 飛鳥山駅 49 H3

Atago 1-2 (Minato-ku) 愛宕1〜2丁目 (港区) 66 A1
Atago-jinja (shrine) 愛宕神社 12 A5
Athénée Français アテネフランセ 20 C2
Atre Ebisu アトレ恵比寿 36 A1
Auto Wave オートウェーブ 66 D2
Aviation Building 航空会館 10 A5
AXA Life Insurance (H.O.) アクサ生命 31 F5
AXIS Building AXISビル 14 D4
Ayase 1-7 (Adachi-ku) 綾瀬1〜7丁目 (足立区) 51 H1
Ayase Station 綾瀬駅 51 H1
Azabudai 1-3 (Minato-ku) 麻布台1〜3丁目 (港区) 65 H1
Azabu-Jūban 1-4 (Minato-ku) 麻布十番1〜4丁目 (港区) 15 F4
Azabu-Jūban Onsen (spa) 麻布十番温泉 15 E5
Azabu-Jūban Station (subway) 麻布十番 (地下鉄) 15 E4
Azabu-Mamianachō (Minato-ku) 麻布狸穴町 (港区) 14 D3
Azabu-Nagasakachō (Minato-ku) 麻布永坂町 (港区) 15 E4
Azabu Post Office 麻布郵便局 14 D2
AZALEA (underground arcade) アゼリア (地下街) 81 F2
Azuma-bashi (bridge) 吾妻橋 23 H4
Azumabashi 1-3 (Sumida-ku) 吾妻橋1〜3丁目 (墨田区) 59 F1
Azumabashi Hall 吾妻橋ホール 23 H4
Azumagaoka (Yokohama City) 東ヶ丘 (横浜市) 82 B5
Azusawa 1-4 (Itabashi-ku) 小豆沢1〜4丁目 (板橋区) 41 E6

B

Babashitachō (Shinjuku-ku) 馬場下町 (新宿区) 57 G2
Baiku Town (Motorcycle Town) バイクタウン 22 D3
Baji Kōen 馬事公苑 63 G4
Bakurochō Station 馬喰町駅 58 D3
Bakuro-Yokoyama Station (subway) 馬喰横山駅 (地下鉄) 58 D4
Bandaichō 1-3 (Yokohama City) 万代町1〜3丁目 (横浜市) 82 D6
Bank Hall 銀行会館 8 C3
Bank of Japan (H.O.) 日本銀行 (本店) 9 F2
Bank of Tokyo Mitsubishi UFJ (H.O.) 三菱東京UFJ銀行 (本店) 8 C6
Bank of Yokohama (H.O.) 横浜銀行 (本店) 82 C2
Barrister Association Hall 弁護士会館 17 H4
Bashamichi 馬車道 82 C2
Bashō Meml Hall 芭蕉記念館 59 E4
Beer Museum Ebisu 恵比寿・麦酒記念館 36 C2
Belle Vie Akasaka ベルビー赤坂 16 B2
Bengoshi Kaikan (Barrister Association Hall) 弁護士会館 17 H4
Bentenchō (Shinjuku-ku) 弁天町 (新宿区) 57 G2
Benten-dō 弁天堂 22 A4
Benten-dōri 1-6 (Yokohama City) 弁天1〜6丁目 (横浜市) 83 E4
BIG BIRD (Haneda Airport) ビッグバード (羽田空港) 78 D2
Big Egg (Tokyo Dome) ビッグエッグ (東京ドーム) 58 A2
Big Sight (Tokyo Int'l Exhibition Hall) 東京国際展示場 (東京ビッグサイト) 67 E5
Board of Audit 会計検査院 17 F5
Bōeishō (Defense Ministry) 防衛省 18 D6
Bōeki Center Building (World Trade Center Bldg) 世界貿易センタービル 13 E2
Bokutō Hospital 都立墨東病院 37 H6
Book Center Libro ブックセンターリブロ 24 D5
Boroichi-dōri ボロ市通り 63 H4
Botan 1-3 (Kōtō-ku) 牡丹1〜3丁目 (江東区) 59 F6
Braille Library 日本点字図書館 57 E1
Bridgestone Museum of Art ブリヂストン美術館 9 F6
British Council ブリティッシュカウンシル 18 A2

Budōkan (Nippon Būdō-kan)　日本武道館　20 A5
Bungei Shunjū　文芸春秋　19 H4
Bunka 1–3 (Sumida-ku)　文花1〜3丁目 (墨田区)　59 H1
Bunka Gakuen Costume Museum　文化学園服飾博物館　26 C6
Bunkamura　30 A4
Bunka Women's University　文化女子大学　26 C5
Bunkyō Green Court　文京グリーンコート　50 A5
Bunkyō-ku　文京区　49 50 57 58
Bunkyō Sports Center　文京スポーツセンター　49 H6
Bunkyō Ward Office　文京区役所　58 A2
BYGS Shinjuku Building　ビッグス新宿ビル　27 H3

C

Cabinet Library (Naikaku Bunko)　内閣文庫　8 B2
Cabinet Office　内閣府　17 E4
Camp Zama　米陸軍キャンプ座間　84 C5
Caretta Shiodome　カレッタ汐留　10 D6
Carrot Tower　キャロットタワー　64 B3
Casals Hall　カザルスホール　21 E4
Central Building　セントラルビル　10 A4
Century Tower　センチュリータワー　20 D1
Cerulean Tower　セルリアンタワー　30 C6
Chanter Cine　シャンテシネ　10 C2
Chichibunomiya Kinen Sports Hakubutsukan (Prince Chichibu
　　Meml Sports Musm)　秩父宮記念スポーツ博物館　29 E1
Chichibunomiya Kinen Sports Toshokan (Prince Chichibu
　　Meml Sports Library)　秩父宮記念スポーツ図書館　28 D2
Chichibunomiya Rugby-jō (Prince Chichibu Meml Rugby Football
　　Ground)　秩父宮ラグビー場　29 F4
Chidori 1–3 (Ōta-ku)　千鳥1〜3丁目 (大田区)　72 D6
Chidorigafuchi National Meml Garden　千鳥ヶ淵戦没者墓苑　19 E1
Chidori Post Office　千鳥郵便局　72 D6
Chihaya 1–4 (Toshima-ku)　千早1〜4丁目 (豊島区)　48 D5
Chihiro Art Museum of Picture Books　ちひろ美術館　46 D5
Chikatetsu-Akatsuka Station (subway)　地下鉄赤塚駅　39 H6
Chikatetsu-Narimasu Station (subway)　地下鉄成増駅　39 G6
China Town (Yokohama)　中華街 (横浜)　83 G5
Chitose 1–3 (Sumida-ku)　千歳1〜3丁目 (墨田区)　59 E4
Chitosedai 1–6 (Setagaya-ku)　千歳台1〜6丁目 (世田谷区)　63 E2
Chitose-Funabashi Station　千歳船橋駅　63 F3
Chitose-Karasuyama Station　千歳烏山駅　62 D1
Chitose Post Office　千歳郵便局　63 G3
Chiyoda (Chiyoda-ku)　千代田 (千代田区)　58 B4
Chiyoda Building　千代田ビル　8 C5
Chiyoda Hōsō Kaikan　千代田放送会館　16 C1
Chiyoda-ku　千代田区　57 58
Chiyoda Public Hall　千代田公会堂　20 A5
Chiyoda Ward Gymnasium　千代田区総合体育館　8 D1
Chiyoda Ward Office　千代田区役所　20 A5
Chōfu City　調布市　54 62
Chōjamachi 1–9 (Yokohama City)　長者町1〜9丁目 (横浜市)　82 D6
Chōkoku-ji (Eihei-ji Tokyo branch temple)　長谷寺 (永平寺東京別院)
　　32 A5
Chōmei-ji (temple)　長命寺　47 E4
Chūka-gai／Yokohama (China Town／Yokohama)　中華街 (横浜)
　　83 G5
Chūō 1–2 (Yokohama City)　中央1〜2丁目 (横浜市)　82 A2
Chūō 1–4 (Edogawa-ku)　中央1〜4丁目 (江戸川区)　60 D2
Chūō 1–5 (Nakano-ku)　中央1〜5丁目 (中野区)　56 C3

Chūō 1–8 (Ōta-ku)　中央1〜8丁目 (大田区)　73 F5
Chūōchō 1–2 (Meguro-ku)　中央町1〜2丁目 (目黒区)　64 D5
Chūō-Honchō 1–5 (Adachi-ku)　中央本町1〜5丁目 (足立区)　43 G6
Chūōkōron-Shinsha　中央公論新社　9 F6
Chūō-ku　中央区　58 66
Chūō Mitsui Trust (H.O.)　中央三井信託 (本店)　13 G5
Chūō Ōhashi (bridge)　中央大橋　58 D6
Chūō University (Sci. & Tech.)　中央大学 (理工学部)　58 A2
Chūō Ward Office　中央区役所　11 H4
Church of Jesus Christ　末日聖徒イエス・キリスト教会　33 F2
CIAL　シアル　81 G4
Cine Amuse　シネアミューズ　30 A4
Cinecitta'　チネチッタ　81 F2
Cinegrande　チネグランデ　81 E3
Cine Libre Ikebukuro　シネリーブル池袋　24 C4
Cinema Rise　シネマライズ　30 B3
Cinema Sunshine　シネマサンシャイン　25 E4
Cine Palace　シネパレス　30 C3
Cine Saison　シネセゾン　30 B4
Cine Switch　シネスイッチ　11 E3
CI Plaza　CIプラザ　29 F4
Citicorp Center　シティコープ センター　37 G1
Coca-Cola (Japan)　日本コカコーラ　31 H5
Common Government Bldg No. 1　合同庁舎1号館　17 G4
Common Government Bldg No. 2　合同庁舎2号館　17 G3
Common Government Bldg No. 3　合同庁舎3号館　17 G3
Common Government Bldg No. 4　合同庁舎4号館　17 F4
Common Government Bldg No. 5　合同庁舎5号館　17 H4
Common Government Bldg No. 6　合同庁舎6号館　17 H3
Common Government Bldg Jinnan　神南合同庁舎　30 C1
Common Government Bldgs Ōtemachi　大手町合同庁舎　8 C1
Communications Museum　通信総合博物館　8 D2
Construction Hall　建築会館　13 H6
Coredo Nihonbashi　コレド日本橋　9 G4
Cosmos Aoyama　コスモス青山　31 F2
Crown Prince's Residence　東宮御所　29 H2
CS Tower　CSタワー　14 A2
Currency Museum　貨幣博物館　9 F3

D

Daiba (Minato-ku)　台場 (港区)　66 C5
Daiba Station　台場駅　66 C6
Daien-ji (temple)　大円寺　65 F5
Dai-Ichi Seimei Building　第一生命館　10 C1
Dai-Ichi Seimei Sōgokan　第一生命相互館　11 G1
Daikan'yamachō (Shibuya-ku)　代官山町 (渋谷区)　65 E2
Daikan'yama Station　代官山駅　65 E3
Daikoku Futō　大黒ふ頭　80 B5
Daikyōchō (Shinjuku-ku)　大京町 (新宿区)　57 F5
Daimaru Dept Store　大丸　9 E5
Daimon (Itabashi-ku)　大門 (板橋区)　39 H5
Daimon Station (subway)　大門駅 (地下鉄)　12 D3
Daimyō Clock Museum　大名時計博物館　50 C6
Dai Nippon Printing　大日本印刷　18 B6
Dai-Ni Tamachi Building　第2田町ビル　13 H5
Dai-San Daiba Historical Park　第三台場史蹟公園　66 C5
Dai-San Kanku Kaijōhoan Honbu (No. 3 District Maritime
　　Safety Agency／H.Q.)　第3管区海上保安本部　78 B1
Daishimae Station　大師前駅　42 D5

Daishi Park　大師公園　77　H5
Daita 1–6 (Setagaya-ku)　代田1〜6丁目 (世田谷区)　64　A2
Daitabashi Station　代田橋駅　56　A6
Daitō Bunka University　大東文化大学　40　B5
Daiwa Securities　大和証券　9　F3
Daizawa 1–5 (Setagaya-ku)　代沢1〜5丁目 (世田谷区)　64　B2
Decks Tokyo Beach　デックス東京ビーチ　66　D5
Defense Ministry　防衛省　18　D6
Democratic Party of Japan　民主党　16　D2
Denbō-in (temple)　伝法院　23　G2
Den'en Chōfu 1–5 (Ōta-ku)　田園調布1〜5丁目 (大田区)　72　B3
Den'en Chōfu Honchō (Ōta-ku)　田園調布本町 (大田区)　72　C4
Den'en Chōfu Minami (Ōta-ku)　田園調布南 (大田区)　72　B5
Den'en Chōfu Post Office　田園調布郵便局　72　C4
Den'en Chōfu Station　田園調布駅　72　B3
Denki Building　電気ビル　10　D2
Denpatsu Building　でんぱつビル　11　F5
Denryokukan (TEPCO Electric Energy Musm)　電力館　30　C2
Dentsū Inc. (H.O.)　電通 (本社)　12　A1
Development Bank of Japan　日本政策投資銀行　08　C1
Diamond Corp.　ダイヤモンド社　17　G5
Diet Press Center　国会記者会館　17　E4
Diplomatic Records Office　外交史料館　14　D3
Display House of the 5th Fukuryū-maru (No. 5 Fukuryū-maru Exhibition Hall)　第五福竜丸展示館　67　H2
DN Tower 21　DNタワー21　10　D1
Dōgenzaka 1–2 (Shibuya-ku)　道玄坂1〜2丁目 (渋谷区)　65　E2
Doitsugo Fukuin Kyōkai (German Speaking Evangelical Church)　ドイツ語福音教会　35　F3
Doshida 1–4 (Nerima-ku)　土支田1〜4丁目 (練馬区)　47　E1
Drum Museum　太鼓館　23　F3

E
East Gardens of the Imperial Palace　皇居東御苑　8　A2
East Roppongi Building　イースト六本木ビル　14　C4
Ebara 1–7 (Shinagawa-ku)　荏原1〜7丁目 (品川区)　73　E1
Ebara Hospital　都立荏原病院　72　D3
Ebaramachi Station　荏原町駅　73　F2
Ebara-Nakanobu Station　荏原中延駅　73　F1
Ebara Post Office　荏原郵便局　73　F1
Ebisu 1–4 (Shibuya-ku)　恵比寿1〜4丁目 (渋谷区)　65　F3
Ebisu-Bakushu Kinenkan (Beer Musm Ebisu)　恵比寿・麦酒記念館　36　C2
Ebisu Garden Cinema　恵比寿ガーデンシネマ　36　C3
Ebisu Garden Place　恵比寿ガーデンプレイス　36　B3
Ebisu-Minami 1–3 (Shibuya-ku)　恵比寿南1〜3丁目 (渋谷区)　65　F3
Ebisu-Nishi 1–2 (Shibuya-ku)　恵比寿西1〜2丁目 (渋谷区)　65　E3
Ebisu Station　恵比寿駅　36　A1
Edagawa 1–3 (Kōtō-ku)　枝川1〜3丁目 (江東区)　67　F2
Edobashi Junction　江戸橋ジャンクション　9　H4
Edogawa 1–6 (Edogawa-ku)　江戸川1〜6丁目 (江戸川区)　61　G4
Edogawabashi Station (subway)　江戸川橋駅 (地下鉄)　57　H2
Edogawa Boat Race Course　江戸川競艇場　60　C4
Edogawa-ku　江戸川区　53　61　68
Edogawa Post Office　江戸川郵便局　60　C2
Edogawa Station　江戸川駅　53　F4
Edogawa Ward Office　江戸川区役所　60　D2
Edo Shitamachi Traditional Craft Museum　江戸下町伝統工芸館　23　F1

Edo-Tokyo Museum　江戸東京博物館　59　F3
Egota 1–4 (Nakano-ku)　江古田1〜4丁目 (中野区)　48　B6
Eharachō 1–3 (Nakano-ku)　江原町1〜3丁目 (中野区)　48　B5
Eifuku 1–4 (Suginami-ku)　永福1〜4丁目 (杉並区)　55　H6
Eifukuchō Station　永福町駅　55　H6
Eirakuchō 1–2 (Yokohama City)　永楽町1〜2丁目 (横浜市)　82　C6
Eitai 1–2 (Kōtō-ku)　永代1〜2丁目 (江東区)　59　E6
Eitai-bashi (bridge)　永代橋　59　E6
Ekimae-Honchō (Kawasaki City)　駅前本町 (川崎市)　81　F1
Ekoda Station　江古田駅　48　B4

Embassies　外国公館 (→p122)
Embassies Bldg (Kōwa Building No. 38)　興和ビル38 (大使館ビル)　32　B3
Enokichō (Kawasaki City)　榎町 (川崎市)　81　H1
Enokichō (Shinjuku-ku)　榎町 (新宿区)　57　G2
Enten-ji (temple)　炎天寺　43　E5
Enyū-ji (temple)　円融寺　64　D6
Etchūjima 1–3 (Kōtō-ku)　越中島1〜3丁目 (江東区)　67　F1
Etchūjima Station　越中島駅　67　E1
Euro Space (cinema)　ユーロスペース (映画)　30　C6

F
Film Center　フィルムセンター　11　G1
Financial Services Agency　金融庁　17　F4
Fisheries Museum　水産資料館　66　A5
Fish Museum　おさかな資料館　66　C1
Flags　フラッグス　27　F3
FM Tokyo (Tokyo FM)　FM東京　19　G1
Folk Museum of Suginami　杉並郷土博物館　55　H4
Foreigners Cemetery　外国人墓地　83　H6
Franciscan Chapel Center　フランシスカン チャペルセンター　14　B5
Fudōmae Station　不動前駅　65　F6
Fuji Building　富士ビル　8　C6
Fuji Fire & Marine Insurance Bldg　富士火災ビル　11　G3
Fujimi 1–2 (Chiyoda-ku)　富士見1〜2丁目 (千代田区)　18　B1
Fujimichō (Itabashi-ku)　富士見町 (板橋区)　49　E1
Fujimichō (Yokohama City)　富士見町 (横浜市)　82　D6
Fujimidai 1–4 (Nerima-ku)　富士見台1〜4丁目 (練馬区)　47　F4
Fujimidai Station　富士見台駅　47　G5
Fujimigaoka Station　富士見ヶ丘駅　54　D5
Fuji Photo Film (H.O.)　富士写真フイルム (本社)　32　B5
Fuji Television　フジテレビ　66　C5
Fukagawa 1–2 (Kōtō-ku)　深川1〜2丁目 (江東区)　59　F6
Fukagawa Edo Museum　深川江戸資料館　59　F5
Fukagawa Fudōson　深川不動尊　59　F6
Fukagawa Post Office　深川郵便局　59　H6
Fukazawa 1–8 (Setagaya-ku)　深沢1〜8丁目 (世田谷区)　64　A6
Fukoku Seimei Building　フコク生命ビル　10　A4
Fukuromachi (Shinjuku-ku)　袋町 (新宿区)　18　A3
Fukutomichō-Higashi-dōri (Yokohama City)　福富町東通 (横浜市)　82　C5
Fukutomichō-Naka-dōri (Yokohama City)　福富町仲通 (横浜市)　82　C5
Fukutomichō-Nishi-dōri (Yokohama City)　福富町西通 (横浜市)　82　C5
Fukuzumi 1–2 (Kōtō-ku)　福住1〜2丁目 (江東区)　59　E6
Funabashi 1–7 (Setagaya-ku)　船橋1〜7丁目 (世田谷区)　63　F2
Funabori 1–7 (Edogawa-ku)　船堀1〜7丁目 (江戸川区)　60　D5
Funabori Station (subway)　船堀駅 (地下鉄)　60　D5

Funado 1–4 (Itabashi-ku)　舟渡1〜4丁目 (板橋区)　40　C4
Funamachi (Shinjuku-ku)　舟町 (新宿区)　57　G4
Fune-no-Kagakukan (Musm of Maritime Science)　船の科学館　66　C6
Fune-no-Kagakukan Station　船の科学館駅　66　C6
Furansujin Gakkō (Lycée Franco-Japonais)　フランス人学校　58　A3
Furniture Museum　家具の博物館　66　D2
Furōchō 1–3 (Yokohama City)　不老町1〜3丁目 (横浜市)　82　D6
Fussa City　福生市　84
Fussa City Office　福生市役所　84　A6
Fussa Post Office　福生郵便局　84　A6
Fussa Station　福生駅　84　A6
Futaba 1–4 (Shinagawa-ku)　二葉1〜4丁目 (品川区)　73　G2
Futabachō (Itabashi-ku)　双葉町 (板橋区)　49　E2
Futako-Shinchi Station　二子新地駅　71　F2
Futako-Tamagawa Station　二子玉川駅　71　F1
Fuyuki (Kōtō-ku)　冬木 (江東区)　59　F6

G

Gadelius Building　ガデリウスビル　16　A4
Gaiemmae Station (subway)　外苑前駅 (地下鉄)　29　F5
Gaikokujin Bochi (Foreigners Cemetery)　外国人墓地　83　H6
Gaikō Shiryōkan (Diplomatic Records Office)　外交史料館　14　D3
Gaimushō (Min. of Foreign Affairs)　外務省　17　F4
Gaimushō Iikura Kōkan (Min. of Foreign Affairs Iikura Kōkan)　外務省飯倉公館　14　D3
Gakugei-Daigaku Station　学芸大学駅　64　C5
Gakujutsu Sōgō Center (National Center of Sciences)　学術総合センター　20　C6
Gakushi Kaikan　学士会館　20　C5
Gakushūin-shita Station　学習院下駅　57　F1
Gakushūin University　学習院大学　49　F6
Gakushūin Women's University　学習院女子大学　57　F2
Ganken Byōin (Japanese Foundation for Cancer Research Ariake Hosp.)　癌研有明病院　67　F5
Garasu-no-hon no Hakubutsukan (Glass Book Museum)　硝子の本の博物館　37　H4
Gas Science Center　ガスの科学館　66　D3
Gate Tower Ōsaki　ゲートシティ大崎　65　H6
Geihinkan (State Guesthouse)　迎賓館　19　H6
German Speaking Evangelical Church　ドイツ語福音教会　35　F3
Ginkō Kaikan (Bank Hall)　銀行会館　8　C3
Ginkō Kyōkai Building　銀行協会ビル　8　C3
Ginza 1–8 (Chūō-ku)　銀座1〜8丁目 (中央区)　58　B6
Ginza Core　銀座コア　11　E4
Ginza-Itchōme Station (subway)　銀座一丁目駅 (地下鉄)　11　F2
Ginza Komatsu　銀座コマツ　10　D4
Ginza Melsa　銀座メルサ　11　F2
Ginza Nanachōme Theater　銀座七丁目劇場　10　D5
Ginza Noh Theater　銀座能楽堂　10　D4
Ginza Post Offce　銀座郵便局　11　E6
Ginza Raffinato　銀座ラフィナート　11　H2
Ginza Station (subway)　銀座駅 (地下鉄)　11　E3
Ginza Tower　銀座タワー　11　G3
Glass Book Museum　硝子の本の博物館　37　H4
Globe Tokyo (theater)　グローブ座　57　E2
Gobanchō (Chiyoda-ku)　五番町 (千代田区)　19　E5
Gōdō Chōsha　合同庁舎 (→Common government buildings)

Gohongi 1–3 (Meguro-ku)　五本木1〜3丁目 (目黒区)　64　D4
Gojō Tenjinsha (shrine)　五條天神社　22　B3
Gokoku-ji (temple)　護国寺　49　G6
Gokokuji Station (subway)　護国寺駅 (地下鉄)　49　G6
Golden-Gai　ゴールデン街　27　G2
Goshoyamachō (Yokohama City)　御所山町 (横浜市)　82　A2
Gotanda Station　五反田駅　35　F6
Gotanno Station　五反野駅　51　G1
Goten'yama Hills　御殿山ヒルズ　35　H1
Goten'yama Mori Building　御殿山森ビル　35　H1
Goten'yama Tower　御殿山タワー　35　H1
Gotoh Art Museum　五島美術館　71　G1
Gōtoku-ji (temple)　豪徳寺　63　H3
Gōtokuji 1–2 (Setagaya-ku)　豪徳寺1〜2丁目 (世田谷区)　63　H3
Gōtokuji Station　豪徳寺駅　63　H2
Grand Hill Ichigaya　グランドヒル市ヶ谷　18　D5
Grand Pier (Ōsanbashi Futō)　大さん橋ふ頭　83　G3
Green Tower Building　グリーンタワービル　26　B2
Ground Self-Defense Force Jūjō Post　陸上自衛隊十条駐屯地　49　G2
Gyōtoku Station (subway)　行徳駅 (地下鉄)　61　H5

H

H & A Building　H & Aビル　31　F4
Hachiman'yama 1–3 (Setagaya-ku)　八幡山1〜3丁目 (世田谷区)　63　E1
Hachiman'yama Station　八幡山駅　55　E6
Hachiyamachō (Shibuya-ku)　鉢山町 (渋谷区)　65　E2
Haginaka 1–3 (Ōta-ku)　萩中1〜3丁目 (大田区)　77　H2
Hagoromochō 1–3 (Yokohama City)　羽衣町1〜3丁目 (横浜市)　82　D5
Haiyū-za (Actor's Theater)　俳優座　14　C5
Hakozaki Bus Terminal (TCAT)　東京シティエアターミナル　59　E5
Hakuhinkan Theater　博品館劇場　10　C5
Hakusan 1–5 (Bunkyō-ku)　白山1〜5丁目 (文京区)　50　A6
Hakusan Station (subway)　白山駅 (地下鉄)　50　A6
Hama Bowl Skate Center　ハマボウルスケートセンター　81　E5
Hamachō Park　浜町公園　59　E4
Hamachō Station (subway)　浜町駅 (地下鉄)　59　E4
Hamadayama 1–4 (Suginami-ku)　浜田山1〜4丁目 (杉並区)　55　G5
Hamadayama Station　浜田山駅　55　F5
Hamamatsuchō 1–2 (Minato-ku)　浜松町1〜2丁目 (港区)　66　B2
Hamamatsuchō Station　浜松町駅　13　E2
Hama-Rikyū Asahi Hall　浜離宮朝日ホール　66　C1
Hama-Rikyū Garden　浜離宮恩賜庭園　12　C1
Hama-Rikyū-Teien (Chūō-ku)　浜離宮庭園 (中央区)　12　D1
Hamazakibashi Junction　浜崎橋ジャンクション　13　F2
Hanabusachō (Yokohama City)　英町 (横浜市)　82　B6
Hanae Mori Building　ハナエモリビル　31　G1
Hanahata 1–8 (Adachi-ku)　花畑1〜8丁目 (足立区)　43　G3
Hanakawado 1–2 (Taitō-ku)　花川戸1〜2丁目 (台東区)　59　F1
Hanasakichō 1–7 (Yokohama City)　花咲町1〜7丁目 (横浜市)　82　B1-C3
Hanashōbuen (Iris Garden)　花菖蒲園　44　D5
Hanayashiki Amusement Park　花やしき遊園地　23　G1
Hanazono-jinja (shrine／Shinjuku)　花園神社 (新宿)　27　G2
Haneda 1–6 (Ōta-ku)　羽田1〜6丁目 (大田区)　78　A3
Haneda Airport (Tokyo Int'l Airport)　羽田空港 (東京国際空港)　78　C2
Haneda-Asahichō (Ōta-ku)　羽田旭町 (大田区)　78　C2
Haneda-Kūkō 1–3 (Ōta-ku)　羽田空港1〜3丁目 (大田区)　78　C2
Haneda-Kūkō Station　羽田空港駅　78　D2

Haneda Post Office 羽田郵便局 78 D2
Hanegi 1–2 (Setagaya-ku) 羽根木1〜2丁目 (世田谷区) 64 A1
Hankyū Dept Store (Yūrakuchō) 阪急百貨店 (有楽町店) 10 D2
Hankyū Express 阪急交通社 12 A3
Hanzō-mon 半蔵門 19 G1
Hanzōmon Station (subway) 半蔵門駅 (地下鉄) 19 G2
Happō-en Garden 八芳園 34 A4
Haraikata-machi (Shinjuku-ku) 払方町 (新宿区) 18 B4
Harajuku Quest 原宿クエスト 28 A5
Harajuku Station 原宿駅 28 A5
Haramachi 1–2 (Meguro-ku) 原町1〜2丁目 (目黒区) 72 D1
Haramachi 1–3 (Shinjuku-ku) 原町1〜3丁目 (新宿区) 57 G3
Hara Museum of Contemporary Art 原美術館 35 H1
Hard Rock Cafe ハードロックカフェ 14 C5
Hardy Barracks (Akasaka Press Center) 赤坂プレスセンター (ハーディーバラックス) 32 A2
Haruechō 1–5 (Edogawa-ku) 春江町1〜5丁目 (江戸川区) 61 F3
Harumi 1–5 (Chūō-ku) 晴海1〜5丁目 (中央区) 66 D2
Harumi-bashi (bridge) 春海橋 67 E2
Harumi Futō (wharf) 晴海ふ頭 66 D3
Harumi Futō Park 晴海ふ頭公園 66 C3
Harumi Passenger Terminal 晴海客船ターミナル 66 C3
Hasegawa Machiko Art Museum 長谷川町子美術館 63 H5
Hashiba 1–2 (Taitō-ku) 橋場1〜2丁目 (台東区) 51 F6
Hasune 1–3 (Itabashi-ku) 蓮根1〜3丁目 (板橋区) 40 C5
Hasune Station (subway) 蓮根駅 (地下鉄) 40 C5
Hasunumachō (Itabashi-ku) 蓮沼町 (板橋区) 41 E6
Hasunuma Station 蓮沼駅 77 F1
Hatagaya 1–3 (Shibuya-ku) 幡ヶ谷1〜3丁目 (渋谷区) 56 B5
Hatagaya Station 幡ヶ谷駅 56 C5
Hatakeyama Collection 畠山記念館 34 D5
Hatanodai 1–6 (Shinagawa-ku) 旗の台1〜6丁目 (品川区) 73 E2
Hatanodai Station 旗の台駅 73 E2
Hatchōbori 1–4 (Chūō-ku) 八丁堀1〜4丁目 (中央区) 58 D6
Hatchōbori Station 八丁堀駅 58 D6
Hatchōnawate Station 八丁畷駅 76 D6
Hatsudai 1–2 (Shibuya-ku) 初台1〜2丁目 (渋谷区) 56 C6
Hatsudai Station 初台駅 56 D5
Hatsunechō 1–3 (Yokohama City) 初音町1〜3丁目 (横浜市) 82 B6
Hayabusachō (Chiyoda-ku) 隼町 (千代田区) 19 H1
Hayamiya 1–4 (Nerima-ku) 早宮1〜4丁目 (練馬区) 48 A2
Hazawa 1–3 (Nerima-ku) 羽沢1〜3丁目 (練馬区) 48 B3
Heiwadai 1–4 (Nerima-ku) 平和台1〜4丁目 (練馬区) 48 A2
Heiwadai Station (subway) 平和台駅 (地下鉄) 48 A2
Heiwajima 1–6 (Ōta-ku) 平和島1〜6丁目 (大田区) 74 A4
Heiwajima Park 平和島公園 74 A5
Heiwajima Station 平和島駅 73 H5
Heiwano-mori Kōen (Ōta-ku) 平和の森公園 (大田区) 73 H5
Heiwano-mori Park 平和の森公園 56 A1
Hibiya Central Building 日比谷セントラルビル 10 A4
Hibiya Chanter 日比谷シャンテ 10 C2
Hibiya City 日比谷シティ 10 A4
Hibiya Dai Building 日比谷ダイビル 10 B4
Hibiya Kōen (Chiyoda-ku) 日比谷公園 (千代田区) 10 B3
Hibiya Kōkaidō (Hibiya Public Hall) 日比谷公会堂 10 A3
Hibiya Kokusai Building 日比谷国際ビル 10 A4
Hibiya Mitsui Building 日比谷三井ビル 10 C2
Hibiya Park 日比谷公園 10 B2
Hibiya Public Hall 日比谷公会堂 10 A3

Hibiya Station (subway) 日比谷駅 (地下鉄) 10 C2
Hibiya Toshokan (Metr. Hibiya Library) 都立日比谷図書館 10 A3
Hie-jinja (shrine) 日枝神社 16 C3
Higashi 1–4 (Shibuya-ku) 東1〜4丁目 (渋谷区) 65 F2
Higashi-Asakusa 1–2 (Taitō-ku) 東浅草1〜2丁目 (台東区) 51 F6
Higashi-Ayase 1–3 (Adachi-ku) 東綾瀬1〜3丁目 (足立区) 52 A1
Higashi-Azabu 1–3 (Minato-ku) 東麻布1〜3丁目 (港区) 66 A2
Higashi-Azuma Station 東あずま駅 60 A2
Higashidachō (Kawasaki City) 東田町 (川崎市) 81 G2
Higashi-Enokichō (Shinjuku-ku) 東榎町 (新宿区) 57 H2
Higashi-Fushimi Station 東伏見駅 46 A5
Higashi-Fussa Station 東福生駅 84 A5
Higashigaoka 1–2 (Meguro-ku) 東が丘1〜2丁目 (目黒区) 64 B5
Higashi-Ginza Station (subway) 東銀座駅 (地下鉄) 11 F4
Higashi-Gokenchō (Shinjuku-ku) 東五軒町 (新宿区) 57 H2
Higashi-Gotanda 1–5 (Shinagawa-ku) 東五反田1〜5丁目 (品川区) 65 G5
Higashi-Hokima 1–2 (Adachi-ku) 東保木間1〜2丁目 (足立区) 43 G4
Higashi-Horikiri 1–3 (Katsushika-ku) 東堀切1〜3丁目 (葛飾区) 52 A2
Higashi-Ikebukuro 1–5 (Toshima-ku) 東池袋1〜5丁目 (豊島区) 49 G5
Higashi-Ikebukuro Station (subway) 東池袋駅 (地下鉄) 49 G6
Higashi Ikebukuro Yonchōme Station 東池袋四丁目駅 25 G6
Higashi-Ikō 1–3 (Adachi-ku) 東伊興1〜4丁目 (足立区) 42 D2
Higashi-Jūjō 1–6 (Kita-ku) 東十条1〜6丁目 (北区) 49 H1
Higashi-Jūjō Station 東十条駅 49 G1
Higashi-Kamata 1–2 (Ōta-ku) 東蒲田1〜2丁目 (大田区) 77 G1
Higashi-Kanamachi 1–8 (Katsushika-ku) 東金町1〜8丁目 (葛飾区) 45 E6
Higashi-Kanda 1–3 (Chiyoda-ku) 東神田1〜3丁目 (千代田区) 58 D3
Higashi-Kasai 1–9 (Edogawa-ku) 東葛西1〜9丁目 (江戸川区) 69 E1
Higashi-Kitazawa Station 東北沢駅 64 B1
Higashi-Kōenji Station (subway) 東高円寺駅 (地下鉄) 56 A3
Higashi-Koiwa 1–6 (Edogawa-ku) 東小岩1〜6丁目 (江戸川区) 53 F5
Higashi-Kōjiya 1–6 (Ōta-ku) 東糀谷1〜6丁目 (大田区) 78 A1
Higashi-Komagata 1–4 (Sumida-ku) 東駒形1〜4丁目 (墨田区) 59 F2
Higashi-Komatsugawa 1–4 (Edogawa-ku) 東小松川1〜4丁目 (江戸川区) 60 D3
Higashi-Magome 1–2 (Ōta-ku) 東馬込1〜2丁目 (大田区) 73 F3
Higashi-Matsubara Station 東松原駅 64 A1
Higashi-Matsumoto 1–2 (Edogawa-ku) 東松本1〜2丁目 (江戸川区) 61 E1
Higashi-Minemachi (Ōta-ku) 東嶺町 (大田区) 72 C5
Higashi-Mizue 2 (Edogawa-ku) 東瑞江2丁目 (江戸川区) 61 G4
Higashi-Mizumoto 1–6 (Katsushika-ku) 東水元1〜6丁目 (葛飾区) 44 D5
Higashi-Mukōjima 1–6 (Sumida-ku) 東向島1〜6丁目 (墨田区) 51 G6
Higashi-Mukōjima Station 東向島駅 51 H6
Higashi-Nagasaki Station 東長崎駅 48 C5
Higashi-Nakano 1–5 (Nakano-ku) 東中野1〜5丁目 (中野区) 56 C2
Higashi-Nakanobu 1–2 (Shinagawa-ku) 東中延1〜2丁目 (品川区) 73 F1
Higashi-Nakano Station 東中野駅 56 C2
Higashi-Nihombashi 1–3 (Chūō-ku) 東日本橋1〜3丁目 (中央区) 59 E4
Higashi-Nihombashi Station (subway) 東日本橋駅 (地下鉄) 58 D4
Higashi-Nippori 1–6 (Arakawa-ku) 東日暮里1〜6丁目 (荒川区) 50 C5
Higashi-Ogu 1–8 (Arakawa-ku) 東尾久1〜8丁目 (荒川区) 50 C3
Higashi-Ogu Sanchōme Station 東尾久三丁目駅 50 D3
Higashi-Ōi 1–6 (Shinagawa-ku) 東大井1〜6丁目 (品川区) 73 H2

Higashi-Ōizumi 1–7 (Nerima-ku) 東大泉1～7丁目 (練馬区) 46 B3
Higashi-Ōjima Station (subway) 東大島駅 (地下鉄) 60 B4
Higashi-Rokugatsuchō (Adachi-ku) 東六月町 (足立区) 43 F4
Higashi-Rokugō 1–3 (Ōta-ku) 東六郷1～3丁目 (大田区) 77 F3
Higashi-Sakashita 1–2 (Itabashi-ku) 東坂下1～2丁目 (板橋区) 40 D5
Higashi-Shimbashi 1–2 (Minato-ku) 東新橋1～2丁目 (港区) 66 B1
Higashi-Shinagawa 1–5 (Shinagawa-ku) 東品川1～5丁目 (品川区) 66 B6
Higashi-Shinjuku Station (subway) 東新宿駅 (地下鉄) 57 F3
Higashi-Shin-Koiwa 1–8 (Katsushika-ku) 東新小岩1～8丁目 (葛飾区) 52 C6
Higashi-Shinozaki 1–2 (Edogawa-ku) 東篠崎1～2丁目 (江戸川区) 61 H3
Higashi-Shinozakimachi (Edogawa-ku) 東篠崎町 (江戸川区) 61 H2
Higashi-Sumida 1–3 (Sumida-ku) 東墨田1～3丁目 (墨田区) 60 A1
Higashi-Suna 1–8 (Kōtō-ku) 東砂1～8丁目 (江東区) 60 A5
Higashi-Tabata 1–2 (Kita-ku) 東田端1～2丁目 (北区) 50 B4
Higashi-Takane Forest Park 東高根森林公園 70 C2
Higashi-Tamagawa 1–2 (Setagaya-ku) 東玉川1～2丁目 (世田谷区) 72 C3
Higashi-Tateishi 1–4 (Katsushika-ku) 東立石1～4丁目 (葛飾区) 52 B5
Higashi-Ueno 1–6 (Taitō-ku) 東上野1～6丁目 (台東区) 58 D1
Higashi-Yaguchi 1–3 (Ōta-ku) 東矢口1～3丁目 (大田区) 77 E1
Higashiyama 1–3 (Meguro-ku) 東山1～3丁目 (目黒区) 64 D3
Higashiyamachō (Itabashi-ku) 東山町 (板橋区) 48 D2
Higashi-Yashio (Shinagawa-ku) 東八潮 (品川区) 66 C6
Higashi-Yotsugi 1–4 (Katsushika-ku) 東四つ木1～4丁目 (葛飾区) 52 A5
Higashi-Yukigaya 1–5 (Ōta-ku) 東雪谷1～5丁目 (大田区) 72 D3
Hikarigaoka 1–7 (Nerima-ku) 光が丘1～7丁目 (練馬区) 47 G1
Hikarigaoka Danchi 光が丘団地 47 F2
Hikarigaoka Park 光が丘公園 47 F1
Hikarigaoka Post Office 光が丘郵便局 47 G2
Hikarigaoka Station (subway) 光が丘駅 (地下鉄) 47 G2
Hikawachō (Itabashi-ku) 氷川町 (板橋区) 49 E2
Hikawadai 1–4 (Nerima-ku) 氷川台1～4丁目 (練馬区) 48 B2
Hikawadai Station (subway) 氷川台駅 (地下鉄) 48 B3
Hikawa-jinja (shrine) 氷川神社 16 B6
Hikawa-maru (ship) 氷川丸 83 H4
Hikifune Station 曳舟駅 59 G1
Himon'ya 1–6 (Meguro-ku) 碑文谷1～6丁目 (目黒区) 64 D6
Himon'ya Park 碑文谷公園 64 C6
Hinodechō 1–2 (Adachi-ku) 日ノ出町 (足立区) 51 G2
Hinodechō 1–2 (Yokohama City) 日ノ出町1～2丁目 (横浜市) 82 B5
Hinodechō Station 日ノ出町駅 82 B5
Hinode Pier Station (waterbus) 日の出桟橋のりば 13 G1
Hinode Station 日の出 13 G2
Hirai 1–7 (Edogawa-ku) 平井1～7丁目 (江戸川区) 60 B2
Hirai-Ōhashi (bridge) 平井大橋 60 B1
Hirai Station 平井駅 60 A2
Hirakawachō 1–2 (Chiyoda-ku) 平河町1～2丁目 (千代田区) 58 A5
Hiraki Ukiyo-e Museum 平木浮世絵美術館 81 H5
Hirama Station 平間駅 76 B1
Hirano 1–3 (Adachi-ku) 平野1～3丁目 (足立区) 43 F5
Hirano 1–4 (Kōtō-ku) 平野1～4丁目 (江東区) 59 F5
Hiranuma 1–2 (Yokohama City) 平沼1～2丁目 (横浜市) 82 A1
Hiratsuka 1–3 (Shinagawa-ku) 平塚1～3丁目 (品川区) 73 F1
Hiromachi 1–2 (Shinagawa-ku) 広町1～2丁目 (品川区) 73 H1

Hiro-o 1–5 (Shibuya-ku) 広尾1～5丁目 (渋谷区) 65 F2
Hiro-o Garden Hills 広尾ガーデンヒルズ 32 D4
Hiro-o Hospital 都立広尾病院 33 H4
Hiro-o Plaza 広尾プラザ 33 G3
Hitotsubashi 1–2 (Chiyoda-ku) 一ツ橋1～2丁目 (千代田区) 58 B3
Hitotsuya 1–4 (Adachi-ku) 一ツ家1～4丁目 (足立区) 43 G5
Hōchiku Yoshida Meml Hall 吉田苞竹記念館 14 C2
Hokima 1–5 (Adachi-ku) 保木間1～5丁目 (足立区) 43 G4
Hokutopia 北とぴあ 49 H2
Hōmushō (Ministry of Justice) 法務省 17 H3
Hon-Amanuma 1–3 (Suginami-ku) 本天沼1～3丁目 (杉並区) 55 F1
Hōnan 1–2 (Suginami-ku) 方南1～2丁目 (杉並区) 56 A5
Hōnanchō Station (subway) 方南町駅 (地下鉄) 56 A5
Honchō (Itabashi-ku) 本町 (板橋区) 49 F2
Honchō 1 (Kawasaki City) 本町1丁目 (川崎市) 81 G1
Honchō 1–6 (Nakano-ku) 本町1～6丁目 (中野区) 56 C3
Honchō 1–6 (Yokohama City) 本町1～6丁目 (横浜市) 83 E4
Honda Motor (H.O.) 本田技研 (本社) 29 G4
Hongō 1–7 (Bunkyō-ku) 本郷1～7丁目 (文京区) 58 B1
Hongō Kyūsuijō Park 本郷給水所公苑 20 D1
Hongō Post Office 本郷郵便局 58 B1
Hongō-Sanchōme Station (subway) 本郷三丁目駅 (地下鉄) 58 B2
Hon-Haneda 1–3 (Ōta-ku) 本羽田1～3丁目 (大田区) 77 H3
Hon-Isshiki 1–3 (Edogawa-ku) 本一色1～3丁目 (江戸川区) 52 D6
Honjo 1–4 (Sumida-ku) 本所1～4丁目 (墨田区) 59 F2
Honjo-Azumabashi Station (subway) 本所吾妻橋駅 (地下鉄) 59 F2
Honjo Post Office 本所郵便局 59 H2
Hon-Komagome 1–6 (Bunkyō-ku) 本駒込1～6丁目 (文京区) 50 B5
Hon-Komagome Station (subway) 本駒込駅 (地下鉄) 50 A6
Honmachi 1–6 (Shibuya-ku) 本町1～6丁目 (渋谷区) 56 C5
Honmon-ji (temple) 本門寺 73 E5
Honshiochō (Shinjuku-ku) 本塩町 (新宿区) 19 E6
Hōraichō 1–3 (Yokohama City) 蓬莱町1～3丁目 (横浜市) 82 D5
Horifune 1–4 (Kita-ku) 堀船1～4丁目 (北区) 50 A2
Horikawachō (Kawasaki City) 堀川町 (川崎市) 81 E1
Horikiri 1–8 (Katsushika-ku) 堀切1～8丁目 (葛飾区) 51 H3
Horikiri Junction 堀切ジャンクション 51 H4
Horikiri-Shōbuen 堀切菖蒲園 51 H4
Horikiri-Shōbuen Station 堀切菖蒲園駅 51 H3
Horikiri Station 堀切駅 51 H4
Horinouchi 1–3 (Adachi-ku) 堀之内1～2丁目 (足立区) 42 B6
Horinouchi 1–3 (Suginami-ku) 堀ノ内1～3丁目 (杉並区) 55 H4
Horinouchichō (Kawasaki City) 堀之内町 (川崎市) 81 H1
Hōsei University 法政大学 18 B2
Hōsen-ji (temple) 宝仙寺 56 C3
Hoshi University 星薬科大学 65 F6
Hōshō Noh Theater 宝生能楽堂 20 C1
Hosoda 1–5 (Katsushika-ku) 細田1～5丁目 (葛飾区) 52 D4
Hōsō Kaikan (Japan Barrister Assoc.) 法曹会館 17 H3

Hotels and Inns ホテル・旅館 (→p119)

House of Councillors Office Bldg 参議院議員会館 16 D3
House of Representatives Office Bldg No. 1 衆議院第一議員会館 16 D3
House of Representatives Office Bldg No. 2 衆議院第二議員会館 16 D3
Hōya Station 保谷駅 46 A3
Hozukachō (Adachi-ku) 保塚町 (足立区) 43 G5
Hyakuninchō 1–4 (Shinjuku-ku) 百人町1～4丁目 (新宿区) 57 E2

I

IBM Japan (H.O.) 日本IBM (本社) 14 B3
Ichibanchō (Chiyoda-ku) 一番町 (千代田区) 19 E2
Ichigaya-Chōenjimachi (Shinjuku-ku) 市谷長延寺町 (新宿区) 18 C5
Ichigaya-Daimachi (Shinjuku-ku) 市谷台町 (新宿区) 57 G3
Ichigaya-Funagawaramachi (Shinjuku-ku) 市谷船河原町 (新宿区) 18 A3
Ichigaya-Hachimanchō (Shinjuku-ku) 市谷八幡町 (新宿区) 18 D5
Ichigaya Hachimangū (shrine) 市谷八幡宮 18 D5
Ichigaya-Honmurachō (Shinjuku-ku) 市谷本村町 (新宿区) 57 G3
Ichigaya-Kagachō 1–2 (Shinjuku-ku) 市谷加賀町1～2丁目 (新宿区) 18 B6
Ichigaya-Kōrachō (Shinjuku-ku) 市谷甲良町 (新宿区) 57 G3
Ichigaya-Nakanochō (Shinjuku-ku) 市谷仲之町 (新宿区) 57 G3
Ichigaya-Sadoharachō 1–3 (Shinjuku-ku) 市谷砂土原町1～3丁目 (新宿区) 18 B4
Ichigaya-Sanaichō (Shinjuku-ku) 市谷左内町 (新宿区) 18 C5
Ichigaya Station 市ヶ谷駅 18 D4
Ichigaya-Takajōmachi (Shinjuku-ku) 市谷鷹匠町 (新宿区) 18 B5
Ichigaya-Tamachi 1–3 (Shinjuku-ku) 市谷田町1～3丁目 (新宿区) 18 C4
Ichigaya-Yakuōjimachi (Shinjuku-ku) 市谷薬王寺町 (新宿区) 57 G3
Ichigaya-Yamabushichō (Shinjuku-ku) 市谷山伏町 (新宿区) 57 G3
Ichigaya-Yanagichō (Shinjuku-ku) 市谷柳町 (新宿区) 57 G3
Ichikawa City (Chiba-ken) 市川市 (千葉県) 53 61
Ichikawa-Mama Station 市川真間駅 53 H5
Ichikawa Station 市川駅 53 H5
Ichimarukyū (109, One-Oh-Nine) 109 30 B4
Ichinoechō (Edogawa-ku) 一之江町 (江戸川区) 60 D5
Ichinoe Station (subway) 一之江駅 (地下鉄) 61 E4
Ichinohashi 一ノ橋 15 F3
Ichinohashi Junction 一ノ橋ジャンクション 15 F3
Ichiyō Memorial Museum 一葉記念館 51 E6
Igusa 1–5 (Suginami-ku) 井草1～5丁目 (杉並区) 47 E5
Igusa Hachimangū (shrine) 井草八幡宮 54 C1
Iidabashi 1–4 (Chiyoda-ku) 飯田橋1～4丁目 (千代田区) 58 A3
Iidabashi Post Office 飯田橋郵便局 18 A1
Iidabashi Station 飯田橋駅 18 A1
Iino Building 飯野ビル 17 H5
Iino Hall イイノホール 17 H5
Ikebukuro 1–4 (Toshima-ku) 池袋1～4丁目 (豊島区) 49 F5
Ikebukuro Engei-jō 池袋演芸場 24 C3
Ikebukuro-Honchō 1–4 (Toshima-ku) 池袋本町1～4丁目 (豊島区) 49 F4
Ikebukuro Station 池袋駅 24 D4
Ikegami 1–8 (Ōta-ku) 池上1～8丁目 (大田区) 73 E6
Ikegami Station 池上駅 73 E6
Ikejiri 1–4 (Setagaya-ku) 池尻1～4丁目 (世田谷区) 64 C2
Ikejiri-Ōhashi Station 池尻大橋駅 64 C2
Ikenohata 1–4 (Taitō-ku) 池之端1～4丁目 (台東区) 58 C1
Ikenoue Station 池ノ上駅 64 B1
Ikō 1–5 (Adachi-ku) 伊興1～5丁目 (足立区) 43 E4
Ikō-Honchō 1–2 (Adachi-ku) 伊興本町1～2丁目 (足立区) 43 E3
Ikspiari イクスピアリ 69 F5
Ikuta Green 生田緑地 70 A1
I Land Hall アイランドホール 26 C2
I Land Tower アイランドタワー 26 C2
IMA 47 F2

Imado 1–2 (Taitō-ku) 今戸1～2丁目 (台東区) 51 F6
Imagawa 1–4 (Suginami-ku) 今川1～4丁目 (杉並区) 54 D1
Imperial Household Agency 宮内庁 58 B5
Imperial Palace (Kōkyō) 皇居 58 A5
Imperial Palace Plaza (Kōkyomae-Hiroba) 皇居前広場 8 A5
Imperial Theater (Teikoku Gekijō) 帝国劇場 10 C1
Imperial Tower インペリアルタワー 10 C3
Inarichō Station (subway) 稲荷町駅 (地下鉄) 58 D1
Inaridai (Itabashi-ku) 稲荷台 (板橋区) 49 F1
Inokashira-Kōen Station 井の頭公園駅 54 B3
Inokashira Park 井の頭恩賜公園 54 B3
Institut Franco-Japonais de Tokyo 東京日仏学院 18 A3
International Education Center 国際教育振興会 19 F6
International House of Japan 国際文化会館 15 E5
International Library of Children's Literature 国際子ども図書館 22 B1
International Medical Center of Japan 国立国際医療センター 57 F2
International School of the Sacred Heart 聖心インターナショナルスクール 33 F4
Iogi Station 井荻駅 47 E6
Irifune 1–3 (Chūō-ku) 入船1～3丁目 (中央区) 58 D6
Iris Garden 花菖蒲園 44 D5
Iriya 1–2 (Taitō-ku) 入谷1～2丁目 (台東区) 51 E6
Iriya 1–9 (Adachi-ku) 入谷1～9丁目 (足立区) 42 B2
Iriyachō (Adachi-ku) 入谷町 (足立区) 42 C3
Iriya Station (subway) 入谷駅 (地下鉄) 50 D6
Isago 1–2 (Kawasaki City) 砂子1～2丁目 (川崎市) 81 G1
Isechō 1–3 (Yokohama City) 伊勢町1～3丁目 (横浜市) 82 A3
Iseseyama-Kōdai-jingū (shrine) 伊勢山皇大神宮 82 B3
Isetan Dept Store (Shinjuku) 伊勢丹 (新宿店) 27 G3
Isezakichō 1–7 (Yokohama City) 伊勢佐木町1～7丁目 (横浜市) 82 B6
Isezaki Chōjamachi Station (subway) 伊勢佐木長者町駅 (地下鉄) 82 D6
Isezaki Mall イセザキモール 82 D5
Ishijima (Kōtō-ku) 石島 (江東区) 59 G5
Ishikawachō 1–2 (Ōta-ku) 石川町1～2丁目 (大田区) 72 C2
Ishikawachō Station 石川町駅 83 F6
Ishikawadai Station 石川台駅 72 C3
Ishiwara 1–4 (Sumida-ku) 石原1～4丁目 (墨田区) 59 F4
Itabashi 1–4 (Itabashi-ku) 板橋1～4丁目 (板橋区) 49 F3
Itabashi-Honchō Station (subway) 板橋本町駅 (地下鉄) 49 E1
Itabashi-Kita Post Office 板橋北郵便局 40 D6
Itabashi-ku 板橋区 39 40 49
Itabashi-Kuyakushomae Station (subway) 板橋区役所前駅 (地下鉄) 49 F3
Itabashi-Nishi Post Office 板橋西郵便局 40 A5
Itabashi Post Office 板橋郵便局 49 F3
Itabashi Station 板橋駅 39 40 49
Itabashi Ward Art Museum 板橋区立美術館 39 H5
Itabashi Ward Historical Museum 板橋区立郷土資料館 39 H5
Itabashi Ward Office 板橋区役所 49 F3
Italian Institute of Culture イタリア文化会館 18 D1
Itōchū Building 伊藤忠ビル 29 F5
Itōpia Nihombashi Building イトーピア日本橋ビル 9 H1
I Town アイタウン 26 A2
Itō-ya (Ginza) 伊東屋 (銀座) 11 F2
Iwabuchimachi (Kita-ku) 岩淵町 (北区) 41 G5
Iwamotochō 1–3 (Chiyoda-ku) 岩本町1～3丁目 (千代田区) 58 D3
Iwamotochō Station (subway) 岩本町駅 (地下鉄) 21 H4

Iwanami Hall (cinema) 岩波ホール 20 C4
Iwanami Shoten 岩波書店 20 C5
Iwasaki Museum 岩崎博物館 83 H6
Iwatochō (Shinjuku-ku) 岩戸町 (新宿区) 57 H2
Izumi 1–4 (Suginami-ku) 和泉1～4丁目 (杉並区) 56 A6
Izumichō (Itabashi-ku) 泉町 (板橋区) 49 E1
Izumi-Tamagawa Station 和泉多摩川駅 62 A5

J

JA Building JAビル 8 D2
Japan Academy 日本学士院 22 C2
Japan Airlines (H.O.) 日本航空 (本社) 37 G3
Japan Art Academy Hall 日本芸術院会館 22 B4
Japan Barrister Association 法曹会館 17 H3
Japan Center for International Exchange 日本国際交流センター 33 G1
Japanese Foundation for Cancer Research Hospital 癌研究会有明病院 67 F5
Japanese Olympic Committee 日本オリンピック委員会 30 C1
Japanese Red Cross Society (H.Q.) 日本赤十字社 (本社) 12 C4
Japanese Red Cross Central Blood Center 日赤中央血液センター 32 D5
Japanese Red Cross College of Nursing 日本赤十字看護大学 32 E5
Japanese Red Cross Medical Center (Nisseki Iryō Center) 日赤医療センター 32 D5
Japanese Sword Museum 刀剣博物館 56 D5
Japan External Trade Organization (JETRO) 日本貿易振興会 17 E6
Japan Folkcrafts Museum 日本民芸館 64 C1
Japan Foundation 国際交流基金 14 A2
Japan International Cooperation Agency (JICA) 国際協力事業団 27 E5
Japan Junior Chamber Inc. 日本青年会議所 16 D1
Japan Productivity Center for Socio-Economic Development 社会経済生産性本部 31 F5
Japan Shōgi Federation Hall 将棋会館 28 C2
Japan Times ジャパンタイムズ 66 A4
Japan Toy Museum 日本玩具資料館 51 G6
Japan Women's Coll. of Physical Education 日本女子体育大学 54 C6
Japan Women's University 日本女子大学 57 G1
JBP Oval Building JBPオーバルビル 31 F2
JCII Camera Museum 日本カメラ博物館 19 F2
JETRO (Japan External Trade Organization) 日本貿易振興会 17 E6
JFE Bldg JFEビル 8 C3
Jewish Community of Japan 日本ユダヤ教団 33 E6
JICA (Japan International Cooperation Agency) 国際協力事業団 27 E5
JICA International Cooperation Center 国際協力事業団国際協力センター 18 C6
Jichi Daigakkō (Local Autonomy College) 自治大学校 33 F1
Jidayū-bori Park 次大夫堀公園 62 D5
Jikei University School of Medicine 東京慈恵会医科大学 12 B5
Jikei Univ. School of Medicine (Chōfu) 慈恵医科大学 (調布) 62 A3
Jikei Univ. Dai-San Hospital 慈恵医大第三病院 62 A3
Jikei Univ. Hospital 慈恵医大附属病院 12 B4
Jimbōchō Station (subway) 神保町駅 (地下鉄) 20 C4
Jingū Gaien (Meiji-jingū Outer Gardens) 神宮外苑 29 F2
Jingūmae 1–6 (Shibuya-ku) 神宮前1～6丁目 (渋谷区) 57 F6
Jingū Stadium 神宮球場 29 E3
Jinnan 1–2 (Shibuya-ku) 神南1～2丁目 (渋谷区) 65 E1

Jinnan Common Government Bldg 神南合同庁舎 30 C1
Jirō Osaragi Meml Museum 大佛次郎記念館 83 H6
JIS 日本規格協会 16 B3
Jiyūgaoka 1–3 (Meguro-ku) 自由が丘1～3丁目 (目黒区) 72 B1
Jiyūgaoka Station 自由が丘駅 72 B1
Jiyū Minshutō Honbu (Liberal Democratic Party／H.O.) 自由民主党 (本部) 16 D2
Jōchi Daigaku (Sophia Univ.) 上智大学 19 G5
Jōhoku Central Park 城北中央公園 48 B2
Joinas ジョイナス 81 G5
Jōnanjima 1–7 (Ōta-ku) 城南島1～7丁目 (大田区) 74 D5
Joshi Idai 東京女子医大学 (→Tokyo Women's Medical College)
Jōshin-ji (Kuhonbutsu) (temple) 浄真寺 (九品仏) 72 A1
Josui Kaikan 如水会館 20 C6
Jōtō Post Office 城東郵便局 59 H4
JP Building JPビル 9 F1
JR East (H.O.) JR東日本 (本社) 27 E5
JR Tokyo General Hospital JR東京総合病院 27 E5
JT (Japan Tobacco／H.O.) 日本たばこ産業 (本社) 17 E6
JTB (Japan Travel Bureau／H.O.) JTB (日本交通公社／本社) 37 G1
JTB Building JTBビル 37 G1
Jūjōdai 1–2 (Kita-ku) 十条台1～2丁目 (北区) 49 G2
Jūjō-Nakahara 1–4 (Kita-ku) 十条仲原1～4丁目 (北区) 49 G1
Jūjō Station 十条駅 49 G2
Jūnisō Onsen (spa) 十二社温泉 26 A4
Junku-dō (bookstore) ジュンク堂 19 H3
Juntendō University (Med.) 順天堂大学 (医学部) 20 D1
Juntendō Hospital 順天堂医院 21 E1
J-WAVE J-WAVE 32 C5

K

Kabukichō 1–2 (Shinjuku-ku) 歌舞伎町1～2丁目 (新宿区) 57 E3
Kabuki-za (theater) 歌舞伎座 (劇場) 11 F4
Kachidoki 1–6 (Chūō-ku) 勝どき1～6丁目 (中央区) 66 D1
Kachidoki-bashi (bridge) 勝鬨橋 66 D1
Kachidoki Station (subway) 勝どき駅 (地下鉄) 66 D1
Kaga 1–2 (Adachi-ku) 加賀1～2丁目 (足立区) 42 B4
Kaga 1–2 (Itabashi-ku) 加賀1～2丁目 (板橋区) 49 G1
Kagaku Gijutsukan (Science Museum) 科学技術館 20 B6
Kagaku Hakubutsukan (Nat'l Science Museum) 国立科学博物館 22 C2
Kagu no Hakubutsukan (Furniture Museum) 家具の博物館 66 D2
Kaguragashi (Shinjuku-ku) 神楽河岸 (新宿区) 58 A3
Kagurazaka 1–6 (Shinjuku-ku) 神楽坂1～6丁目 (新宿区) 57 H2
Kagurazaka Station (subway) 神楽坂駅 (地下鉄) 57 H2
Kahei 1–3 (Adachi-ku) 加平1～3丁目 (足立区) 43 H5
Kahei Hakubutsukan (Currency Museum) 貨幣博物館 9 F3
Kaiga-kan (Meiji Meml Picture Gallery) 聖徳記念絵画館 29 E1
Kaigan 1–3 (Minato-ku) 海岸1～3丁目 (港区) 66 B4
Kaigan-dōri 1–5 (Yokohama City) 海岸通1～5丁目 (横浜市) 83 E3
Kaijō Bus Station 海上バスのりば (→Sea-bus Terminals)
Kaikei Kensa-in (Board of Audit) 会計検査院 17 F5
Kaitaichō (Shinjuku-ku) 改代町 (新宿区) 57 H2
Kajichō 1–2 (Chiyoda-ku) 鍛冶町1～2丁目 (千代田区) 58 C4
Kajigaya Station 梶が谷駅 70 D3
Kajima (H.O.) 鹿島 (本社) 16 B2
Kajima K1 Building 鹿島K1ビル 16 B5
Kajiwara Station 梶原駅 50 A3
Kakinokizaka 1–3 (Meguro-ku) 柿の木坂1～3丁目 (目黒区) 64 C6

Kamakura 1–4 (Katsushika-ku)　鎌倉1～4丁目 (葛飾区)　53 E4

Kamata 1–4 (Setagaya-ku)　鎌田1～4丁目 (世田谷区)　63 E6

Kamata 1–5 (Ōta-ku)　蒲田1～5丁目 (大田区)　77 G1

Kamata-Honchō 1–2 (Ōta-ku)　蒲田本町1～2丁目 (大田区)　77 F1

Kamata Post Office　蒲田郵便局　77 F1

Kamata Station　蒲田駅　77 F1

Kameari 1–5 (Katsushika-ku)　亀有1～5丁目 (葛飾区)　52 B1

Kameari Station　亀有駅　52 B1

Kameido 1–9 (Kōtō-ku)　亀戸1～9丁目 (江東区)　59 H3

Kameido Central Park　亀戸中央公園　60 A3

Kameido Station　亀戸駅　59 H3

Kameido-Suijin Station　亀戸水神駅　60 A3

Kameido Tenjin (shrine)　亀戸天神　59 H2

Kamezawa 1–4 (Sumida-ku)　亀沢1～4丁目 (墨田区)　59 F3

Kami-Hongō Station　上本郷駅　45 H4

Kami-Igusa 1–4 (Suginami-ku)　上井草1～4丁目 (杉並区)　46 D6

Kami-Igusa Sōgō Grounds　上井草総合運動場　46 D6

Kami-Igusa Station　上井草駅　46 D6

Kami-Ikebukuro 1–4 (Toshima-ku)　上池袋1～4丁目 (豊島区)　49 G4

Kami-Ikedai 1–5 (Ōta-ku)　上池台1～5丁目 (大田区)　73 E3

Kami-Isshiki 1–3 (Edogawa-ku)　上一色1～3丁目 (江戸川区)　52 D6

Kami-Itabashi 1–3 (Itabashi-ku)　上板橋1～3丁目 (板橋区)　48 C1

Kami-Itabashi Station　上板橋駅　48 C1

Kami-Jūjō 1–5 (Kita-ku)　上十条1～5丁目 (北区)　49 G1

Kami-Kitazawa 1–5 (Setagaya-ku)　上北沢1～5丁目 (世田谷区)　63 F1

Kami-Kitazawa Station　上北沢駅　63 F1

Kamimachi Station　上町駅　63 H3

Kami-Meguro 1–5 (Meguro-ku)　上目黒1～5丁目 (目黒区)　64 D3

Kami-Nakazato 1–3 (Kita-ku)　上中里1～3丁目 (北区)　50 A3

Kami-Nakazato Station　上中里駅　50 A3

Kaminari Gorogoro Kaikan　雷5656会館　23 G1

Kaminari-mon (gate)　雷門　23 G3

Kaminarimon 1–2 (Taitō-ku)　雷門1～2丁目 (台東区)　59 E1

Kaminarimon Post Office　雷門郵便局　23 G4

Kami-Noge 1–4 (Setagaya-ku)　上野毛1～4丁目 (世田谷区)　71 G1

Kami-Noge Station　上野毛駅　71 G1

Kami-Ochiai 1–3 (Shinjuku-ku)　上落合1～3丁目 (新宿区)　56 D1

Kamiogi 1–4 (Suginami-ku)　上荻1～4丁目 (杉並区)　55 E2

Kami-Ōsaki 1–4 (Shinagawa-ku)　上大崎1～4丁目 (品川区)　65 G4

Kami-Saginomiya 1–5 (Nakano-ku)　上鷺宮1～5丁目 (中野区)　47 G5

Kami-Shakujii 1–4 (Nerima-ku)　上石神井1～4丁目 (練馬区)　46 C5

Kami-Shakujii-Minamichō (Nerima-ku)　上石神井南町 (練馬区)　46 C6

Kami-Shakujii Station　上石神井駅　46 C6

Kami-Shinozaki 1–4 (Edogawa-ku)　上篠崎1～4丁目 (江戸川区)　61 G1

Kami-Soshigaya 1–7 (Setagaya-ku)　上祖師谷1～7丁目 (世田谷区)　62 C1

Kami-Takada 1–5 (Nakano-ku)　上高田1～5丁目 (中野区)　56 B1

Kami-Takaido 1–3 (Suginami-ku)　上高戸1～3丁目 (杉並区)　55 E5

Kamiuma 1–5 (Setagaya-ku)　上馬1～5丁目 (世田谷区)　64 A4

Kamiya 1–3 (Kita-ku)　神谷1～3丁目 (北区)　41 H6

Kamiyachō MT Building　神谷町MTビル　14 C1

Kamiyachō MT Court　神谷町MTコート　14 C1

Kamiyachō Station (subway)　神谷町駅 (地下鉄)　14 C1

Kamiyamachō (Shibuya-ku)　神山町 (渋谷区)　64 D1

Kami-Yōga 1–6 (Setagaya-ku)　上用賀1～6丁目 (世田谷区)　63 G4

Kamon'yama Park　掃部山公園　82 B2

Kanagawa Bank (H.O.)　神奈川銀行 (本店)　82 C5

Kanagawa Kenmin Hall (Kenmin Hall)　神奈川県民ホール　83 G5

Kanagawa Museum of Modern Literature　神奈川近代文学館　83 (H6 ③)

Kanagawa Prefectural Office　神奈川県庁　83 F4

Kanagawa Pref. Museum of Cultural History (Pref. Museum of Cultural History)　神奈川県立歴史博物館　82 D4

Kanagawa Pref. Library (Pref. Library)　神奈川県立図書館　82 B3

Kanagawa Pref. Police Dept (H.Q.) (Pref. Police Dept)　神奈川県警察 (本部)　83 E3

Kanagawa Pref. Youth Cente (Pref. Youth Center)　神奈川県立青少年センター　82 B3

Kanagawa Youth Hostel　神奈川ユースホステル　82 C3

Kanamachi 1–6 (Katsushika-ku)　金町1～6丁目 (葛飾区)　52 D1

Kanamachi Filtration Plant　金町浄水場　53 E1

Kanamachi-Jōsuijō (Katsushika-ku)　金町浄水場 (葛飾区)　53 E1

Kanamachi Station　金町駅　52 D1

Kanamechō 1–3 (Toshima-ku)　要町1～3丁目 (豊島区)　48 D4

Kanamechō Station (subway)　要町駅 (地下鉄)　49 E5

Kanda-Aioichō (Chiyoda-ku)　神田相生町 (千代田区)　21 H3

Kanda-Awajichō 1–2 (Chiyoda-ku)　神田淡路町1～2丁目 (千代田区)　58 C3

Kanda Bookshop Area　神田書店街　20 C4

Kanda-gawa (river)　神田川　20 C2

Kanda-Hanaokachō (Chiyoda-ku)　神田花岡町 (千代田区)　21 H3

Kanda-Higashi-Kon'yachō (Chiyoda-ku)　神田東紺屋町 (千代田区)　21 (H6)

Kanda-Higashi-Matsushitachō (Chiyoda-ku)　神田東松下町 (千代田区)　21 H5

Kanda-Hirakawachō (Chiyoda-ku)　神田平河町 (千代田区)　58 (D3)

Kanda-Iwamotochō (Chiyoda-ku)　神田岩本町 (千代田区)　58 (D3)

Kanda-Izumichō (Chiyoda-ku)　神田和泉町 (千代田区)　58 D3

Kanda-Jimbōchō 1–3 (Chiyoda-ku)　神田神保町1～3丁目 (千代田区)　58 B3

Kanda-Kajichō 3 (Chiyoda-ku)　神田鍛冶町3丁目 (千代田区)　21 G5

Kanda-Kita-Norimonochō (Chiyoda-ku)　神田北乗物町 (千代田区)　21 H6

Kanda-Kon'yachō (Chiyoda-ku)　神田紺屋町 (千代田区)　21 H6

Kanda-Matsunagachō (Chiyoda-ku)　神田松永町 (千代田区)　21 H3

Kanda-Mikurachō (Chiyoda-ku)　神田美倉町 (千代田区)　21 H6

Kanda-Mitoshirochō (Chiyoda-ku)　神田美土代町 (千代田区)　21 F5

Kanda Myōjin (shrine)　神田明神　21 F2

Kanda-Neribeichō (Chiyoda-ku)　神田練塀町 (千代田区)　21 H2

Kanda-Nishi-Fukudachō (Chiyoda-ku)　神田西福田町 (千代田区)　21 H6

Kanda-Nishikichō 1–3 (Chiyoda-ku)　神田錦町1～3丁目 (千代田区)　58 B4

Kanda-Ogawamachi 1–3 (Chiyoda-ku)　神田小川町1～3丁目 (千代田区)　58 B3

Kanda Post Office　神田郵便局　21 G4

Kanda-Sakumachō 1–4 (Chiyoda-ku)　神田佐久間町1～4丁目 (千代田区)　58 D3

Kanda-Sakumagashi (Chiyoda-ku)　神田佐久間河岸 (千代田区)　58 (D3)

Kanda Station　神田駅　21 G6

Kanda-Sudachō 1–2 (Chiyoda-ku)　神田須田町1～2丁目 (千代田区)　58 C3

Kanda-Surugadai 1–4 (Chiyoda-ku)　神田駿河台1～4丁目 (千代田区)　58 B3

Kanda-Tachō 2 (Chiyoda-ku)　神田多町2丁目 (千代田区)　58 C3

Kanda-Tomiyamachō (Chiyoda-ku)　神田富山町 (千代田区)　21 H5

Kanda-Tsukasamachi 2 (Chiyoda-ku)　神田司町2丁目 (千代田区)　58 C4
Kanegafuchi Station　鐘ケ淵駅　51 H5
Kan'ei-ji (temple)　寛永寺　50 C6
Kan'ei-ji Cemetery (Shōgun Tokugawa Graveyard)　寛永寺霊園 (徳川将軍家墓所)　22 C1
Kanematsu Building　兼松ビル　11 H1
Kankyōshō (Ministry of the Environment)　環境省　17 H4
Kannai Hall　関内ホール　82 D4
Kannai Station　関内駅　82 D5
Kantei-byō　関帝廟　83 E6
Kanze Noh Theater　観世能楽堂　30 A3
Kappabashi Kitchenware Town　かっぱ橋道具街　23 E1
Karakuri (Trick) Museum　からくりミュージアム　31 F3
Karasuyama Teramachi　烏山寺町　54 C5
Kasai-bashi (bridge)　葛西橋　60 B6
Kasai Junction　葛西ジャンクション　68 B3
Kasai Kaihin Park　葛西海浜公園　68 C4
Kasai Post Office　葛西郵便局　60 D6
Kasai-Rinkai Kōen Station　葛西臨海公園駅　68 C3
Kasai Rinkai Park　葛西臨海公園　68 C4
Kasai Rinkai Suizokuen (Tokyo Sea Life Park)　葛西臨海水族園　68 C4
Kasai Station (subway)　葛西駅 (地下鉄)　68 D1
Kasai Truck Terminal　葛西トラックターミナル　68 C3
Kashimada Station　鹿島田駅　76 C2
Kasuga 1–2 (Bunkyō-ku)　春日1～2丁目 (文京区)　58 A1
Kasugachō 1–6 (Nerima-ku)　春日町1～6丁目 (練馬区)　47 H2
Kasuga Station (subway)　春日駅 (地下鉄)　58 A1
Kasumigaoka (Yokohama City)　霞ヶ丘 (横浜市)　82 A5
Kasumigaokamachi (Shinjuku-ku)　霞岳町 (新宿区)　29 E3
Kasumigaseki 1–3 (Chiyoda-ku)　霞が関1～3丁目 (千代田区)　58 A6
Kasumigaseki Building　霞が関ビル　17 F5
Kasumigaseki Station (subway)　霞ヶ関駅 (地下鉄)　17 G4
Kasuya 1–4 (Setagaya-ku)　粕谷1～4丁目 (世田谷区)　63 E1
Katamachi (Shinjuku-ku)　片町 (新宿区)　57 G4
Katsushika-ku　葛飾区　44 51 52 60
Katsushika City Museum　郷土と天文の博物館　52 B2
Katsushika-Niijuku Post Office　葛飾新宿郵便局　52 D1
Katsushika-ōhashi (bridge)　葛飾大橋　45 F6
Katsushika Post Office　葛飾郵便局　52 A4
Katsushika Ward Office　葛飾区役所　52 B4
Katsushima 1–3 (Shinagawa-ku)　勝島1～3丁目 (品川区)　74 A3
Kawadachō (Shinjuku-ku)　河田町 (新宿区)　57 G3
Kawaguchi City (Saitama-ken)　川口市 (埼玉県)　41 42
Kawaguchi City Office　川口市役所　41 G2
Kawaguchi-Motogō Station　川口元郷駅　41 H3
Kawaguchi Station　川口駅　41 F3
Kawasaki BE　川崎BE　81 F1
Kawasaki Central Post Office　川崎中央郵便局　81 H2
Kawasaki Cinema　川崎シネマ　81 F3
Kawasaki City (Kanagawa-ken)　川崎市 (神奈川県)　76 80 81
Kawasaki City Hospital　川崎市立病院　81 H3
Kawasaki City Museum　川崎市民ミュージアム　71 H4
Kawasaki City Office　川崎市役所　81 G1
Kawasaki Daishi (temple)　川崎大師　77 H4
Kawasaki-Daishi Station　川崎大師駅　77 H4
Kawasaki Keirin Race Course　川崎競輪場　77 F5
Kawasaki-ku (Kawasaki City)　川崎区 (川崎市)　77 78 80 81
Kawasaki Noh Theater　川崎能楽堂　81 E3

Kawasaki Race Course　川崎競馬場　77 F5
Kawasaki-Shinmachi Station　川崎新町駅　77 E6
Kawasaki Station　川崎駅　81 E1
Kawasaki Ward Office　川崎区役所　81 G2
Kayabachō Station (subway)　茅場町駅 (地下鉄)　9 H5
KDDI Building　KDDIビル　26 C4
KDDI Ōtemachi Building　KDDI 大手町ビル　8 C2
Keidanren Kaikan　経団連会館　8 D1
Keihinjima 1–3 (Ōta-ku)　京浜島1～3丁目 (大田区)　74 C6
Keikyū-Kamata Station　京急蒲田駅　77 G1
Keikyū-Kawasaki Station　京急川崎駅　81 G1
Keiō Dept Store　京王百貨店　27 E3
Keiō University　慶応義塾大学　15 H2
Keiō Univ. (Med.)　慶応義塾大学 (医学部)　57 G5
Keiō Univ. (Sci. & Engin.)　慶応義塾大学 (理工学部)　76 A2
Keiō Univ. Hospital　慶応義塾大学病院　29 E1
Keisatsuchō (Nat'l Police Agcy)　警察庁　17 G3
Keisei-Hikifune Station　京成曳舟駅　59 H1
Keisei-Kanamachi Station　京成金町駅　52 D1
Keisei-Koiwa Station　京成小岩駅　53 E4
Keisei-Sekiya Station　京成関屋駅　51 G4
Keisei-Takasago Station　京成高砂駅　52 D3
Keisei-Tateishi Station　京成立石駅　52 D3
Keisei-Ueno Station　京成上野駅　22 B4
Keishichō (Tokyo Metr. Police Dept)　警視庁　17 G3
Keiyū Hospital　けいゆう病院　82 D1
Keizai Sangyōshō (Ministry of Economy, Trade and Industry)　経済産業省　17 G5
Kenchiku Kaikan (Construction Hall)　建築会館　13 H6
Kenkō Plaza Hygeia (Tokyo Metr. Health Plaza Hygeia)　東京都健康プラザハイジア　27 F1
Kenkō Plaza Toshima (Ikebukuro Sports Center)　健康プラザ豊島 (池袋スポーツセンター)　25 E2
Kensatsuchō (Public Prosecutor's Office)　検察庁　17 H3
Kensei Kinenkan (Parliamentary Musm)　憲政記念館　17 F2
Kiba 1–6 (Kōtō-ku)　木場1～6丁目 (江東区)　59 G6
Kiba Park　木場公園　59 G5
Kiba Station (subway)　木場駅 (地下鉄)　59 G6
Kichijō-ji (temple)　吉祥寺　50 B6
Kichijōji Station　吉祥寺駅　54 B2
Ki-in Kaikan　棋院会館　18 D4
Kikai Shinkō Kaikan　機械振興会館　12 C6
Kikuichō (Shinjuku-ku)　喜久井町 (新宿区)　57 G2
Kikukawa 1–3 (Sumida-ku)　菊川1～3丁目 (墨田区)　59 F4
Kikukawa Station (subway)　菊川駅 (地下鉄)　59 F4
Kindai Bijutsukan (Nat'l Musm of Modern Art)　国立近代美術館　20 B6
Kinokuniya Book Store (main store)　紀伊国屋書店 (本店)　27 F2
Kinokuniya Book Store (Shinjuku south store)　紀伊国屋書店 (新宿南店)　27 F5
Kinshi 1–4 (Sumida-ku)　錦糸1～4丁目 (墨田区)　59 G3
Kinshichō Station　錦糸町駅　37 F5
Kinshi Park　錦糸公園　37 G4
Kinuta 1–8 (Setagaya-ku)　砧1～8丁目 (世田谷区)　63 E4
Kinuta Green Park　砧緑地公園　63 F5
Kinuta-Kōen (Setagaya-ku)　砧公園 (世田谷区)　63 F5
Kin'yūchō (Financial Services Agency)　金融庁　17 F4
Kioichō (Chiyoda-ku)　紀尾井町 (千代田区)　19 H5
Kioichō Building　紀尾井町ビル　19 H4

Kioi Hall 紀尾井ホール 19 H5
Kirigaoka 1–2 (Kita-ku) 桐ヶ丘1〜2丁目 (北区) 41 F5
Kishimachi 1–2 (Kita-ku) 岸町1〜2丁目 (北区) 49 H2
Kishi Memorial Hall 岸記念体育館 30 C1
Kishimojin (temple) 鬼子母神 (寺院) 49 F6
Kishimojinmae Station 鬼子母神前駅 49 F6
Kishimoto Building 岸本ビル 8 C5
Kishōchō (Meteorological Agcy) 気象庁 8 C1
Kita-Akabane Station 北赤羽駅 41 E5
Kita-Aoyama 1–3 (Minato-ku) 北青山1〜3丁目 (港区) 57 G6
Kita-Asaka Station 北朝霞駅 38 C1
Kita-Ikebukuro Station 北池袋駅 49 F4
Kita-Kaheichō (Adachi-ku) 北加平町 (足立区) 43 H5
Kita-Karasuyama 1–9 (Setagaya-ku) 北烏山1〜9丁目 (世田谷区) 54 C5
Kita-Kasai 1–5 (Edogawa-ku) 北葛西1〜5丁目 (江戸川区) 60 C6
Kita-Koiwa 1–8 (Edogawa-ku) 北小岩1〜8丁目 (江戸川区) 53 F4
Kita-Kōjiya 1–2 (Ōta-ku) 北糀谷1〜2丁目 (大田区) 77 H1
Kita-Kokubun Station 北国分駅 53 H1
Kita-ku 北区 41 49 50
Kitamachi (Shinjuku-ku) 北町 (新宿区) 18 A4
Kitamachi 1–8 (Nerima-ku) 北町1〜8丁目 (練馬区) 48 A1
Kita-Magome 1–2 (Ōta-ku) 北馬込1〜2丁目 (大田区) 73 E2
Kita-Matsudo Station 北松戸駅 45 H3
Kitami 1–9 (Setagaya-ku) 喜多見1〜9丁目 (世田谷区) 62 D5
Kita-Minemachi (Ōta-ku) 北嶺町 (大田区) 72 C4
Kitami Station 喜多見駅 62 C4
Kitanaka-dori 1–6 (Yokohama City) 北仲通1〜6丁目 (横浜市) 83 E4
Kitanomaru-Kōen (Chiyoda-ku) 北の丸公園 (千代田区) 58 A4
Kitanomaru National Garden 北の丸公園 20 A6
Kitanomaru Square 北の丸スクエア 20 A4
Kita-Ōtsuka 1–3 (Toshima-ku) 北大塚1〜3丁目 (豊島区) 49 G5
Kita-Saiwai 1–2 (Yokohama City) 北幸1〜2丁目 (横浜市) 81 F4
Kitasandō Station (Subway) 北参道駅 (地下鉄) 28 A1
Kitasato University 北里大学 65 G3
Kita-Senju Station 北千住駅 51 F3
Kita-Senzoku 1–3 (Ōta-ku) 北千束1〜3丁目 (大田区) 72 D1
Kita-Senzoku Station 北千束駅 72 D2
Kita-Shinagawa 1–6 (Shinagawa-ku) 北品川1〜6丁目 (品川区) 65 H6
Kita-Shinagawa Station 北品川駅 65 H6
Kita-Shinjuku 1–4 (Shinjuku-ku) 北新宿1〜4丁目 (新宿区) 56 D2
Kita-Shinozaki 1–2 (Edogawa-ku) 北篠崎1〜2丁目 (江戸川区) 53 G6
Kita-Suna 1–7 (Kōtō-ku) 北砂1〜7丁目 (江東区) 60 A5
Kita-Ueno 1–2 (Taitō-ku) 北上野1〜2丁目 (台東区) 58 D1
Kita Ward Office 北区役所 49 H1
Kita-Yamabushichō (Shinjuku-ku) 北山伏町 (新宿区) 18 A6
Kitazawa 1–5 (Setagaya-ku) 北沢1〜5丁目 (世田谷区) 64 B1
Kitazawa Shoten (bookstore) 北沢書店 20 C4
Kite Museum 凧の博物館 9 G4
Kiyokawa 1–2 (Taitō-ku) 清川1〜2丁目 (台東区) 51 F6
Kiyomizu Kannondō 清水観音堂 22 B4
Kiyosu-bashi (bridge) 清洲橋 59 E5
Kiyosumi 1–3 (Kōtō-ku) 清澄1〜3丁目 (江東区) 59 E5
Kiyosumi Garden 清澄庭園 59 F5
Kiyosumi-Shirakawa Station (subway) 清澄白河駅 (地下鉄) 59 F5
Kobunacho Kinen Kaikan 小舟町記念会館 9 H3
Kodai Oriento Hakubutsukan (Ancient Orient Musm) 古代オリエント博物館 25 G5
Kōdansha 講談社 57 G1

Kōdō 1–2 (Adachi-ku) 弘道1〜2丁目 (足立区) 51 G1
Kōdōkan 講道館 58 B2
Kodomo no Shiro (Nat'l Children's Castle) こどもの城 31 F3
Kōen-dōri Theater 公園通り劇場 30 B2
Kōenji-Kita 1–4 (Suginami-ku) 高円寺北1〜4丁目 (杉並区) 55 H2
Kōenji-Minami 1–5 (Suginami-ku) 高円寺南1〜5丁目 (杉並区) 55 H2
Kōenji Station 高円寺駅 55 H2
Kōgakuin University 工学院大学 26 D3
Koganechō 1–2 (Yokohama City) 黄金町1〜2丁目 (横浜市) 82 B6
Koganechō Station 黄金町駅 82 A6
Kohinata 1–4 (Bunkyō-ku) 小日向1〜4丁目 (文京区) 57 H1
Kōhoku 1–7 (Adachi-ku) 江北1〜7丁目 (足立区) 42 C6
Kōhoku Station 江北駅 42 C6
Kōhoku-bashi (bridge) 江北橋 50 B1
Koishikawa 1–5 (Bunkyō-ku) 小石川1〜5丁目 (文京区) 58 A1
Koishikawa Botanical Gardens 小石川植物園 50 A6
Koishikawa Kōrakuen (garden) 小石川後楽園 58 A2
Koishikawa Post Office 小石川郵便局 58 A1
Koiwa Post Office 小岩郵便局 53 F5
Koiwa Station 小岩駅 53 E5
Kojima 1–2 (Taitō-ku) 小島1〜2丁目 (台東区) 58 D2
Kōjimachi 1–6 (Chiyoda-ku) 麹町1〜6丁目 (千代田区) 19 G3
Kōjimachi Kaikan 麹町会館 19 H3
Kōjimachi Post Office 麹町郵便局 18 D2
Kōjimachi Station (subway) 麹町駅 (地下鉄) 19 G4
Kojima-Shinden Station 小島新田駅 78 A4
Kojiya 1–2 (Adachi-ku) 古千谷1〜2丁目 (足立区) 42 C3
Kojiya-Honchō 1–4 (Adachi-ku) 古千谷本町1〜4丁目 (足立区) 42 D2
Kōjiya Station 糀谷駅 77 H2
Kokkai Gijidō (National Diet Building) 国会議事堂 17 E3
Kokkai-Gijidōmae Station (subway) 国会議事堂前駅 (地下鉄) 17 E4
Kokkai Kisha Kaikan (Diet Press Center) 国会記者会館 17 E4
Kokkaimae Garden (Japanese Style) 国会前庭和式庭園 17 F3
Kokkaimae Garden (Western Style) 国会前庭洋式庭園 17 F2
Kokkai Toshokan (National Diet Library) 国立国会図書館 17 E2
Kokka Kōan Iinkai (Nat'l Public Safety Commission) 国家公安委員会 17 G3
Kōko Building 公庫ビル 8 D1
Kokubungaku Kenkyū Shiryōkan (Nat'l Inst. of Japanese Literature) 国文学研究資料館 73 G1
Kokudo Kōtsūshō (Ministry of Land, Infrastructure and Transport) 国土交通省 17 G3
Kokugakuin University 国学院大学 31 H6
Kokugikan 国技館 59 E3
Kōkū Kaikan (Aviation Building) 航空会館 10 A5
Kokuren Daigaku Honbu (United Nations University／H.O.) 国連大学 (本部) 31 F3
Kokuritsu Byōin Tokyo Iryō Center (Nat'l Hospital Tokyo Medical Center) 国立病院東京医療センター 64 B5
Kokuritsu Gan Center (Nat'l Cancer Center) 国立がんセンター 11 F6
Kokuritsu Gekijō (Nat'l Theater) 国立劇場 19 H1
Kokuritsu Hakubutsukan (Tokyo National Museum) 東京国立博物館 22 C1
Kokuritsu Kagaku Hakubutsukan (Nat'l Science Musm) 国立科学博物館 22 C1
Kokuritsu Kindai Bijutsukan (Nat'l Musm of Modern Art) 国立近代美術館 20 B6
Kokuritsu Kōbunshokan (National Archives) 国立公文書館 20 B6

Kokuritsu Kokkai Toshokan (National Diet Library) 国立国会図書館 17 E2

Kokuritsu Kokusai Iryō Center (Int'l Med. Center of Japan) 国立国際医療センター 57 F2

Kokuritsu Kōshū Eiseiin (Nat'l Inst. of Public Health) 国立公衆衛生院 34 A5

Kokuritsu Kyōgijō (National Stadium) 国立競技場 29 E2

Kokuritsu-Kyōgijō Station (subway) 国立競技場駅 (地下鉄) 28 D1

Kokuritsu Kyōiku Kenkyūsho (Nat'l Inst. for Education Research) 国立教育研究所 65 E5

Kokuritsu Nishigaoka Kyōgijō (Nat'l Nishigaoka Stadium) 国立西が丘競技場 49 F1

Kokuritsu Noh-Gakudō (Nat'l Noh Theater) 国立能楽堂 28 B1

Kokuritsu Seiiku Iryō Center (Nat'l Center for Child Health and Development) 国立成育医療センター 63 E5

Kokuritsu Seiiku Iryō Center Kenkyūjo (Nat'l Center for Child Health and Development, Research Institute) 国立成育医療センター (研究所) 64 B2

Kokuritsu Seiyō Bijutsukan (Nat'l Musm of Western Art) 国立西洋美術館 22 C3

Kokuritsu Shizen Kyōikuen (Nat'l Park for Nature Study) 国立自然教育園 36 D4

Kokuritsu Yoyogi Kyōgijō (Nat'l Yoyogi Stadium) 国立代々木競技場 57 E6

Kokusai Akasaka Building 国際赤坂ビル 16 D5

Kokusai Building 国際ビル 8 B6

Kokusai Bunka Kaikan (Int'l House of Japan) 国際文化会館 15 E5

Kokusai Hamamatsuchō Building 国際浜松町ビル 13 E1

Kokusai Kodomo Toshokan (International Library of Children's Literature) 国際子ども図書館 22 B1

Kokusai Kōryū Kikin (Japan Foundation) 国際交流基金 14 A2

Kokusai Kyōiku Shinkōkai (Int'l Education Center) 国際教育振興会 19 F6

Kokusai Kyōryoku Jigyōdan (JICA) 国際協力事業団 27 E5

Kokusai Sannō Building 国際山王ビル 16 C3

Kokusai Shin-Akasaka Buildings 国際新赤坂ビル 16 B5

Kokusai-tenjijō Seimon Station 国際展示場正門駅 67 E5

Kokusai Yūbinkyoku (Tokyo Int'l Post Office) 東京国際郵便局 9 E2

Kokushikan University 国士館大学 64 A3

Kōkyo (Imperial Palace) 皇居 58 A5

Kōkyo-Gaien (Chiyoda-ku) 皇居外苑 (千代田区) 8 A5

Kōkyo Higashi Gyoen (East Gardens of the Imperial Palace) 皇居東御苑 8 A5

Kōkyomae-Hiroba (Imperial Palace Plaza) 皇居前広場 8 A5

Komaba 1–4 (Meguro-ku) 駒場1〜4丁目 (目黒区) 64 C2

Komaba Park 駒場公園 64 C1

Komaba-Tōdaimae Station 駒場東大前駅 64 C1

Komae City 狛江市 62

Komae City Office 狛江市役所 62 B4

Komae Post Office 狛江郵便局 62 A4

Komae Station 狛江駅 62 B4

Komagata 1–2 (Taitō-ku) 駒形1〜2丁目 (台東区) 59 E2

Komagata-bashi (bridge) 駒形橋 23 G4

Komagome 1–7 (Toshima-ku) 駒込1〜7丁目 (豊島区) 50 A4

Komagome Hospital 駒込病院 50 B5

Komagome Station 駒込駅 50 A4

Koma Theater コマ劇場 27 F1

Komatsu Annex コマツアネックス 10 D4

Komatsu Building 小松ビル 16 D5

Komatsugawa 1–4 (Edogawa-ku) 小松川1〜4丁目 (江戸川区) 60 B3

Komatsugawa-bashi (bridge) 小松川橋 60 C3

Komazawa 1–5 (Setagaya-ku) 駒沢1〜5丁目 (世田谷区) 64 A5

Komazawa-Kōen (Setagaya-ku) 駒沢公園 (世田谷区) 64 A6

Komazawa-Daigaku Station 駒沢大学駅 64 A5

Komazawa Olympic Park 駒沢オリンピック公園 64 A5

Komazawa University 駒沢大学 64 A5

Komazawa Univ. (Tamagawa) 駒沢大学 (玉川) 63 E6

Kōmeitō (New Kōmeitō) 公明党 29 G1

Komone 1–5 (Itabashi-ku) 小茂根1〜5丁目 (板橋区) 48 C3

Kōnan 1–5 (Minato-ku) 港南1〜5丁目 (港区) 66 A5

Konnō Hachimangū (shrine) 金王八幡宮 31 E5

Kōnodai Station 国府台駅 53 G4

Konwa Building コンワビル 11 G5

Kōraku 1–2 (Bunkyō-ku) 後楽1〜2丁目 (文京区) 58 A2

Kōrakuen Hall 後楽園ホール 20 A1

Kōrakuen Station (subway) 後楽園駅 (地下鉄) 58 A2

Kōsei Chūō Hospital 厚生中央病院 36 B3

Kōsei Nenkin Hall 厚生年金会館 57 F4

Kōsei Rōdōshō (Ministry of Health, Labour and Welfare) 厚生労働省 17 H4

Kōshinzuka Station 庚申塚駅 49 H3

Kosuge 1–4 (Katsushika-ku) 小菅1〜4丁目 (葛飾区) 51 H2

Kosuge Station 小菅駅 51 G2

Kotakechō 1–2 (Nerima-ku) 小竹町1〜2丁目 (練馬区) 48 C4

Kotake-Mukaihara Station (subway) 小竹向原駅 (地下鉄) 48 C4

Kōtōbashi 1–5 (Sumida-ku) 江東橋1〜5丁目 (墨田区) 59 G3

Kotobuki 1–4 (Taitō-ku) 寿1〜4丁目 (台東区) 59 E2

Kotobukichō 1–4 (Yokohama City) 寿町1〜4丁目 (横浜市) 83 E6

Kotohira-gū (shrine) 金刀比羅宮 17 F6

Kōtō-ku 江東区 59 60 67 68 74

Kototoi-bashi (bridge) 言問橋 59 F1

Kōtō Ward Office 江東区役所 59 G6

Kōtsū Hakubutsukan (Transportation Musm) 交通博物館 21 G4

Kōtsū Kaikan (Tokyo Kōtsū Kaikan) 東京交通会館 11 E1

Kōwa Building No. 20 興和ビル20 12 B4

Kōwa Building No. 25 興和ビル25 18 D1

Kōwa Building No. 32 興和ビル32 23 E3

Kōwa Building No. 33 興和ビル35 14 B2

Kōwa Building No. 36 興和ビル36 19 E1

Kōwa Building No. 38 (Embassies Bldg) 興和ビル38 (大使館ビル) 32 B3

Kōwa Hitotsubashi Building 興和一ツ橋ビル 20 D6

Kōyama 1–4 (Nerima-ku) 向山1〜4丁目 (練馬区) 47 H4

Koyama 1–7 (Shinagawa-ku) 小山1〜7丁目 (品川区) 65 F6

Koyamadai 1–2 (Shinagawa-ku) 小山台1〜2丁目 (品川区) 65 E6

Kōya Station 高野駅 42 C6

KS Building KSビル 18 D1

Kudan Common Government Bldg 九段合同庁舎 20 B5

Kudan Kaikan (hall) 九段会館 20 A5

Kudan-Kita 1–4 (Chiyoda-ku) 九段北1〜4丁目 (千代田区) 58 A3

Kudan-Minami 1–4 (Chiyoda-ku) 九段南1〜4丁目 (千代田区) 58 A3

Kudan Post Office 九段郵便局 20 A5

Kudanshita Station (subway) 九段下駅 (地下鉄) 20 A5

Kugahara 1–6 (Ōta-ku) 久が原1〜6丁目 (大田区) 72 D5

Kugahara Station 久が原駅 72 C5

Kugayama 1–5 (Suginami-ku) 久我山1〜5丁目 (杉並区) 54 D4

Kugayama Station 久我山駅 54 D4
Kuhombutsu Station 九品仏駅 72 A2
Kuji Station 久地駅 70 C1
Kumanochō (Itabashi-ku) 熊野町 (板橋区) 49 E4
Kumano-jinja 熊野神社 26 A3
Kumanomae Station 熊野前駅 50 C3
Kume Art Museum 久米美術館 36 C6
Kunaichō (Imperial Household Agcy) 宮内庁 58 B5
Kuramae 1–4 (Taitō-ku) 蔵前 1 ～ 4 丁目 (台東区) 59 E2
Kuramae Station (subway) 蔵前駅 (地下鉄) 23 E6
Kurihara 1–4 (Adachi-ku) 栗原 1 ～ 4 丁目 (足立区) 43 E5
Kuroda Seiki Meml Hall 黒田清輝記念室 22 B1
Kyōbashi 1–3 (Chūō-ku) 京橋 1 ～ 3 丁目 (中央区) 58 C5
Kyōbashi Chiyoda Building 京橋千代田ビル 9 E6
Kyōbashi Dai-Ichi Seimei Bldg 京橋第一生命ビル 11 G1
Kyōbashi JCT. 京橋ジャンクション 11 H2
Kyōbashi-dōri Post Office 京橋通郵便局 11 G1
Kyōbashi Post Office 京橋郵便局 11 G6
Kyōbashi Station (subway) 京橋駅 (地下鉄) 9 E6
Kyōcera Building 京セラビル 30 D1
Kyōdō 1–5 (Setagaya-ku) 経堂 1 ～ 5 丁目 (世田谷区) 63 G2
Kyōdō News 共同通信 12 B1
Kyōdō Station 経堂駅 63 G2
Kyodo to Tenmon no Hakubutsukan (Katsushika Musm) 郷土と天文の博物館 52 B2
Kyōjima 1–3 (Sumida-ku) 京島 1 ～ 3 丁目 (墨田区) 59 H1
Kyōrin University 杏林大学 54 A6
Kyōrin Univ. Hospital 杏林大学病院 54 A5
Kyōritsu Pharmaceutical University 共立薬科大学 12 D4
Kyōritsu Women's University 共立女子大学 20 C5
Kyōun Building 杏雲ビル 21 E3
Kyōundō Hospital 杏雲堂病院 21 E3
Kyūden 1–5 (Setagaya-ku) 給田 1 ～ 5 丁目 (世田谷区) 62 C1
Kyū Furukawa Garden 旧古河庭園 50 A4
Kyūseigun (Salvation Army) 救世軍 20 C5
Kyū-Shiba-Rikyū Garden 旧芝離宮恩賜庭園 13 E2
Kyū-Yasuda Garden 旧安田庭園 59 E3

L
Laforet Harajuku ラフォーレ原宿 28 A6
Laforet Museum ラフォーレミュージアム 14 C2
LaLaport Toyosu ららぽーと豊洲 67 E2
Landmark Tower Yokohama 横浜ランドマークタワー 82 C2
La Qua ラクーア 58 A2
Large Open-Air Concert Hall 野外大音楽堂 10 A3
Le Cinema ル・シネマ (映画) 30 A3
Le FROMT ルフロン 81 E2
Legal Training Research Institute 司法研修所 38 D6
Le Theatre Ginza ル・テアトル銀座 11 G2
Liberal Democratic Party (H.O.) 自由民主党本部 16 D2
Libro (Book Center Libro) ブックセンターリブロ 24 D5
Livin Kinshichō リヴィン錦糸町 37 G5
LIVIN OZ Ōizumi リヴィンオズ大泉 46 C3
Local Autonomy College 自治大学校 33 F1
Lotte (H.O.) ロッテ (本社) 26 A6
Lotte Plaza ロッテプラザ 37 G4
Lumine (Shinjuku) ルミネ (新宿店) 27 E4
Lumine (Yokohama) ルミネ (横浜店) 81 G5
Lycée Franco-Japonais フランス人学校 58 A3

M
Mabashi Station 馬橋駅 45 H1
Machiya 1–8 (Arakawa-ku) 町屋 1 ～ 8 丁目 (荒川区) 50 D3
Machiya-Ekimae Station 町屋駅前駅 50 (D4)
Machiya Nichōme Station 町屋二丁目駅 50 D4
Machiya Station 町屋駅 50 D4
Maenochō 1–6 (Itabashi-ku) 前野町 1 ～ 6 丁目 (板橋区) 48 D1
Maesatochō 1–4 (Yokohama City) 前里町 1 ～ 4 丁目 (横浜市) 82 A6
Magazine House マガジンハウス 11 G4
Magome Station (subway) 馬込駅 (地下鉄) 73 F3
Maihama Station 舞浜駅 69 E4
Mainichi Newspapers 毎日新聞 20 C6
Maison Franco-Japonaise 日仏会館 36 C2
Makino Memorial Garden 牧野記念庭園 46 B3
Marine Tower マリンタワー 83 G5
Maruha Building マルハビル 8 C2
Marui (Kawasaki) マルイ (川崎店) 81 E2
Marui (Kinshichō) マルイ (錦糸町店) 37 F5
Marui CITY (Ikebukuro) マルイシティ (池袋店) 24 B3
Marui CITY (Shibuya) マルイシティ (渋谷店) 30 C3
Marui CITY (Shinjuku) マルイシティ (新宿店) 27 G3
Marui CITY (Ueno) マルイシティ (上野店) 22 C5
Marui (Yokohama Higashiguchi) 丸井 (横浜東口店) 81 H5
Maruko-bashi (bridge) 丸子橋 72 B4
Marunouchi 1–3 (Chiyoda-ku) 丸の内 1 ～ 3 丁目 (千代田区) 58 C5
Marunouchi Building 丸の内ビル 8 C4
Marunouchi Center Building 丸の内センタービル 8 D3
Marunouchi Mitsui Building 丸の内三井ビル 8 C5
Marunouchi My Plaza 丸の内マイプラザ 8 C5
Marunouchi OAZO 丸の内オアゾ 8 D3
Marunouchi Trust Tower 丸の内トラストタワー 9 E4
Marunouchi Yaesu Building 丸の内八重洲ビル 8 C5
Maruyama 1–2 (Nakano-ku) 丸山 1 ～ 2 丁目 (中野区) 48 A6
Maruyamachō (Shibuya-ku) 円山町 (渋谷区) 64 D2
Maruzen (Marunouchi) 丸善 (丸の内) 8 D3
Maruzen (Nihombashi) 丸善 (日本橋) 9 F4
Masakado Kubizuka 将門首塚 8 C2
Masonic 38 MT Building メソニック 38MTビル 14 D1
Masonic 39 MT Building メソニック 39MTビル 14 D1
Matsubara 1–6 (Setagaya-ku) 松原 1 ～ 6 丁目 (世田谷区) 63 H1
Matsubara Station 松原駅 63 H1
Matsudo City (Chiba-ken) 松戸市 (千葉県) 45 53
Matsudo City Office 松戸市役所 45 G4
Matsudo Station 松戸駅 45 G5
Matsue 1–7 (Edogawa-ku) 松江 1 ～ 7 丁目 (江戸川区) 60 D4
Matsugaoka 1–2 (Nakano-ku) 松が丘 1 ～ 2 丁目 (中野区) 48 B6
Matsugaya 1–4 (Taitō-ku) 松が谷 1 ～ 4 丁目 (台東区) 59 E1
Matsujitsu Seito Kyōkai (Church of Jesus Christ) 末日聖徒イエス・キリスト教会 33 F2
Matsukagechō 1–4 (Yokohama City) 松影町 1 ～ 4 丁目 (横浜市) 83 E6
Matsumoto 1–2 (Edogawa-ku) 松本 1 ～ 2 丁目 (江戸川区) 61 E1
Matsunoki 1–3 (Suginami-ku) 松ノ木 1 ～ 3 丁目 (杉並区) 55 H3
Matsuoka Art Museum 松岡美術館 34 A6
Matsushima 1–4 (Edogawa-ku) 松島 1 ～ 4 丁目 (江戸川区) 60 C2
Matsuya Dept Store (Asakusa) 松屋 (浅草店) 23 H3
Matsuya Dept Store (Ginza) 松屋 (銀座店) 11 F3
Matsuzakaya Dept Store (Ginza) 松坂屋 (銀座店) 11 E4

Matsuzakaya Dept Store (Ueno)　松坂屋（上野店）　22　B6
Matsuzawa Hospital　都立松沢病院　63　F1
Media Tower　メディアタワー　12　B1
Meguro 1–4 (Meguro-ku)　目黒 1 ～ 4 丁目（目黒区）　65　E4
Meguro Cinema　目黒シネマ　36　C6
Meguro Fudōson (temple)　目黒不動尊（寺院）　65　F5
Meguro-Honchō 1–6 (Meguro-ku)　目黒本町 1 ～ 6 丁目（目黒区）　64　D6
Meguro-ku　目黒区　64　72
Meguro Museum of Art　目黒区美術館　36　A6
Meguro Parasitological Museum　目黒寄生虫館　65　E5
Meguro Post Office　目黒郵便局　64　D5
Meguro Public Hall　目黒区公会堂　64　D5
Meguro Station　目黒駅　36　C6
Meguro Ward Office　目黒区役所　64　D5
Meidaimae Station　明大前駅　56　A6
Meidi-ya (food shop)　明治屋　9　E6
Meiji Gakuin University　明治学院大学　34　A3
Meiji-jingū (shrine)　明治神宮　28　A3
Meiji-jingū Bunka-kan　明治神宮文化館　28　A4
Meiji-jingūmae Station (subway)　明治神宮前駅（地下鉄）　28　A6
Meiji-jingū Outer Gardens　神宮外苑　29　F2
Meiji-jingū Treasure House　明治神宮宝物殿　57　E5
Meiji Kinenkan (Meml Hall)　明治記念館　29　G2
Meiji Meml Picture Gallery　聖徳記念絵画館　29　E1
Meiji Park　明治公園　28　D2
Meiji Seimei Building　明治生命ビル　8　C5
Meiji University　明治大学　20　D4
Meiji Univ. (Comm.)　明治大学（商学部）　20　D3
Meiji Univ. (Izumi)　明治大学（和泉）　55　H6
Meiji Univ. Archaeological Museum　明治大学考古学博物館　20　D3
Meiji Yasuda Seimei Bldg　明治安田生命ビル　27　E3
Meiji-za (theater)　明治座　59　E4
Mejiro 1–5 (Toshima-ku)　目白 1 ～ 5 丁目（豊島区）　49　E6
Mejiro-dai 1–3 (Bunkyō-ku)　目白台 1 ～ 3 丁目（文京区）　57　G1
Mejiro Station　目白駅　49　E6
Meml Museum of the Printing Bureau　国立印刷局記念館　18　C6
Memorial Ship Mikasa　記念艦三笠　84　A1
Meteorological Agency　気象庁　8　C1
Metro Plaza　メトロプラザ　30　D3
Metropolitan Archives (Tokyo Metr. Archives)　東京都公文書館　13　E1
Metropolitan Assembly Hall　東京都議会議事堂　26　C4
Metropolitan Bokutō Hospital　都立墨東病院　37　H6
Metropolitan Children's House　東京都児童会館　30　D3
Metropolitan Ebara Hospital (Ebara Hospital)　都立荏原病院　72　D3
Metropolitan Geriatric Hospital　老人医療センター　49　E3
Metropolitan Guesthouse　東京都迎賓館　36　D5
Metropolitan Hibiya Library　都立日比谷図書館　10　A3
Metropolitan Hiro-o Hospital　都立広尾病院　33　H4
Metropolitan Komagome Hospital (Komagome Hospital)　都立駒込病院　50　B5
Metropolitan Matsuzawa Hospital　都立松沢病院　63　F1
Metropolitan Ōkubo Hospital (Ōkubo Hospital)　都立大久保病院　27　F1
Metropolitan Ōtsuka Hospital　都立大塚病院　49　H6
Metropolitan Plaza　メトロポリタンプラザ　24　C4
Metropolitan Teien Art Museum　東京都庭園美術館　36　D5
Metropolitan Umegaoka Hospital (Umegaoka Hospital)　都立梅ヶ丘病院　63　H2

MI Building　MI ビル　37　G1
Midori 1–4 (Sumida-ku)　緑 1 ～ 4 丁目（墨田区）　59　F3
Midorichō (Yokohama City)　緑町（横浜市）　82　B1
Midorigaoka 1–3 (Meguro-ku)　緑が丘 1 ～ 3 丁目（目黒区）　72　C1
Midorigaoka Cemetery　緑ヶ丘霊園　70　C2
Midorigaoka Station　緑が丘駅　72　C2
Mielparque Hall　メルパルクホール　13　E4
Mielparque Tokyo　メルパルク東京　13　E4
Mielparque Yokohama　メルパルク横浜　83　H5
Miharadai 1–3 (Nerima-ku)　三原台 1 ～ 3 丁目（練馬区）　46　D2
Miharudai (Yokohama City)　三春台（横浜市）　82　A6
Mikawashima Station　三河島駅　50　D5
Mikimoto Pearl　ミキモト　11　E3
Milano-za (cinema)　ミラノ座（映画）　27　E1
Minami 1–3 (Meguro-ku)　南 1 ～ 3 丁目（目黒区）　72　D1
Minami-Aoyama 1–7 (Minato-ku)　南青山 1 ～ 7 丁目（港区）　65　F1
Minami-Asagaya Station (subway)　南阿佐ヶ谷駅（地下鉄）　55　G3
Minami-Azabu 1–5 (Minato-ku)　南麻布 1 ～ 5 丁目（港区）　65　H3
Minamichō (Itabashi-ku)　南町（板橋区）　49　E4
Minamichō (Kawasaki City)　南町（川崎市）　81　F3
Minamichō (Shinjuku-ku)　南町（新宿区）　18　A4
Minamidai 1–5 (Nakano-ku)　南台 1 ～ 5 丁目（中野区）　56　B5
Minami-Enokichō (Shinjuku-ku)　南榎町（新宿区）　57　H2
Minami-Gyōtoku Station (subway)　南行徳駅（地下鉄）　61　G6
Minami-Hanahata 1–5 (Adachi-ku)　南花畑 1 ～ 5 丁目（足立区）　43　H4
Minami-Hatogaya Station　南鳩ヶ谷駅　41　H1
Minami-Ikebukuro 1–4 (Toshima-ku)　南池袋 1 ～ 4 丁目（豊島区）　49　G6
Minami-Kamata 1–3 (Ōta-ku)　南蒲田 1 ～ 3 丁目（大田区）　77　G2
Minami-Karasuyama 1–6 (Setagaya-ku)　南烏山 1～6 丁目（世田谷区）　62　C1
Minami-Kasai 1–7 (Edogawa-ku)　南葛西 1 ～ 7 丁目（江戸川区）　68　D2
Minami-Koiwa 1–8 (Edogawa-ku)　南小岩 1 ～ 8 丁目（江戸川区）　53　E6
Minami-Kugahara 1–2 (Ōta-ku)　南久が原 1 ～ 2 丁目（大田区）　72　D5
Minami-Magome 1–6 (Ōta-ku)　南馬込 1 ～ 6 丁目（大田区）　73　F4
Minami-Mizumoto 1–4 (Katsushika-ku)　南水元 1 ～ 4 丁目（葛飾区）　44　C6
Minami-Motomachi (Shinjuku-ku)　南元町（新宿区）　29　H1
Minami-Nagasaki 1–6 (Toshima-ku)　南長崎 1 ～ 6 丁目（豊島区）　48　D6
Minaminaka-dōri 1–5 (Yokohama City)　南仲通 1 ～ 5 丁目（横浜市）　83　E4
Minami-Ogikubo 1–4 (Suginami-ku)　南荻窪 1 ～ 4 丁目（杉並区）　55　E3
Minami-Ōi 1–6 (Shinagawa-ku)　南大井 1 ～ 6 丁目（品川区）　73　H3
Minami-Ōizumi 1–6 (Nerima-ku)　南大泉 1 ～ 6 丁目（練馬区）　46　A3
Minami-Ōtsuka 1–3 (Toshima-ku)　南大塚 1 ～ 3 丁目（豊島区）　49　H5
Minami-Rokugō 1–3 (Ōta-ku)　南六郷 1 ～ 3 丁目（大田区）　77　G3
Minami-Saiwai 1–2 (Yokohama City)　南幸 1 ～ 2 丁目（横浜市）　81　F6
Minami-Senju 1–8 (Arakawa-ku)　南千住 1 ～ 8 丁目（荒川区）　51　F4
Minami-Senju Station　南千住駅　51　F5
Minami-Senzoku 1–3 (Ōta-ku)　南千束 1 ～ 3 丁目（大田区）　72　D2
Minami-Shinagawa 1–6 (Shinagawa-ku)　南品川 1 ～ 6 丁目（品川区）　73　H1
Minami-Shinjuku Station　南新宿駅　27　E6
Minami-Shinozakichō 1–5 (Edogawa-ku)　南篠崎町 1 ～ 5 丁目（江戸川区）　61　G3
Minami-Suna 1–7 (Kōtō-ku)　南砂 1 ～ 7 丁目（江東区）　59　H6
Minami-Sunamachi Station (subway)　南砂町駅（地下鉄）　59　H6

Minami-Tanaka 1–5 (Nerima-ku) 南田中 1 ～ 5 丁目 (練馬区) 47 E4

Minami-Tokiwadai 1–2 (Itabashi-ku) 南常盤台 1 ～ 2 丁目 (板橋区) 48 D2

Minami-Yamabushichō (Shinjuku-ku) 南山伏町 (新宿区) 18 A6

Minami-Yukigaya 1–5 (Ōta-ku) 南雪谷 1 ～ 5 丁目 (大田区) 72 C4

Minatochō Station 港町駅 77 F4

Minatogaoka Futō Park みなとが丘ふ頭公園 74 C3

Minato-ku 港区 57 58 65 66

Minato Mirai 1–5 (Yokohama City) みなとみらい 1 ～ 5 丁目 (横浜市) 82 C1

Minato Mirai 21 (Central Area) みなとみらい 21 (中央地区) 82 D1

Minato Mirai 21 (Shinkō Area) みなとみらい 21 (新港地区) 83 E2

Minato Mirai 21 Yokohama-kan みなとみらい 21 横浜館 82 D1

Minato Mirai Hall みなとみらいホール 82 D1

Minatono-mieruoka Park 港の見える丘公園 83 H6

Minato Ward Office 港区役所 12 D4

Ministry of Agriculture, Forestry and Fisheries 農林水産省 17 G4

Ministry of Economy, Trade and Industry 経済産業省 17 G5

Ministry of Education, Culture, Sports, Science and Technology 文部科学省 17 F5

Ministry of the Environment 環境省 17 H4

Ministry of Finance 財務省 17 F4

Ministry of Foreign Affairs 外務省 17 F4

Ministry of Foreign Affairs Iikura Kōkan 外務省飯倉公館 14 D3

Ministry of Health, Labour and Welfare 厚生労働省 17 H4

Ministry of Justice 法務省 17 H3

Ministry of Land, Infrastructure and Transport 国土交通省 17 G3

Ministry of Public Management, Home Affairs, Posts and Telecommunications 総務省 17 G3

Ministry of Public Management, Home Affairs, Posts and Telecommunications Iikura Annex 総務省飯倉分館 14 D2

Minowa 1–2 (Taitō-ku) 三ノ輪 1 ～ 2 丁目 (台東区) 51 E6

Minowabashi Station 三ノ輪橋駅 51 E5

Minowa Station (subway) 三ノ輪駅 (地下鉄) 51 E5

Minshutō (Democratic Party of Japan) 民主党 16 D2

Mint Bureau Tokyo Branch 造幣局東京支局 25 H5

Minumadai-Shinsuikōen Station 見沼代親水公園駅 42 C1

Misakichō 1–3 (Chiyoda-ku) 三崎町 1 ～ 3 丁目 (千代田区) 58 B3

Mishuku 1–2 (Setagaya-ku) 三宿 1 ～ 2 丁目 (世田谷区) 64 C3

Misono 1–2 (Itabashi-ku) 三園 1 ～ 2 丁目 (板橋区) 39 H4

Misuji 1–2 (Taitō-ku) 三筋 1 ～ 2 丁目 (台東区) 59 F4

Mita 1–2 (Meguro-ku) 三田 1 ～ 2 丁目 (目黒区) 65 F4

Mita 1–5 (Minato-ku) 三田 1 ～ 5 丁目 (港区) 66 A2

Mita-dai Post Office 三田台郵便局 65 H2

Mitaka City 三鷹市 54 62

Mitakadai Station 三鷹台駅 54 C4

Mitaka-no-mori Ghibli Museum 三鷹の森ジブリ美術館 54 A3

Mitaka Station 三鷹駅 54 A2

Mita Kokusai Building 三田国際ビル 15 G1

Mita Station (subway) 三田駅 (地下鉄) 13 H5

Mitsubishi Building 三菱ビル 8 C5

Mitsubishi Electric Building 三菱電機ビル 8 C5

Mitsubishi Jūkō Building 三菱重工ビル 8 C5

Mitsubishi Jūkō Yokohama Bldg 三菱重工横浜ビル 82 C2

Mitsubishi Motors 三菱自動車 13 H5

Mitsubishi Shōji Building 三菱商事ビル 8 C6

Mitsubishi Shōji Building (Annex) 三菱商事ビル (別館) 8 C4

Mitsubishi Sōken Building 三菱総研ビル 8 D1

Mitsubishi Trust (H.O.) 三菱信託 (本社) 8 D3

Mitsui Main Building 三井本館 9 F2

Mitsui Building Annex 三井別館 9 F2

Mitsui Bussan Building 三井物産ビル 8 C1

Mitsui Club 三井倶楽部 15 G3

Mitsuike Park 三ツ池公園 76 A6

Mitsui Sumitomo Insurance (H.O.) 三井住友海上 (本社) 21 E4

Mitsui Mutual Life Insurance (H.O.) 三井生命 (本社) 8 C1

Mitsui Sumitomo Bank (Sumitomo Mitsui Bank ／ H.O.) 三井住友銀行 (本店) 10 C2

Mitsukoshi Dept Store (Ebisu) 三越 (恵比寿) 36 B2

Mitsukoshi Dept Store (Ginza) 三越 (銀座店) 11 E3

Mitsukoshi Dept Store (Ikebukuro) 三越 (池袋店) 25 E3

Mitsukoshi Dept Store (main store) 三越 (本店) 9 F2

Mitsukoshi Dept Store (Shinjuku) 三越 (新宿店) 27 F3

Mitsukoshimae Station (subway) 三越前駅 (地下鉄) 9 F3

Miyagawachō 1–3 (Yokohama City) 宮川町 1 ～ 3 丁目 (横浜市) 82 C4

Miyagi 1–2 (Adachi-ku) 宮城 1 ～ 2 丁目 (足立区) 50 B2

Miyagi Michio Memorial Hall 宮城道雄記念館 18 A4

Miyakezaka 三宅坂 17 E1

Miyakezaka Junction 三宅坂ジャンクション 17 E1

Miyamae 1–5 (Suginami-ku) 宮前 1 ～ 5 丁目 (杉並区) 55 E4

Miyamaechō (Kawasaki City) 宮前町 (川崎市) 81 H3

Miyamaedaira Station 宮前平駅 70 B4

Miyamae-ku (Kawasaki City) 宮前区 (川崎市) 70 B5

Miyamae Ward Office (Kawasaki City) 宮前区役所 (川崎市) 70 B4

Miyamotochō (Itabashi-ku) 宮本町 (板橋区) 49 E1

Miyamotochō (Kawasaki City) 宮本町 (川崎市) 81 H1

Miyanomae Station 宮ノ前駅 50 C3

Miyanosaka Station 宮の坂駅 63 H3

Miyasaka 1–3 (Setagaya-ku) 宮坂 1 ～ 3 丁目 (世田谷区) 63 H2

Miyazakichō (Yokohama City) 宮崎町 (横浜市) 82 B3

Miyazakidai Station 宮崎台駅 70 C4

Miyoshi 1–4 (Kōtō-ku) 三好 1 ～ 4 丁目 (江東区) 59 F5

Mizonokuchi Station 溝の口駅 71 E2

Mizue 1–2 (Edogawa-ku) 瑞江 1 ～ 2 丁目 (江戸川区) 61 F3

Mizue Station (subway) 瑞江駅 (地下鉄) 61 G3

Mizuho Asset Trust Bank (H.O.) みずほアセット信託 (本店) 9 F3

Mizuho Bank (H.O.) みずほ銀行 (本店) 10 B4

Mizuho Corporate Bank (H.O.) みずほコーポレート銀行 (本店) 8 C3

Mizumoto 1–5 (Katsushika-ku) 水元 1 ～ 5 丁目 (葛飾区) 44 C5

Mizumoto-Kōen (Katsushika-ku) 水元公園 (葛飾区) 44 D4

Mizumoto Park 水元公園 44 D4

Mizuno (H.O.) ミズノ (本社) 21 E4

Mokuba-kan 木馬館 23 G2

Mombu Kagakushō (Ministry of Education, Culture, Science and Technology) 文部科学省 (17 F5)

Momijigaoka (Yokohama City) 紅葉ヶ丘 (横浜市) 82 B3

Momoi 1–4 (Suginami-ku) 桃井 1 ～ 4 丁目 (杉並区) 55 E1

Monzen-Nakachō 1–2 (Kōtō-ku) 門前仲町 1 ～ 2 丁目 (江東区) 59 E6

Monzen-Nakachō Station (subway) 門前仲町駅 (地下鉄) 59 E6

Mōri 1–2 (Kōtō-ku) 毛利 1 ～ 2 丁目 (江東区) 59 G4

Mori Building No. 10 森ビル 10 17 G6

Mori Building No. 17 森ビル 17 12 A5

Mori Building No. 21 森ビル 21 14 B3

Mori Building No. 25 森ビル 25 14 B3

Mori Building No. 28 森ビル 28 32 B4

Mori Building No. 31　森ビル31　19　H5
Mori Building No. 32　森ビル32　12　D6
Mori Building No. 33　森ビル33　12　A6
Mori Building No. 36　森ビル36　12　A6
Mori Building No. 37　森ビル37　12　A6
Morigasaki Park　森ケ崎公園　78　A1
Morinaga Plaza　森永プラザ　13　H6
Morishita 1–5 (Kōtō-ku)　森下 1 ～ 5 丁目 (江東区)　59　F4
Morishita Station (subway)　森下駅 (地下鉄)　59　F4
Mormon Church (Church of Jesus Christ)　末日聖徒イエス・キリ
　スト教会　33　F2
Moto-Akasaka 1–2 (Minato-ku)　元赤坂 1 ～ 2 丁目 (港区)　57　G6
Moto-Asakusa 1–4 (Taitō-ku)　元浅草 1 ～ 4 丁目 (台東区)　59　E2
Moto-Azabu 1–3 (Minato-ku)　元麻布 1 ～ 3 丁目 (港区)　65　H2
Motohamachō 1–4 (Yokohama City)　元浜町 1 ～ 4 丁目 (横浜市)
　83　E4
Moto-Hasunuma Station (subway)　本蓮沼駅 (地下鉄)　49　E1
Motoki 1–2 (Adachi-ku)　本木 1 ～ 2 丁目 (足立区)　50　D1
Motoki-Higashimachi (Adachi-ku)　本木東町 (足立区)　50　D1
Motoki-Kitamachi (Adachi-ku)　本木北町 (足立区)　50　D1
Motoki-Minamimachi (Adachi-ku)　本木南町 (足立区)　50　D1
Motoki-Nishimachi (Adachi-ku)　本木西町 (足立区)　50　D1
Motomachi 1–5 (Yokohama City)　元町 1 ～ 5 丁目 (横浜市)　83　G6
Motorcycle Town　バイクタウン　22　D3
Moto-Sumiyoshi Station　元住吉駅　72　A6
Moto-Yoyogichō (Shibuya-ku)　元代々木町 (渋谷区)　56　C6
Mukai-Gawara Station　向河原駅　72　B6
Mukaihara 1–3 (Itabashi-ku)　向原 1 ～ 3 丁目 (板橋区)　48　C4
Mukōgaoka 1–2 (Bunkyō-ku)　向丘 1 ～ 2 丁目 (文京区)　50　B6
Mukōhara Station　向原駅　49　G5
Mukōjima 1–5 (Sumida-ku)　向島 1 ～ 5 丁目 (墨田区)　59　G1
Mukōjima Hyakkaen　向島百花園　51　G6
Mukōjima Post Office　向島郵便局　51　H6
Musashi Institute of Technology　武蔵工業大学　71　H3
Musashi-Kosugi Station　武蔵小杉駅　72　A5
Musashi-Koyama Station　武蔵小山駅　65　E6
Musashi-Mizonokuchi Station　武蔵溝ノ口駅　71　E3
Musashi-Nakahara Station　武蔵中原駅　71　H5
Musashi-Nitta Station　武蔵新田駅　72　D6
Musashino Academia Musicae　武蔵野音楽大学　48　B4
Musashino City　武蔵野市　46　54
Musashino City Office　武蔵野市役所　54　A1
Musashino-kan (cinema)　武蔵野館 (映画)　27　F3
Musashino Post Office　武蔵野郵便局　54　A1
Musashiseki Park　武蔵関公園　46　A6
Musashiseki Station　武蔵関駅　46　B6
Musashi-Shinjō Station　武蔵新城駅　71　G4
Musashi University　武蔵大学　48　B4
Museum of Contemporary Art Tokyo　東京都現代美術館　59　G5
Museum of Maritime Science　船の科学館　66　C6
Museum of Modern Japanese Literature　日本近代文学館　64　C1
Mutsugi 1–4 (Adachi-ku)　六木 1 ～ 4 丁目 (足立区)　44　A3
My City　マイシティ　27　F3
Myōgadani Station (subway)　茗荷谷駅 (地下鉄)　57　H1
Myōhō-ji (temple)　妙法寺　56　A3
MYLORD　ミロード　27　E4

N

Nagahara Station　長原駅　73　E2

Nagasaki 1–6 (Toshima-ku)　長崎 1 ～ 6 丁目 (豊島区)　48　D5
Nagatachō 1–2 (Chiyoda-ku)　永田町 1 ～ 2 丁目 (千代田区)　58　A6
Nagatachō Station (subway)　永田町駅 (地下鉄)　16　C2
Nagisa Park　なぎさ公園　69　E3
Naikaku Bunko (Cabinet Library)　内閣文庫　8　B2
Naikakufu (Cabinet Office)　内閣府　17　E4
Naitōmachi (Shinjuku-ku)　内藤町 (新宿区)　57　F4
Nakachō (Itabashi-ku)　仲町 (板橋区)　49　E3
Nakachō (Shinjuku-ku)　仲町 (新宿区)　18　A4
Nakachō 1–2 (Meguro-ku)　中町 1 ～ 2 丁目 (目黒区)　64　D5
Nakadai 1–3 (Itabashi-ku)　中台 1 ～ 3 丁目 (板橋区)　48　C1
Nakagawa 1–5 (Adachi-ku)　中川 1 ～ 5 丁目 (足立区)　44　B6
Nakagawa-ōhashi (bridge)　中川大橋　52　D2
Nakahara-ku (Kawasaki City)　中原区 (川崎市)　71　72
Nakahara Ward Office (Kawasaki City)　中原区役所 (川崎市)　72　A5
Nakai 1–2 (Shinjuku-ku)　中井 1 ～ 2 丁目 (新宿区)　56　C1
Naka-Ikegami 1–2 (Ōta-ku)　仲池上 1 ～ 2 丁目 (大田区)　73　E4
Nakai Station　中井駅　56　D1
Naka-Itabashi (Itabashi-ku)　中板橋 (板橋区)　49　E2
Naka-Itabashi Station　中板橋駅　48　D2
Naka-Jūjō 1–4 (Kita-ku)　中十条 1 ～ 4 丁目 (北区)　49　G1
Nakajuku (Itabashi-ku)　仲宿 (板橋区)　49　F2
Naka-Kasai 1–8 (Edogawa-ku)　中葛西 1 ～ 8 丁目 (江戸川区)　68　D1
Naka-ku (Yokohama City)　中区 (横浜市)　83
Nakamachi 1–5 (Setagaya-ku)　中町 1 ～ 5 丁目 (世田谷区)　71　H1
Naka-Magome 1–3 (Ōta-ku)　中馬込 1 ～ 3 丁目 (大田区)　73　F3
Nakamaruchō (Itabashi-ku)　中丸町 (板橋区)　49　E4
Naka-Meguro 1–5 (Meguro-ku)　中目黒 1 ～ 5 丁目 (目黒区)　65　E4
Naka-Meguro Station　中目黒駅　65　E3
Nakamura 1–3 (Nerima-ku)　中村 1 ～ 3 丁目 (練馬区)　47　H5
Nakamurabashi Station　中村橋駅　47　G4
Nakamura-Kita 1–4 (Nerima-ku)　中村北 1 ～ 4 丁目 (練馬区)　47　H5
Nakamura-Minami 1–3 (Nerima-ku)　中村南 1 ～ 3 丁目 (練馬区)
　47　H6
Nakane 1–2 (Meguro-ku)　中根 1 ～ 2 丁目 (目黒区)　72　B1
Nakano 1–6 (Nakano-ku)　中野 1 ～ 6 丁目 (中野区)　56　B2
Nakanobu 1–6 (Shinagawa-ku)　中延 1 ～ 6 丁目 (品川区)　73　F2
Nakanobu Station　中延駅　73　F2
Nakano-Fujimichō Station (subway)　中野富士見町駅 (地下鉄)
　56　B4
Nakano Kita Post Office　中野北郵便局　48　A6
Nakano-ku　中野区　47　48　55　56
Nakano Post Office　中野郵便局　56　B2
Nakano-Sakaue Station (subway)　中野坂上駅 (地下鉄)　56　C3
Nakano-Shimbashi Station (subway)　中野新橋駅 (地下鉄)　56　B4
Nakano Station　中野駅　56　B2
Nakano Sun Plaza　中野サンプラザ　56　B2
Nakano Ward Office　中野区役所　56　A2
Nakano ZERO　なかのZERO　56　B2
Naka-Ochiai 1–4 (Shinjuku-ku)　中落合 1 ～ 4 丁目 (新宿区)　48　D6
Naka-Okachimachi Station (subway)　仲御徒町駅 (地下鉄)　58　D2
Naka Post Office　中郵便局　82　C6
Naka-Rokugō 1–4 (Ōta-ku)　仲六郷 1 ～ 4 丁目 (大田区)　77　F2
Naka Ward Office (Yokohama City)　中区役所 (横浜市)　83　F5
Nakazato 1–3 (Kita-ku)　中里 1 ～ 3 丁目 (北区)　50　A3
Nakazatochō (Shinjuku-ku)　中里町 (新宿区)　57　H2
Nambuzaka Church　南部坂教会　33　F2
Nandomachi (Shinjuku-ku)　納戸町 (新宿区)　18　B5
Nanja Town　ナンジャタウン　25　G4

Nanpeidaichō (Shibuya-ku)　南平台町 (渋谷区)　65　E2
Narihira 1–5 (Sumida-ku)　業平 1 ～ 5 丁目 (墨田区)　59　G2
Narihirabashi Station　業平橋駅　59　G1
Narimasu 1–5 (Itabashi-ku)　成増 1 ～ 5 丁目 (板橋区)　39　G5
Narimasu Station　成増駅　39　G6
Narita-Higashi 1–5 (Suginami-ku)　成田東 1 ～ 5 丁目 (杉並区)　55　G4
Narita Kūkō (New Tokyo Int'l Airport)　新東京国際空港 (成田)
　Inside back cover
Narita-Nishi 1–4 (Suginami-ku)　成田西 1 ～ 4 丁目 (杉並区)　55　F4
National Archives　国立公文書館　20　B6
National Azabu Supermarket　ナショナル麻布マーケット　33　F3
National Building No. 1　ナショナルビル 1 号館　12　C4
National Cancer Center　国立がんセンター　11　F6
National Center for Child Health and Development　国立成育医療
　センター　63　E5
National Center for Child Health and Development (Research
　Institute)　国立成育医療センター (研究所)　64　B2
National Center of Sciences　学術総合センター　20　C6
National Children's Castle　こどもの城　31　F3
National Diet Building (Kokkai Gijidō)　国会議事堂　17　E3
National Diet Library　国立国会図書館　17　E2
National Hospital Tokyo Medical Center　国立病院東京医療センター
　64　B5
National Institute for Educational Research　国立教育研究所　65　E5
National Institute of Japanese Literature　国文学研究資料館　73　G1
National Institute of Public Health　国立公衆衛生院　34　A5
National Museum of Modern Art　国立近代美術館　20　B6
National Museum of Western Art　国立西洋美術館　22　C3
National Nishigaoka Stadium　国立西が丘競技場　49　F1
National Noh Theater　国立能楽堂　28　B1
National Park for Nature Study　国立自然教育園　36　D4
National Police Agency　警察庁　17　G3
National Public Safety Commission　国家公安委員会　17　G3
National Science Museum　国立科学博物館　22　C2
National Shōwa Mem. Mus.　昭和館　20　A5
National Stadium　国立競技場　29　E2
National Theater　国立劇場　19　H1
National Yoyogi Stadium　国立代々木競技場　57　E6
Natural Cultural Garden　自然文化園　54　A3
NEC (H.O.)　日本電気 (本社)　13　G6
Negishi 1–5 (Taitō-ku)　根岸 1 ～ 5 丁目 (台東区)　50　D6
Negishi Forest Park　根岸森林公園　80　A6
Nerima 1–4 (Nerima-ku)　練馬 1 ～ 4 丁目 (練馬区)　47　H4
Nerima Art Museum　練馬区立美術館　47　G4
Nerima Bunka Center　練馬文化センター　48　A4
Nerima-Kasugachō Station (subway)　練馬春日町駅 (地下鉄)　47　H3
Nerima-ku　練馬区　47　48
Nerima Post Office　練馬郵便局　48　A5
Nerima Station　練馬駅　48　A4
Nerima-Takanodai Station　練馬高野台駅　47　E4
Nerima Ward Office　練馬区役所　47　H5
New Kokusai Building　新国際ビル　8　C6
New Marunouchi Building (Shin-Marunouchi Bldg)　新丸の内ビル
　8　C4
New Melsa　ニューメルサ　11　E4
New National Theater　新国立劇場　26　A6
New Ōtemachi Building　新大手町ビル　8　D3
New Pier Takeshiba　ニューピア竹芝　13　F1
New Shimbashi Building　ニュー新橋ビル　10　B6

New Tokyo Building　新東京ビル　8　C6
New Tokyo International Airport (Narita)　新東京国際空港 (成田)
　Inside back cover
New Tokyo Post Office　新東京郵便局　67　H1
New Yūrakuchō Building　新有楽町ビル　10　D1
Nezu 1–2 (Bunkyō-ku)　根津 1 ～ 2 丁目 (文京区)　58　C1
Nezu Institute of Fine Arts　根津美術館　32　A6
Nezu-jinja (shrine)　根津神社　50　B6
Nezu Station (subway)　根津駅 (地下鉄)　58　B1
NHK Broadcasting Center　NHK放送センター　30　A1
NHK Broadcast Museum　ＮＨＫ放送博物館　12　B5
NHK Hall　NHKホール　30　B1
NHK Studio Park　NHKスタジオパーク　30　B1
NHK Tech. Laboratory　NHK技術研究所　63　E4
Nibanchō (Chiyoda-ku)　二番町 (千代田区)　19　F4
Nichifutsu Gakuin (Institut Franco-Japonais de Tokyo)　東京日仏
　学院　18　A3
Nichifutsu Kaikan (Maison Franco-Japonaise)　日仏会館　36　C2
Nichimen　ニチメン　13　H5
Nichirei (H.O.)　ニチレイ (本社)　20　A2
Nihom-bashi (bridge)　日本橋　9　G3
Nihombashi 1–3 (Chūō-ku)　日本橋 1 ～ 3 丁目 (中央区)　58　C5
Nihombashi-Bakurochō 1–2 (Chūō-ku)　日本橋馬喰町 1 ～ 2 丁目 (中央
　区)　58　D4
Nihombashi-dōri Post Office　日本橋通郵便局　9　F5
Nihombashi-Hakozakichō (Chūō-ku)　日本橋箱崎町 (中央区)　59　E5
Nihombashi-Hamachō 1–3 (Chūō-ku)　日本橋浜町 1 ～ 3 丁目 (中央区)
　59　E4
Nihombashi-Honchō 1–4 (Chūō-ku)　日本橋本町 1 ～ 4 丁目 (中央区)
　58　D4
Nihombashi-Hongokuchō 1–4 (Chūō-ku)　日本橋本石町 1 ～ 4 丁目
　(中央区)　58　C4
Nihombashi-Horidomechō 1–2 (Chūō-ku)　日本橋堀留町 1 ～ 2 丁目
　(中央区)　58　D4
Nihombashi-Kabutochō (Chūō-ku)　日本橋兜町 (中央区)　58　D5
Nihombashi-Kakigarachō 1–2 (Chūō-ku)　日本橋蛎殻町 1 ～ 2 丁目
　(中央区)　58　D5
Nihombashi-Kayabachō 1–3 (Chūō-ku)　日本橋茅場町 1 ～ 3 丁目
　(中央区)　58　D5
Nihombashi-Koamichō (Chūō-ku)　日本橋小網町 (中央区)　58　D5
Nihombashi-Kobunachō (Chūō-ku)　日本橋小舟町 (中央区)　58　D4
Nihombashi-Kodenmachō (Chūō-ku)　日本橋小伝馬町 (中央区)　58　D4
Nihombashi Mitsui Tower　日本橋三井タワー　9　F2
Nihombashi-Muromachi 1–4 (Chūō-ku)　日本橋室町 1 ～ 4 丁目 (中央区)
　58　C4
Nihombashi-Nakasu (Chūō-ku)　日本橋中洲 (中央区)　59　E5
Nihombashi-Ningyōchō 1–3 (Chūō-ku)　日本橋人形町 1 ～ 3 丁目 (中央区)
　58　D4
Nihombashi-Ōdenmachō (Chūō-ku)　日本橋大伝馬町 (中央区)　58　D4
Nihombashi Plaza　日本橋プラザ　9　F4
Nihombashi Post Office　日本橋郵便局　9　H4
Nihombashi Station (subway)　日本橋駅 (地下鉄)　9　G4
Nihombashi-Tomizawachō (Chūō-ku)　日本橋富沢町 (中央区)　58　D4
Nihombashi-Yokoyamachō (Chūō-ku)　日本橋横山町 (中央区)　58 (D3)
Nihon Bōeki Shinkōkai (JETRO)　日本貿易振興会　17　E6
Nihon Camera Hakubutsukan (JCII Camera Museum)　日本カメラ
　博物館　19　F2
Nihon Daigaku　日本大学 (→Nihon University)
Nihon Gakushiin (Japan Academy)　日本学士院　22　C2
Nihon Gangu Shiryōkan (Japan Toy Musm)　日本玩具資料館　51　G6

Nihon Geijutsu-in Kaikan (Japan Art Academy Hall) 日本芸術院会館 22 B4
Nihon Joshi Daigaku (Japan Women's Univ.) 日本女子大学 57 G1
Nihon Joshi Taiiku-Daigaku (Japan Women's Coll. of P. E.) 日本女子体育大学 54 C6
Nihon Kamera Hakubutsukan (JCII Camera Musm) 日本カメラ博物館 19 F2
Nihon Keizai Shimbun (Nikkei Newspapers) 日本経済新聞 8 D1
Nihon Kikaku Kyōkai (JIS) 日本規格協会 16 B3
Nihon Kindai Bungakukan (Musm of Modern Japanese Literature) 日本近代文学館 64 C1
Nihon Kōkū (Japan Airlines／H.O.) 日本航空 (本社) 37 G3
Nihon Kokusai Kōryū Center (Japan Center for Int'l Exchange) 日本国際交流センター 33 G1
Nihon Mingeikan (Japan Folkcrafts Musm) 日本民芸館 64 C1
Nihon-Ōdōri (Yokohama City) 日本大通 (横浜市) 83 F4
Nihon Olympic Iinkai (Japanese Olympic Committee) 日本オリンピック委員会 30 C1
Nihon Seinen Kaigisho (Japan Jr. Chamber Inc.) 日本青年会議所 16 D1
Nihon Seinen-kan 日本青年館 29 E2
Nihon Seisaku Tōshi Ginkō (Development Bank of Japan) 日本政策投資銀行 8 C1
Nihon Sekijūji Kango Daigaku (Japanese Red Cross Coll. of Nursing) 日本赤十字看護大学 33 E5
Nihon Sekijūjisha 日本赤十字社 (→Japanese Red Cross Society)
Nihon Shōbō Kaikan 日本消防会館 17 E6
Nihon Tabako Sangyō (JT／Japan Tobacco／H.O.) 日本たばこ産業 (本社) 17 E6
Nihon Tenji Toshokan (Braille Library) 日本点字図書館 57 E1
Nihon Unisys (H.O.) 日本ユニシス (本社) 67 E1
Nihon University 日本大学 64 C4
Nihon Univ. (Art) 日本大学 (芸術学部) 48 C4
Nihon Univ. (Comm.) 日本大学 (商学部) 63 E4
Nihon Univ. (Econ.) 日本大学 (経済学部) 20 C3
Nihon University (H.O.) 日本大学 (本部) 57 H4
Nihon Univ. (Human. & Sci.) 日本大学 (文理学部) 63 G1
Nihon Univ. (Law) 日本大学 (法学部) 20 B3
Nihon Univ. (Med.／Itabashi) 日本大学 (医学部／板橋) 48 D3
Nihon Univ. (Sci. & Engin.) 日本大学 (理工学部) 21 E3
Nihon Univ. Dental Hospital 日本大学歯科病院 21 E3
Nihon Univ. Hikarigaoka Hospital 日本大学光が丘病院 47 G1
Nihon Univ. Hospital 日本大学病院 21 E3
Nihon Univ. Itabashi Hospital 日本大学板橋病院 48 D3
Nihon Yakugakukai Nagai Kinenkan (Pharmaceutical Society of Japan Nagai Meml Hall) 日本薬学会長井記念館 31 F4
Nihon Yudaya Kyōdan (Jewish Community of Japan) 日本ユダヤ教団 33 E6
Nihonzutsumi 1–2 (Taitō-ku) 日本堤1～2丁目 (台東区) 51 F6
Niibori 1–2 (Edogawa-ku) 新堀1～2丁目 (江戸川区) 61 F2
Niijuku 1–6 (Katsushika-ku) 新宿1～6丁目 (葛飾区) 52 C1
Niiza City (Saitama-ken) 新座市 (埼玉県) 38 46
Niiza City Office 新座市役所 38 A4
Nijū-bashi (bridge) 二重橋 17 H1
Nijūbashimae Station (subway) 二重橋前駅 (地下鉄) 8 B5
Nijukkimachi (Shinjuku-ku) 二十騎町 (新宿区) 18 A6
Nikkan Kōgyō Newspapers 日刊工業新聞 20 A4
Nikkei Hall (Nikkei Newspapers) 日経ホール (日本経済新聞) 8 D1
Nikkei Newspapers 日本経済新聞 8 D1

Nikolai Cathedral ニコライ堂 21 F3
Ningyōchō Station (subway) 人形町駅 (地下鉄) 58 D4
Ninoechō (Edogawa-ku) 二之江町 (江戸川区) 60 D5
Ninohashi 二ノ橋 15 G4
Nippon Budō-kan 日本武道館 20 A5
Nippon Building 日本ビル 9 E3
Nippon College of Physical Education 日本体育大学 63 H6
Nippon Columbia 日本コロムビア 16 A4
Nippon Denki (NEC／H.O.) 日本電気 (本社) 13 G6
Nippon Dental University 日本歯科大学 18 B1
Nippon Foundation 日本財団 17 E6
Nippon Ginkō (Bank of Japan／H.O.) 日本銀行 (本店) 9 F2
Nippon Ika Daigaku (Nippon Med. School) 日本医科大学 50 B6
Nippon Kōa Insurance (H.O.) 日本興亜損保 17 E5
Nippon-maru Meml Park 日本丸メモリアルパーク 82 D2
Nippon Medical School 日本医科大学 50 B6
Nippon Oil (H.O.) 新日本石油 (本社) 10 A5
Nippon Press Center Bldg 日本プレスセンタービル 17 H5
Nippon Seinen Kaigisho (Japan Junior Chamber Inc.) 日本青年会議所 16 D1
Nippon Steel Corp. (H.O.) 新日本製鉄 (本社) 9 E3
Nippon Taiiku Daigaku (Nippon Coll. of P. E.) 日本体育大学 63 H6
Nippon TV (NTV) 日本テレビ 12 A1
Nippon TV (NTV) 日本テレビ麹町ビル 19 F4
Nippori Station 日暮里駅 50 C6
Nishiarai 1–7 (Adachi-ku) 西新井1～7丁目 (足立区) 42 D5
Nishiarai-bashi (bridge) 西新井橋 51 E2
Nishiarai Daishi (temple) 西新井大師 42 D5
Nishiaraidaishi-nishi Station 西新井大師西駅 42 C5
Nishiarai-Honchō 1–5 (Adachi-ku) 西新井本町1～5丁目 (足立区) 42 D6
Nishiarai-Sakaechō 1–3 (Adachi-ku) 西新井栄町1～3丁目 (足立区) 43 E6
Nishiarai Station 西新井駅 43 E6
Nishi-Asakusa 1–3 (Taitō-ku) 西浅草1～3丁目 (台東区) 59 E1
Nishi-Ayase 1–4 (Adachi-ku) 西綾瀬1～4丁目 (足立区) 51 G1
Nishi-Azabu 1–4 (Minato-ku) 西麻布1～4丁目 (港区) 65 G2
Nishi-Azabu Mitsui Building 西麻布三井ビル 32 B5
Nishidai 1–4 (Itabashi-ku) 西台1～4丁目 (板橋区) 40 B6
Nishidai Station (subway) 西台駅 (地下鉄) 40 B5
Nishi-Eifuku Station 西永福駅 55 G5
Nishigahara 1–4 (Kita-ku) 西ヶ原1～4丁目 (北区) 50 A4
Nishigahara Station (subway) 西ヶ原駅 (地下鉄) 50 A3
Nishigahara-Yonchōme Station 西ヶ原四丁目駅 49 H3
Nishigaoka 1–3 (Kita-ku) 西が丘1～3丁目 (北区) 49 F1
Nishi-Ginza Junction 西銀座ジャンクション 11 E1
Nishi-Gokenchō (Shinjuku-ku) 西五軒町 (新宿区) 57 H2
Nishi-Gotanda 1–8 (Shinagawa-ku) 西五反田1～8丁目 (品川区) 65 F6
Nishihara 1–3 (Shibuya-ku) 西原1～3丁目 (渋谷区) 56 C6
Nishi-Hokima 1–4 (Adachi-ku) 西保木間1～4丁目 (足立区) 43 F3
Nishi-Ichinoe 1–4 (Edogawa-ku) 西一之江1～4丁目 (江戸川区) 61 E3
Nishi-Ikebukuro 1–5 (Toshima-ku) 西池袋1～5丁目 (豊島区) 49 E6
Nishi-Ikō 1–4 (Adachi-ku) 西伊興1～4丁目 (足立区) 42 D3
Nishi-Ikōchō (Adachi-ku) 西伊興町 (足立区) 42 C4
Nishi-Kahei 1–2 (Adachi-ku) 西加平1～2丁目 (足立区) 43 H5
Nishi-Kamata 1–8 (Ōta-ku) 西蒲田1～8丁目 (大田区) 73 F6
Nishi-Kameari 1–4 (Katsushika-ku) 西亀有1～4丁目 (葛飾区) 52 A1
Nishi-Kanda 1–3 (Chiyoda-ku) 西神田1～3丁目 (千代田区) 58 B3
Nishi-Kasai 1–8 (Edogawa-ku) 西葛西1～8丁目 (江戸川区) 68 C1

Nishi-Kasai Station (subway)　西葛西駅 (地下鉄)　68 C1
Nishikata 1–2 (Bunkyō-ku)　西片1〜2丁目 (文京区)　58 B1
Nishi-Kawaguchi Station　西川口駅　41 E1
Nishiki 1–2 (Nerima-ku)　錦1〜2丁目 (練馬区)　48 B1
Nishi-Koiwa 1–5 (Edogawa-ku)　西小岩1〜5丁目 (江戸川区)　53 A5
Nishi-Kōjiya 1–4 (Ōta-ku)　西糀谷1〜4丁目 (大田区)　77 H1
Nishi-Komatsugawamachi (Edogawa-ku)　西小松川町 (江戸川区)　60 C3
Nishi-Koyama Station　西小山駅　73 E1
Nishi-ku (Yokohama City)　西区 (横浜市)　80 81 82
Nishimachi International School　西町インターナショナルスクール　15 G6
Nishi-Magome 1–2 (Ōta-ku)　西馬込1〜2丁目 (大田区)　73 E4
Nishi-Magome Station (subway)　西馬込駅 (地下鉄)　73 E4
Nishi-Minemachi (Ōta-ku)　西嶺町 (大田区)　72 C5
Nishi-Mizue 1–5 (Edogawa-ku)　西瑞江1〜5丁目 (江戸川区)　61 F4
Nishi-Mizumoto 1–6 (Katsushika-ku)　西水元1〜6丁目 (葛飾区)　44 B4
Nishinakachō 1–4 (Yokohama City)　西中町1〜4丁目 (横浜市)　82 A6
Nishi-Nakanobu 1–3 (Shinagawa-ku)　西中延1〜3丁目 (品川区)　73 F1
Nishi-Nippori 1–6 (Arakawa-ku)　西日暮里1〜6丁目 (荒川区)　50 C5
Nishi-Nippori Station　西日暮里駅　50 C5
Nishi-Ochiai 1–4 (Shinjuku-ku)　西落合1〜4丁目 (新宿区)　48 C6
Nishiogi-Kita 1–5 (Suginami-ku)　西荻北1〜5丁目 (杉並区)　54 D2
Nishiogi-Kubo Station　西荻窪駅　54 D2
Nishiogi-Minami 1–4 (Suginami-ku)　西荻南1〜4丁目 (杉並区)　54 D3
Nishi-Ogu 1–8 (Arakawa-ku)　西尾久1〜8丁目 (荒川区)　50 B3
Nishi-Ōi 1–6 (Shinagawa-ku)　西大井1〜6丁目 (品川区)　73 G3
Nishi-Ōi Station　西大井駅　73 G2
Nishi-Ōizumi 1–6 (Nerima-ku)　西大泉1〜6丁目 (練馬区)　46 A1
Nishi-Ōjima Station (subway)　西大島駅 (地下鉄)　59 H4
Nishi-Rokugō 1–4 (Ōta-ku)　西六郷1〜4丁目 (大田区)　77 F2
Nishi-Shimbashi 1–3 (Minato-ku)　西新橋1〜3丁目 (港区)　66 A1
Nishi-Shimbashi Mitsui Building　西新橋三井ビル　17 G6
Nishi-Shinagawa 1–3 (Shinagawa-ku)　西品川1〜3丁目 (品川区)　73 G1
Nishi-Shinjuku 1–8 (Shinjuku-ku)　西新宿1〜8丁目 (新宿区)　56 D4
Nishi-Shinjuku-Gochōme Station (subway)　西新宿五丁目駅 (地下鉄)　26 A3
Nishi-Shinjuku Station (subway)　西新宿駅 (地下鉄)　26 C1
Nishi-Shin-Koiwa 1–5 (Katsushika-ku)　西新小岩1〜5丁目 (葛飾区)　52 B6
Nishi-Shinozaki 1–2 (Edogawa-ku)　西篠崎1〜2丁目 (江戸川区)　61 G1
Nishi-Sugamo 1–4 (Toshima-ku)　西巣鴨1〜4丁目 (豊島区)　49 G4
Nishi-Sugamo Station (subway)　西巣鴨駅 (地下鉄)　49 H4
Nishi-Taishidō Station　西太子堂駅　64 B3
Nishi-Takashimadaira Station (subway)　西高島平駅 (地下鉄)　39 H4
Nishi-Takenotsuka 1 (Adachi-ku)　西竹の塚1丁目 (足立区)　44 E4
Nishi-Tobechō 1–3 (Yokohama City)　西戸部町1〜3丁目 (横浜市)　82 A4
Nishi-Tokyo City　西東京市　46 A5
Nishi Ward Office (Yokohama City)　西区役所 (横浜市)　82 A2
Nishi-Waseda 1–3 (Shinjuku-ku)　西早稲田1〜3丁目 (新宿区)　57 F1
Nishōgakusha University　二松学舎大学　18 D1
Nissan Gallery　日産ギャラリー　11 E4
Nissan Motor (H.O.)　日産自動車 (本社)　11 F5
Nissan Stadium　日産スタジアム　80 A3
Nissay Hibiya Building　日生日比谷ビル　10 B2
Nissay Theater　日生劇場　10 C3
Nisseki　日本赤十字社 (→Japanese Red Cross Society)

Nisseki Yokohama Building　日石横浜ビル　82 C2
Nisshinchō (Kawasaki City)　日進町 (川崎市)　81 E2
No. 3 District Maritime Safety Agency (H.Q.)　第3管区海上保安部　78 B1
No. 5 Fukuryū-maru Exhibition Hall　第五福竜丸展示館　67 H2
Noa Building　ノアビル　14 D2
Noborito Station　登戸駅　62 A6
Nogata 1–6 (Nakano-ku)　野方1〜6丁目 (中野区)　56 A1
Nogata Station　野方駅　48 A6
Noge 1–3 (Setagaya-ku)　野毛1〜3丁目 (世田谷区)　71 H2
Nogechō 1–4 (Yokohama City)　野毛町1〜4丁目 (横浜市)　82 C4
Nogeyama Amusement Park　野毛山遊園地　82 A5
Nogeyama Park　野毛山公園　82 B4
Nogeyama Zoo　野毛山動物園　82 B4
Nogizaka Station (subway)　乃木坂駅 (地下鉄)　29 H6
Nomura Securities (H.O.)　野村証券 (本社)　9 G3
Nōrin Chūkin Bank (H.O.)　農林中金 (本店)　10 C1
Nōrin Suisanshō (Min. of Agric., Forestry & Fisheries)　農林水産省　17 G4
Nozawa 1–4 (Setagaya-ku)　野沢1〜4丁目 (世田谷区)　64 B5
NTT East (H.O.)　NTT 東日本 (本社)　26 A6
NTT Data　NTTデータ　9 E2
NTT Data Bldg (Yokohama)　NTT Dataビル (横浜)　81 E5
NTT DoCoMo　NTT ドコモ　27 F6
NTT East (H.O.)　NTT 東日本 (本社)　26 A6
NTT East Kantō Hospital　NTT東日本関東病院　34 D5
NTT Hibiya Building　NTT日比谷ビル　10 B3
NTT Kantō　NTT関東
NTT Ōtemachi Building　NTT大手町ビル　8 D2
Nukui 1–5 (Nerima-ku)　貫井1〜5丁目 (練馬区)　47 G4
Numabe Station　沼部駅　72 B5
Numabukuro 1–4 (Nakano-ku)　沼袋1〜4丁目 (中野区)　48 A6
Numabukuro Station　沼袋駅　48 B6
No. 3 District Maritime Safety Agency (H.Q.)　第3管区海上保安部　78 B1
No. 5 Fukuryū-maru Exhibition Hall　第五福竜丸展示館　67 H2
No. 40 MT Building　40MTビル　14 C1
No. 45 MT Building　45MTビル　14 C1

O

Ochanomizu Business Center　お茶の水ビジネスセンター　21 F3
Ochanomizu Station　御茶ノ水駅　21 E3
Ochanomizu University　お茶の水女子大学　49 H6
Ochiai Central Park　落合中央公園　56 D1
Ochiai-Minami-Nagasaki Station (subway)　落合南長崎駅 (地下鉄)　48 C6
Ochiai Post Office　落合郵便局　56 D1
Ochiai Station (subway)　落合駅 (地下鉄)　56 D1
Odai 1–2 (Adachi-ku)　小台1〜2丁目 (足立区)　50 C2
Odaiba Kaihin Kōen Station　お台場海浜公園駅　66 D5
Odaiba Kaihin Park　お台場海浜公園　66 C5
Odai Station　小台駅　50 B3
Odakyū Dept Store (Shinjuku)　小田急百貨店 (新宿店)　27 E3
Odakyū Halc　小田急ハルク　27 E2
Odakyū Southern Tower　小田急サザンタワー　27 E5
Ōdōri Park　大通り公園　82 C6
Ōedo Onsen (spa)　大江戸温泉物語　74 D1
Ogawachō (Kawasaki City)　小川町 (川崎市)　81 F3
Ogawamachi Post Office　小川町郵便局　21 E4

Ogawamachi Station (subway) 小川町駅 (地下鉄) 21 F5
Ōgi 1–3 (Adachi-ku) 扇1～3丁目 (足立区) 50 C1
Ōgibashi 1–3 (Kōtō-ku) 扇橋1～3丁目 (江東区) 59 H5
Ōgichō 1–4 (Yokohama City) 扇町1～4丁目 (横浜市) 83 E6
Ogikubo 1–5 (Suginami-ku) 荻窪1～5丁目 (杉並区) 55 F3
Ogikubo Post Office 荻窪郵便局 55 E1
Ogikubo Station 荻窪駅 55 F2
Ōgi-ōhashi (bridge) 扇大橋 50 C2
Ōgi-ōhashi Station 扇大橋駅 50 C1
Ogunohara Park 尾久の原公園 50 D3
Ohanajaya 1–3 (Katsushika-ku) お花茶屋1～3丁目 (葛飾区) 52 A2
Ohanajaya Station お花茶屋駅 52 A3
Ōhara 1–2 (Setagaya-ku) 大原1～2丁目 (世田谷区) 56 A6
Ōharachō (Itabashi-ku) 大原町 (板橋区) 41 E6
Ōhashi 1–2 (Meguro-ku) 大橋1～2丁目 (目黒区) 64 D2
Ōi 1–7 (Shinagawa-ku) 大井1～7丁目 (品川区) 73 H2
Ōi Futō (wharf) 大井ふ頭 74 C2
Ōi Futō Central Kaihin Park 大井ふ頭中央海浜公園 74 A3
Ōi Keibajōmae Station 大井競馬場前駅 74 A3
Ōimachi Station 大井町駅 73 H2
Oimatsuchō (Yokohama City) 老松町 (横浜市) 82 B4
Ōi Race Course 大井競馬場 74 A3
Ōizumi Central Park 大泉中央公園 38 C6
Ōizumi-Gakuenchō 1–9 (Nerima-ku) 大泉学園町1～9丁目 (練馬区) 46 C1
Ōizumi-Gakuen Station 大泉学園駅 46 C3
Ōizumimachi 1–6 (Nerima-ku) 大泉町1～6丁目 (練馬区) 46 D1
Ōizumi Post Office 大泉郵便局 46 C1
Ōji 1–6 (Kita-ku) 王子1～6丁目 (北区) 49 H1
Ōji-Ekimae Station 王子駅前駅 49 (H3)
Ōji-Honchō 1–3 (Kita-ku) 王子本町1～3丁目 (北区) 49 H2
Ōjima 1–9 (Kōtō-ku) 大島1～9丁目 (江東区) 60 A4
Ōjima Station (subway) 大島駅 (地下鉄) 60 A4
Ōji Paper (H.O.) 王子製紙 (本社) 11 F3
Ōji Post Office 王子郵便局 49 H1
Ōji Station 王子駅 49 H2
Okachimachi Station 御徒町駅 22 B6
Okamoto 1–3 (Setagaya-ku) 岡本1～3丁目 (世田谷区) 63 F6
Okamoto Tarō Kinenkan (Tarō Okamoto Meml Hall) 岡本太郎記念館 32 A6
Ōkawabata River City 21 (River City 21) (大川端)リバーシティ21 58 D6
Okinachō 1–2 (Yokohama City) 翁町1～2丁目 (横浜市) 83 E6
Okino 1–2 (Adachi-ku) 興野1～2丁目 (足立区) 50 D1
Okinomiyachō (Edogawa-ku) 興宮町 (江戸川区) 53 E6
Ōkubo 1–3 (Shinjuku-ku) 大久保1～3丁目 (新宿区) 57 E2
Ōkubo Hospital 都立大久保病院 27 F1
Ōkubo Station 大久保駅 57 E3
Okudo 1–9 (Katsushika-ku) 奥戸1～9丁目 (葛飾区) 52 C5
Ōkura 1–6 (Setagaya-ku) 大蔵1～6丁目 (世田谷区) 63 E5
Ōkura Shūkokan Museum 大倉集古館 14 A1
Okusawa 1–8 (Setagaya-ku) 奥沢1～8丁目 (世田谷区) 72 B2
Okusawa Station 奥沢駅 72 B2
Olympic Meml Youth Center オリンピック記念青少年総合センター 56 D6
Ōmiya 1–2 (Suginami-ku) 大宮1～2丁目 (杉並区) 55 H5
Ōmiya Hachimangū (shrine) 大宮八幡宮 (神社) 55 H5
Omocha Bijutsukan (Toy Musm) おもちゃ美術館 56 B1
Omokagebashi Station 面影橋駅 57 F1

Ōmori Bell Port 大森ベルポート 73 H4
Ōmori-Higashi 1–5 (Ōta-ku) 大森東1～5丁目 (大田区) 73 H6
Ōmori-Honchō 1–2 (Ōta-ku) 大森本町1～2丁目 (大田区) 73 H5
Ōmori-Kaigan Station 大森海岸駅 73 H4
Ōmori-Kita 1–6 (Ōta-ku) 大森北1～6丁目 (大田区) 73 H5
Ōmorimachi Station 大森町駅 73 H6
Ōmori-Minami 1–5 (Ōta-ku) 大森南1～5丁目 (大田区) 77 H1
Ōmori-Naka 1–3 (Ōta-ku) 大森中1～3丁目 (大田区) 73 H6
Ōmori-Nishi 1–7 (Ōta-ku) 大森西1～7丁目 (大田区) 73 G5
Ōmori Post Office 大森郵便局 73 G5
Ōmori Station 大森駅 73 G4
Omote-Sandō Station (subway) 表参道駅 (地下鉄) 31 H1
Omurai Station 小村井駅 59 H1
O Museum O美術館 35 H4
Onarimon Station (subway) 御成門駅 (地下鉄) 12 C4
One-Oh-Nine (Ichimarukyū) 109 30 B4
Onoechō 1–6 (Yokohama City) 尾上町1～6丁目 (横浜市) 83 E5
Ontakesan Station 御嶽山駅 72 C4
Ōokayama 1–2 (Meguro-ku) 大岡山1～2丁目 (目黒区) 72 C1
Ōokayama Station 大岡山駅 72 C2
Opera City (Tokyo Opera City) 東京オペラシティ 26 A6
Orchard Hall オーチャードホール 30 A3
Osakana Shiryōkan (Fish Musm) おさかな資料館 66 C1
Ōsaki 1–5 (Shinagawa-ku) 大崎1～5丁目 (品川区) 65 G6
Ōsaki-Hirokōji Station 大崎広小路駅 35 G6
Ōsaki New City 大崎ニューシティ 35 H4
Ōsaki Post Office 大崎郵便局 65 G6
Ōsanbashi Futō (Grand Pier) 大さん橋ふ頭 83 G3
Osaragi Jirō Kinenkan (Jirō Osaragi Meml Musm) 大佛次郎記念館 83 H6
Oshiage 1–3 (Sumida-ku) 押上1～3丁目 (墨田区) 59 G1
Oshiage Station (subway) 押上駅 (地下鉄) 59 G1
Ōsugi 1–5 (Edogawa-ku) 大杉1～5丁目 (江戸川区) 61 E2
Ōta Folk Museum 大田区郷土博物館 73 F4
Otake-bashi (bridge) 尾竹橋 51 E3
Ōta-ku 大田区 73 74 77 78
Ōtamachi 1–6 (Yokohama City) 太田町1～6丁目 (横浜市) 83 E4
Ōta Meml Museum of Art 太田記念美術館 28 A6
Ōta Shijō (Tokyo Central Wholesale Market) 東京中央卸売市場 (大田市場) 74 B5
Ōta Ward Office 大田区役所 77 F1
Ōte Center Building 大手センタービル 8 C2
Ōtemachi 1–2 (Chiyoda-ku) 大手町1～2丁目 (千代田区) 58 C4
Ōtemachi Building 大手町ビル 8 C2
Ōtemachi Common Government Bldgs 大手町合同庁舎 8 C1
Ōtemachi Financial Center 大手町ファイナンシャルセンター 8 D3
Ōtemachi First Square 大手町ファーストスクエア 8 C2
Ōtemachi Nomura Building 大手町野村ビル 8 D3
Ōtemachi Station (subway) 大手町駅 (地下鉄) 8 D2
Ōtorii Station 大鳥居駅 77 H2
Ōtori-jinja (shrine／Asakusa) 鷲神社 (浅草) 51 E6
Ōtori-jinja (shrine/Adachi) 大鷲神社 (足立) 43 H2
Ōtori-jinja (shrine／Meguro) 大鳥神社 (目黒) 65 F5
Otowa 1–2 (Bunkyō-ku) 音羽1～2丁目 (文京区) 57 H1
Ōtsuka 1–6 (Bunkyō-ku) 大塚1～6丁目 (文京区) 49 G6
Ōtsuka Ekimae Station 大塚駅前駅 49 (H5)
Ōtsuka Hospital 都立大塚病院 49 H6
Ōtsuka Kagu 大塚家具 27 F3
Ōtsuka Station 大塚駅 49 G5

Ōtsuma Women's University 大妻女子大学 18 D2
Ōyaguchi 1–2 (Itabashi-ku) 大谷口1～2丁目 (板橋区) 48 D3
Ōyaguchi-Kamichō (Itabashi-ku) 大谷口上町 (板橋区) 48 D3
Ōyaguchi-Kitachō (Itabashi-ku) 大谷口北町 (板橋区) 48 D3
Ōyamachō (Itabashi-ku) 大山町 (板橋区) 49 E3
Ōyamachō (Shibuya-ku) 大山町 (渋谷区) 56 C6
Oyamadai 1–3 (Setagaya-ku) 尾山台1～3丁目 (世田谷区) 72 A2
Oyamadai Station 尾山台駅 72 A2
Ōyama-Higashichō (Itabashi-ku) 大山東町 (板橋区) 49 E3
Ōyama-Kanaichō (Itabashi-ku) 大山金井町 (板橋区) 49 E3
Ōyama-Nishichō (Itabashi-ku) 大山西町 (板橋区) 48 D3
Ōyama Station 大山駅 49 E3
Ōya Bunko 大宅文庫 63 F1
Ōyata 1–5 (Adachi-ku) 大谷田1～5丁目 (足立区) 44 A5

Pacifico Yokohama パシフィコ横浜 (横浜国際平和会議場) 83 E1
Palace Side Building パレスサイドビル 20 C6
Palette Town パレットタウン 66 D6
Pana Plaza Tokyo パナプラザ東京 37 E1
Pansée Hall パンセホール 20 B3
PARCO (Ikebukuro) パルコ (池袋店) 24 D3
PARCO (Shibuya) パルコ (渋谷店) 30 B3
Park City Isetan パークシティ伊勢丹 27 H2
Parliamentary Museum 憲政記念館 17 F2
Patent Office 特許庁 17 E5
Pharmaceutical Society of Japan Nagai Meml Hall 日本薬学会
　長井記念館 31 F4
Plaza 246 プラザ246 29 E6
Plaza Citizen プラザシチズン 57 E1
Pony Land ポニーランド 61 H2
PORTA (underground arcade) ポルタ (地下街) 81 H5
Prime Minister's Official Residence 首相官邸 17 E4
Prince Arisugawa Meml Park 有栖川宮記念公園 33 F2
Prince Chichibu Meml Rugby Football Ground 秩父宮ラグビー場
　29 F4
Prince Chichibu Meml Sports Library 秩父宮記念スポーツ図書館
　28 D2
Prince Chichibu Meml Sports Museum 秩父宮記念スポーツ博物
　館 29 E1
Printemps Ginza Dept Store プランタン銀座 11 E2
Printing Bureau 国立印刷局 17 E6
Public Prosecutor's Office 検察庁 17 H3

QUATTRO by PARCO クアトロ バイ パルコ 30 B3
Queen's Square Yokohama クィーンズスクエア横浜 82 D2

Radio Nippon ラジオ日本 15 E2
Rainbow Bridge レインボーブリッジ 66 B4
Rainbow Town レインボウタウン 66 D6
Rakutenchi Building 楽天地ビル 37 G5
Recruit リクルート 10 C5
Reinanzaka Church 霊南坂教会 14 A2
Reiyūkai Temple 霊友会釈迦殿 14 D2
RF Radio Nippon RFラジオ日本 82 B5
Rikkyō University 立教大学 24 A4
Rikugien 六義園 50 A5

Rikujō Jieitai Jūjō Chūtonchi (Ground Self-Defense Force Jūjō Post)
　陸上自衛隊十条駐屯地 49 G2
Rinkaichō 1–6 (Edogawa-ku) 臨海町1～6丁目 (江戸川区) 68 C3
Rinkō Park 臨港パーク 83 E1
Rinshino-mori Park 林試の森公園 65 E6
Risshō Kōseikai 立正佼成会 56 A4
Risshō University 立正大学 35 H6
River City 21 (Ōkawabata) (大川端) リバーシティ21 58 D6
River Commuter Terminals 水上バスのりば (→Sea-bus Terminals)
River Park Shioiri リバーパーク汐入 51 H4
River Pier Azumabashi リバーピア吾妻橋 23 H4
Rock-za Kaikan ロック座会館 23 F2
Roi Roppongi ロア六本木 14 C5
Rōjin Iryō Center (Metr. Geriatric Hosp.) 老人医療センター 49 E3
Roka-Kōen Station 芦花公園駅 55 H5
Roka Kōshun-en 蘆花恒春園 63 E1
Rokubanchō (Chiyoda-ku) 六番町 (千代田区) 19 F5
Rokuchō Station 六町駅 43 H5
Rokuchō 1–4 (Adachi-ku) 六町1～4丁目 (足立区) 43 H5
Rokugatsu 1–3 (Adachi-ku) 六月1～3丁目 (足立区) 43 E5
Rokugō-dote Station 六郷土手駅 77 F3
Roppongi 1–7 (Minato-ku) 六本木1～7丁目 (港区) 65 H1
Roppongi First Bldg 六本木ファーストビル 14 C2
Roppongi Hills 六本木ヒルズ 14 D6
Roppongi-Itchōme Station (subway) 六本木一丁目駅 (地下鉄) 14 B3
Roppongi Station (subway) 六本木駅 (地下鉄) 14 C6
Rosa Kaikan (cinema) ロサ会館 (映画) 24 C3
Roshia Tsūshō Daihyōbu (Trade Representative of Russia) ロシア
　通商代表部 35 E3
ROX ロックス 23 F2
Ryōgoku 1–4 (Sumida-ku) 両国1～4丁目 (墨田区) 59 E3
Ryōgoku-bashi (bridge) 両国橋 59 E3
Ryōgoku Station 両国駅 59 E3
Ryūgen-ji (temple) 龍眼寺 59 H2
Ryūsen 1–3 (Taitō-ku) 竜泉1～3丁目 (台東区) 51 E6
Ryūshi Memorial Museum 龍子記念館 73 F5
Ryūtsū Center Station 流通センター駅 74 A5

Sabō Kaikan 砂防会館 16 D1
Saga 1–2 (Kōtō-ku) 佐賀1～2丁目 (江東区) 59 E5
Sagamihara City (Kanagawa-ken) 相模原市 (神奈川県) 84
Saginomiya 1–6 (Nakano-ku) 鷺宮1～6丁目 (中野区) 47 G6
Saginomiya Station 鷺ノ宮駅 47 H6
Saginuma Station 鷺沼駅 70 A5
Saikō Saibansho (Supreme Court) 最高裁判所 17 E1
Saikumachi (Shinjuku-ku) 細工町 (新宿区) 18 A5
St. Francisco Hospital 聖フランシスコ病院 63 G5
St. Ignatius Church 聖イグナチオ教会 19 G6
St. Luke's Garden 聖路加ガーデン 66 D1
St. Luke's International Hospital 聖路加国際病院 66 D1
St. Mary's Cathedral 東京カテドラル聖マリア大聖堂 57 G1
St. Mary's International School セントメリーズ インターナショナル
　スクール 71 G1
Saiwai Building 幸ビル 10 A5
Saiwaichō (Itabashi-ku) 幸町 (板橋区) 49 E3
Saiwai-ku (Kawasaki City) 幸区 (川崎市) 76
Saiwai Ward Office 幸区役所 76 D3
Sakaechō (Itabashi-ku) 栄町 (板橋区) 49 E2

Sakaechō (Kita-ku) 栄町 (北区) 50 A3
Sakaechō (Nerima-ku) 栄町 (練馬区) 48 B4
Sakaechō Station 栄町駅 50 A3
Sakamachi (Shinjuku-ku) 坂町 (新宿区) 57 G4
Sakashita 1–3 (Itabashi-ku) 坂下1～3丁目 (板橋区) 40 C5
Sakura 1–3 (Setagaya-ku) 桜1～3丁目 (世田谷区) 63 G3
Sakura-bashi (bridge) 桜橋 59 F1
Sakuradai 1–6 (Nerima-ku) 桜台1～6丁目 (練馬区) 48 A4
Sakuradai Station 桜台駅 48 A4
Sakurada-mon (gate) 桜田門 17 H2
Sakuradamon Station (subway) 桜田門駅 (地下鉄) 17 G2
Sakuragaoka 1–5 (Setagaya-ku) 桜丘1～5丁目 (世田谷区) 63 F3
Sakuragaokachō (Shibuya-ku) 桜丘町 (渋谷区) 65 E2
Sakuragawa 1–3 (Itabashi-ku) 桜川1～3丁目 (板橋区) 48 C2
Sakuragichō 1–7 (Yokohama City) 桜木町1～7丁目 (横浜市) 82 C2-C3
Sakuragichō Station 桜木町駅 82 C3
Sakurajōsui 1–5 (Setagaya-ku) 桜上水1～5丁目 (世田谷区) 63 G1
Sakurajōsui Station 桜上水駅 63 G1
Sakura-Shinmachi 1–2 (Setagaya-ku) 桜新町1～2丁目 (世田谷区) 63 H5
Sakura-Shinmachi Station 桜新町駅 63 H5
Salvation Army 救世軍 20 C5
Samezu Driving License Test Course 鮫洲運転免許試験場 74 A2
Samezu Station 鮫洲駅 74 A2
Samonchō (Shinjuku-ku) 左門町 (新宿区) 57 G4
San'ai 三愛 11 E3
Sanbanchō (Chiyoda-ku) 三番町 (千代田区) 58 A4
Saneatsu Park 実篤公園 62 B2
San'eichō (Shinjuku-ku) 三栄町 (新宿区) 57 G4
Sangenjaya 1–2 (Setagaya-ku) 三軒茶屋1～2丁目 (世田谷区) 64 B4
Sangenjaya Station 三軒茶屋駅 64 B3
Sangiin Giin Kaikan (House of Councillors Office Bldg) 参議院議員会館 16 D3
Sangūbashi Station 参宮橋駅 56 D5
Sangyō Bōeki Kaikan (Tokyo Trade Center) 東京産業貿易会館 13 E1
Sangyō Dōro Station 産業道路駅 78 A4
Sankei-en 三渓園 80 B6
Sankei Hall (Sankei Newspapers) サンケイホール (産業経済新聞) 8 D2
Sankei Newspapers 産業経済新聞 8 D2
Sannō 1–4 (Ōta-ku) 山王1～4丁目 (大田区) 73 G4
Sannō Grand Building 山王グランドビル 16 C3
Sannō Hospital 山王病院 29 H4
Sannomaru Shōzō-kan 三の丸尚蔵館 8 B2
San'nō Park Tower 山王パークタワー 16 D4
Sano 1–2 (Adachi-ku) 佐野1～2丁目 (足立区) 44 B4
Sanpōji-ike (pond) 三宝寺池 46 C4
Sanseidō Bookstore (main store) 三省堂本店 20 D4
Sanshain City (Sunshine City) サンシャインシティ 25 F4
Sanshinomori Park 蚕糸の森公園 56 A3
Sapia Tower サピアタワー 9 E3
Sapporo Breweries (H.O.) サッポロビール (本社) 36 C2
Saranuma 1–3 (Adachi-ku) 皿沼1～3丁目 (足立区) 42 C4
Sarue 1–2 (Kōtō-ku) 猿江1～2丁目 (江東区) 59 G4
Sarue Park 猿江恩賜公園 59 H4
Sarugakuchō (Shibuya-ku) 猿楽町 (渋谷区) 65 E3
Sarugakuchō 1–2 (Chiyoda-ku) 猿楽町1～2丁目 (千代田区) 58 B3

Sasazuka 1–3 (Shibuya-ku) 笹塚1～3丁目 (渋谷区) 56 B6
Sasazuka Station 笹塚駅 56 B6
Satomi Park 里見公園 53 G3
Scala-za (cinema) スカラ座 (映画) 27 G3
Science Museum 科学技術館 20 B6
Science University of Tokyo 東京理科大学 18 A2
Sea-bus Terminals 海上バスのりば
　　Aomi 青海 66 C6
　　Asakusa 浅草 23 H3
　　Big Sight ビッグサイト 67 E5
　　Daiba 台場 66 C5
　　Harumi 晴海 66 C3
　　Hinode Sambashi 日の出桟橋 66 B2
　　Kasai Rinkai Kōen 葛西臨海公園 68 C4
　　Wakasu 若洲 68 A5
Seafort Square シーフォートスクエア 37 G1
Seavans シーバンス 13 G2
Seibu Dept Store (Ikebukuro) 西武百貨店 (池袋店) 24 D4
Seibu Dept Store (Kawasaki) 西武百貨店 (川崎店) 81 E2
Seibu Dept Store (Shibuya) 西武百貨店 (渋谷店) 30 C4
Seibu Dept Store (Yūrakuchō) 西武百貨店 (有楽町店) 10 D2
Seibu Loft (Ikebukuro) 西武ロフト (池袋店) 24 D4
Seibu Loft (Shibuya) 西武ロフト館 (渋谷店) 30 C3
Seibu-Shinjuku Station 西武新宿駅 27 E1
Seibu ILLMUS 西武イルムス館 24 D5
Sei-Furanshisuko Byōin (St. Francisco Hospital) 聖フランシスコ病院 63 G5
Sei-Igunachio Kyōkai (St. Ignatius Church) 聖イグナチオ教会 19 G6
Seiiku Iryō Center (National Center for Child Health and Development) 国立成育医療センター 63 E5
Seiji Tōgō Art Museum 東郷青児美術館 26 D2
Seijō 1–9 (Setagaya-ku) 成城1～9丁目 (世田谷区) 62 C3
Seijō-Gakuemmae Station 成城学園前駅 62 D4
Seijō Post Office 成城郵便局 62 C3
Seijō University 成城大学 62 D3
Seikadō Bunko Art Museum 静嘉堂文庫 63 F6
Seikei University 成蹊大学 54 A1
Seiroka Garden (St. Luke's Garden) 聖路加ガーデン 66 D1
Seiroka Kokusai Byōin (St. Luke's Int'l Hospital) 聖路加国際病院 66 D1
Seisen Int'l School 清泉インターナショナル学園 63 H6
Seisen University 清泉女子大学 35 F4
Seishinchō 1–2 (Edogawa-ku) 清新町1～2丁目 (江戸川区) 68 C1
Seishin Int'l School (Int'l School of the Sacred Heart) 聖心インターナショナルスクール 33 F4
Seishin Joshi Daigaku (Univ. of the Sacred Heart) 聖心女子大学 33 F4
Seishō-kō (Kakurin-ji／temple) 清正公 (覚林寺) 34 A3
Seiyō Antiiku Bijutsukan (Western Antique Musm) 西洋アンティック美術館 30 A4
Seiyō Bijutsukan (National Musm of Western Art) 国立西洋美術館 22 C3
Sekai Bōeki Center Building (World Trade Center Bldg) 世界貿易センタービル 13 E2
Sekaidō 世界堂 27 G3
Sekibara 1–3 (Adachi-ku) 関原1～3丁目 (足立区) 51 E1
Sekiguchi 1–3 (Bunkyō-ku) 関口1～3丁目 (文京区) 57 G1
Sekimachi-Higashi 1–2 (Nerima-ku) 関町東1～2丁目 (練馬区) 46 B6
Sekimachi-Kita 1–5 (Nerima-ku) 関町北1～5丁目 (練馬区) 46 A6

Sekimachi-Minami 1–4 (Nerima-ku) 関町南1～4丁目 (練馬区) 46 B6
Senda (Kōtō-ku) 千田 (江東区) 59 G5
Sendagaya 1–6 (Shibuya-ku) 千駄ヶ谷1～6丁目 (渋谷区) 57 F5
Sendagaya Station 千駄ヶ谷駅 28 C1
Sendagi 1–5 (Bunkyō-ku) 千駄木1～5丁目 (文京区) 50 B6
Sendagi Station (subway) 千駄木駅 (地下鉄) 50 B6
Sengaku-ji (temple) 泉岳寺 34 A1
Sengakuji Station (subway) 泉岳寺駅 (地下鉄) 65 H4
Sengawa Station 仙川駅 62 B1
Sengoku 1–3 (Kōtō-ku) 千石1～3丁目 (江東区) 59 G5
Sengoku 1–4 (Bunkyō-ku) 千石1～4丁目 (文京区) 50 A6
Sengoku Station (subway) 千石駅 (地下鉄) 50 A6
Senior Work Tokyo シニアワーク東京 20 A2
Senju 1–5 (Adachi-ku) 千住1～5丁目 (足立区) 51 F2
Senju-Akebonochō (Adachi-ku) 千住曙町 (足立区) 51 G4
Senju-Asahichō (Adachi-ku) 千住旭町 (足立区) 51 G3
Senju-Azuma 1–2 (Adachi-ku) 千住東1～2丁目 (足立区) 51 G3
Senju-Hashidochō (Adachi-ku) 千住橋戸町 (足立区) 51 E4
Senju-Kawarachō (Adachi-ku) 千住河原町 (足立区) 51 F3
Senju-Kotobukichō (Adachi-ku) 千住寿町 (足立区) 51 F2
Senju-Midorichō 1–3 (Adachi-ku) 千住緑町1～3丁目 (足立区) 51 E4
Senju-Miyamotochō (Adachi-ku) 千住宮元町 (足立区) 51 E3
Senju-Motomachi (Adachi-ku) 千住元町 (足立区) 51 E2
Senju-Nakachō (Adachi-ku) 千住仲町 (足立区) 51 F3
Senju-Nakaichō (Adachi-ku) 千住中居町 (足立区) 51 F3
Senju-Ōhashi Station 千住大橋駅 51 F4
Senju-Ōkawachō (Adachi-ku) 千住大川町 (足立区) 51 F2
Senju-Sakuragi 1–2 (Adachi-ku) 千住桜木1～2丁目 (足立区) 51 E3
Senju-Sekiyachō (Adachi-ku) 千住関屋町 (足立区) 51 F4
Senju-shimbashi (bridge) 千住新橋 51 F2
Senju-Yanagichō (Adachi-ku) 千住柳町 (足立区) 51 F2
Senkawa 1–2 (Toshima-ku) 千川1～2丁目 (豊島区) 48 D4
Senkawa Station (subway) 千川駅 (地下鉄) 48 D4
Senshū University 専修大学 20 B4
Sensō-ji (temple) 浅草寺 23 G2
Senzoku 1–2 (Meguro-ku) 洗足1～2丁目 (目黒区) 72 D1
Senzoku 1–4 (Taitō-ku) 千束1～4丁目 (台東区) 51 E6
Senzoku-ike Park 洗足池公園 72 D2
Senzoku-ike Station 洗足池駅 72 D2
Senzoku Station 洗足駅 72 D1
Sesion Suginami セシオン杉並 56 A3
Seta 1–5 (Setagaya-ku) 瀬田1～5丁目 (世田谷区) 71 G1
Setagaya 1–4 (Setagaya-ku) 世田谷1～4丁目 (世田谷区) 63 H4
Setagaya Art Museum 世田谷美術館 63 F5
Setagaya Business Square 世田谷ビジネススクエア 63 G5
Setagaya-Daita Station 世田谷代田駅 64 A1
Setagaya General Grounds 世田谷総合運動場 63 E5
Setagaya-ku 世田谷区 54 56 63 64 71
Setagaya Literary Museum 世田谷文学館 63 E1
Setagaya Park 世田谷公園 64 C3
Setagaya Post Office 世田谷郵便局 64 B4
Setagaya Station 世田谷駅 63 H3
Setagaya Ward Office 世田谷区役所 64 A3
Shakai Keizai Seisansei Hombu (Japan Productivity Center for Socio-Economic Development) 社会経済生産性本部 31 F5
Shakujiidai 1–8 (Nerima-ku) 石神井台1～8丁目 (練馬区) 46 B5
Shakujii-Kōen Station 石神井公園駅 46 D3
Shakujiimachi 1–8 (Nerima-ku) 石神井町1～8丁目 (練馬区) 46 D3
Shakujii Park 石神井公園 46 D4

Shakujii Post Office 石神井郵便局 46 C4
Shiba 1–5 (Minato-ku) 芝1～5丁目 (港区) 66 A2
Shiba Dai-jingū (shrine) 芝大神宮 12 D4
Shiba-Daimon 1–2 (Minato-ku) 芝大門1～2丁目 (港区) 66 B2
Shiba-Kōen 1–4 (Minato-ku) 芝公園1～4丁目 (港区) 66 A2
Shiba-Kōen Station (subway) 芝公園駅 (地下鉄) 13 E5
Shibamata 1–7 (Katsushika-ku) 柴又1～7丁目 (葛飾区) 53 E2
Shibamata Station 柴又駅 53 E2
Shibamata Taishakuten (temple) 柴又帝釈天 (寺院) 53 E2
Shiba Park 芝公園 13 E5
Shiba Post Office 芝郵便局 12 B4
Shibasaki Station 柴崎駅 62 A2
Shibaura 1–4 (Minato-ku) 芝浦1～4丁目 (港区) 66 A3
Shibaura Futō Station 芝浦ふ頭駅 66 B4
Shibaura Inst. of Technology 芝浦工業大学 67 E1
Shibaura Junction 芝浦ジャンクション 66 B3
Shiba Yayoi Kaikan 芝弥生会館 13 E1
Shibutō Cinetowe 渋東シネタワー 30 C4
Shibuya 1–4 (Shibuya-ku) 渋谷1～4丁目 (渋谷区) 65 E1
Shibuya BEAM 渋谷BEAM 30 B3
Shibuya Cross Tower 渋谷クロスタワー 30 E5
Shibuya Hyakkendana 渋谷百軒店 30 A4
Shibuya Infoss Tower 渋谷インフォスタワー 30 C6
Shibuya-ku 渋谷区 56 65
Shibuya Mark City 渋谷マークシティ 30 B5
Shibuya Post Office 渋谷郵便局 30 E4
Shibuya Public Hall 渋谷公会堂 30 B1
Shibuya Station 渋谷駅 30 D5
Shibuya Tōei (cinema) 渋谷東映 30 D4
Shibuya Tōkyū (cinema) 渋谷東急 30 D4
Shibuya Tōkyū Plaza 渋谷東急プラザ 30 C5
Shibuya Ward Office 渋谷区役所 30 B2
Shibuya Ward Shirane Meml Culture Hall 渋谷区立白根記念郷土文化館 31 H6
Shigen Enerugiichō (Agcy of Natural Resources & Energy) 資源エネルギー庁 17 G3
Shihō Kenshūjo (Legal Training Research Institute) 司法研修所 38 D6
Shiinamachi Station 椎名町駅 48 D6
Shijō-mae Station 市場前駅 67 E3
Shikahama 1–8 (Adachi-ku) 鹿浜1～8丁目 (足立区) 42 B5
Shikahama-bashi (bridge) 鹿浜橋 42 A6
Shiki Theatre (Shiki Gekijō) 四季劇場 12 D1
Shimane 1–4 (Adachi-ku) 島根1～4丁目 (足立区) 43 E5
Shimbashi 1–6 (Minato-ku) 新橋1～6丁目 (港区) 66 B1
Shimbashi-ekimae Bldg No. 1 新橋駅前ビル1号館 12 A1
Shimbashi Embujō (theater) 新橋演舞場 11 F6
Shimbashi Post Office 新橋郵便局 10 D6
Shimbashi Station 新橋駅 10 B6
Shimbashi Sumitomo Building 新橋住友ビル 12 B3
Shimizu 1–3 (Suginami-ku) 清水1～3丁目 (杉並区) 55 F1
Shimizu Building 清水ビル 11 H1
Shimizuchō (Itabashi-ku) 清水町 (板橋区) 49 F1
Shimizu Corp. 清水建設 13 G3
Shimizudani Park 清水谷公園 16 B1
Shimo 1–5 (Kita-ku) 志茂1～5丁目 (北区) 41 H5
Shimo-Akatsuka Station 下赤塚駅 39 H6
Shimo-Igusa 1–5 (Suginami-ku) 下井草1～5丁目 (杉並区) 47 F6
Shimo-Igusa Station 下井草駅 47 F6

Shimo-Itabashi Station 下板橋駅 49 F3
Shimo-Kamatachō (Edogawa-ku) 下鎌田町 (江戸川区) 61 G3
Shimo-Kitazawa Station 下北沢駅 64 B1
Shimo-Maruko 1–4 (Ōta-ku) 下丸子1~4丁目 (大田区) 76 C1
Shimo-Maruko Station 下丸子駅 72 C6
Shimo-Meguro 1–6 (Meguro-ku) 下目黒1~6丁目 (目黒区) 65 E5
Shimo-Miyabichō (Shinjuku-ku) 下宮比町 (新宿区) 58 A2
Shimo-Ochiai 1–4 (Shinjuku-ku) 下落合1~4丁目 (新宿区) 57 E1
Shimo-Ochiai Station 下落合駅 56 D1
Shimo-Shakujii 1–6 (Nerima-ku) 下石神井1~6丁目 (練馬区) 46 D5
Shimo-Shinmei Station 下神明駅 73 G1
Shimo-Shinozakichō (Edogawa-ku) 下篠崎町 (江戸川区) 61 H3
Shimo Station (subway) 志茂駅 (地下鉄) 41 H6
Shimo-Takaido 1–5 (Suginami-ku) 下高井戸1~5丁目 (杉並区) 55 F6
Shimo-Takaido Station 下高井戸駅 63 H1
Shimouma 1–6 (Setagaya-ku) 下馬1~6丁目 (世田谷区) 64 C4
Shimura 1–3 (Itabashi-ku) 志村1~3丁目 (板橋区) 40 D6
Shimura-Sakaue Station (subway) 志村坂上駅 (地下鉄) 40 D6
Shimura-Sanchōme Station (subway) 志村三丁目駅 (地下鉄) 40 D6
Shinagawa Aquarium しながわ水族館 73 H4
Shinagawa Historical Museum 品川歴史館 73 H3
Shinagawa Inter City 品川インターシティ 66 A6
Shinagawa-ku 品川区 65 66 73 74
Shinagawa Post Office 品川郵便局 73 H2
Shinagawa Sports Land 品川スポーツランド 35 E2
Shinagawa Station 品川駅 35 E1
Shinagawa Ward Office 品川区役所 73 H1
Shinanen Canal Side Bldg シナネン カナルサイドビル 37 F3
Shinanomachi (Shinjuku-ku) 信濃町 (新宿区) 57 G5
Shinanomachi Station 信濃町駅 29 F1
Shin-Aoyama Buildings 新青山ビル 29 H4
Shin-Arakawa-ōhashi (bridge) 新荒川大橋 41 G4
Shin-Bamba Station 新馬場駅 65 H6
Shin-Daita Station 新代田駅 64 A1
Shinden 1–3 (Adachi-ku) 新田1~3丁目 (足立区) 42 A6
Shin Edogawa Park 新江戸川公園 57 G1
Shin-Egota Station (subway) 新江古田駅 (地下鉄) 48 B5
Shin-Futako-bashi (bridge) 新二子橋 71 F1
Shingashi 1–3 (Itabashi-ku) 新河岸1~3丁目 (板橋区) 40 A3
Shin Hibiya Building 新日比谷ビル 10 B4
Shin-Itabashi Station (subway) 新板橋駅 (地下鉄) 49 G3
Shinjuku 1–7 (Shinjuku-ku) 新宿1~7丁目 (新宿区) 57 F4
Shinjuku Bunka Cinema 新宿文化シネマ 27 G3
Shinjuku Center Building 新宿センタービル 26 D3
Shinjuku Central Park 新宿中央公園 26 B4
Shinjuku Cosmic Center 新宿コズミックセンター 57 F2
Shinjuku Dai-Ichi Seimei Building 新宿第一生命ビル 26 B3
Shinjuku First West 新宿ファーストウエスト 26 D4
Shinjuku-Gyoemmae Station (subway) 新宿御苑前駅 (地下鉄) 27 H4
Shinjuku-Gyoen National Garden 新宿御苑 27 H5
Shinjuku Historical Museum 新宿歴史博物館 57 G4
Shinjuku Kita Post Office 新宿北郵便局 57 F2
Shinjuku-ku 新宿区 48 57
Shinjuku L Tower 新宿エルタワー 26 D2
Shinjuku Mayndz Tower 新宿マインズタワー 27 E5
Shinjuku Mitsui Building 新宿三井ビル 26 B1
Shinjuku Monolith 新宿モノリス 26 C4
Shinjuku-Nishiguchi Station (subway) 新宿西口駅 (地下鉄) 27 E2

Shinjuku Nomura Building 新宿野村ビル 26 D2
Shinjuku NS Building 新宿NSビル 26 C4
Shinjuku Oak City 新宿オークシティ 26 B1
Shinjuku Park Tower 新宿パークタワー 26 B5
Shinjuku Plaza (cinema) 新宿プラザ (映画) 27 F1
Shinjuku Post Office 新宿郵便局 26 D3
Shinjuku-Sanchōme Station (subway) 新宿三丁目駅 (地下鉄) 27 G3
Shinjuku Shōchiku Kaikan (cinema) 新宿松竹会館 27 F2
Shinjuku Southern Terrace 新宿サザンテラス 26 E5
Shinjuku Square Tower 新宿スクエアタワー 26 A2
Shinjuku Station 新宿駅 27 E3
Shinjuku Sumitomo Building 新宿住友ビル 26 C3
Shinjuku Tōei (cinema) 新宿東映 27 G3
Shinjuku Ward Office 新宿区役所 27 F2
Shin-Kamata 1–3 (Ōta-ku) 新蒲田1~3丁目 (大田区) 77 F1
Shinkasha (Xinhua News Agency) 新華社 36 D3
Shin-Kasumigaseki Building 新霞が関ビル 17 F5
Shinkawa 1–2 (Chūō-ku) 新川1~2丁目 (中央区) 58 D6
Shinkawa-dōri (Kawasaki City) 新川通 (川崎市) 81 H3
Shin-Kawasaki Station 新川崎駅 76 B2
Shin-Kiba 1–4 (Kōtō-ku) 新木場1~4丁目 (江東区) 68 A4
Shin-Kiba Station 新木場駅 67 H3
Shinkō 1-2 (Yokohama City) 新港1~2丁目 (横浜市) 83 E2
Shin-Kōenji Station (subway) 新高円寺駅 (地下鉄) 55 H3
Shin-Koiwa 1–4 (Katsushika-ku) 新小岩1~4丁目 (葛飾区) 60 C1
Shin-Koiwa Station 新小岩駅 60 C1
Shin-Kokuritsu Gekijō (New National Theater) 新国立劇場 26 A6
Shin Kokusai Building (New Kokusai Bldg) 新国際ビル 8 C6
Shin-Kōshinzuka Station 新庚申塚駅 49 H4
Shinmachi 1–3 (Setagaya-ku) 新町1~3丁目 (世田谷区) 63 H5
Shin-Maruko Station 新丸子駅 72 A5
Shin-Marunouchi Building (New Marunouchi Bldg) 新丸の内ビル 8 C4
Shinmei 1–3 (Adachi-ku) 神明1~3丁目 (足立区) 44 A4
Shinmei-Minami (Adachi-ku) 神明南1~2丁目 (足立区) 44 A4
Shin-Mikawashima Station 新三河島駅 50 C4
Shin-Nakano Station (subway) 新中野駅 (地下鉄) 56 B3
Shin-Nanpeidai Tōkyū Building 新南平台東急ビル 30 B6
Shin-National Building 新ナショナルビル 13 H4
Shin-Nihombashi Station 新日本橋駅 9 G1
Shin Nikkō Building 新日鉱ビル 14 A1
Shin Nippon Seitetsu (Nippon Steel Corp.) 新日本製鉄 9 E3
Shin Nippon Sekiyu (Nippon Oil／H.O.) 新日本石油 (本社) 10 A5
Shin Nisseki Building 新日石ビル 8 C6
Shinobazu-no-ike (pond) 不忍池 22 A4
Shin Ochanomizu Building 新お茶の水ビル 21 E3
Shin-Ochanomizu Station (subway) 新御茶ノ水駅 (地下鉄) 21 F4
Shin-Ogawamachi (Shinjuku-ku) 新小川町 (新宿区) 57 H2
Shin-Ōhashi 1–3 (Kōtō-ku) 新大橋1~3丁目 (江東区) 59 E4
Shin-Okachimachi Station (subway) 新御徒町駅 (地下鉄) 58 D2
Shin-Ōkubo Station 新大久保駅 57 E2
Shinonome 1–2 (Kōtō-ku) 東雲1~2丁目 (江東区) 67 F3
Shinonome Station 東雲駅 67 F4
Shin-Ōtemachi Building (New Ōtemachi Bldg) 新大手町ビル 8 D3
Shin-Ōtsuka Station (subway) 新大塚駅 (地下鉄) 49 H6
Shinozakimachi 1–8 (Edogawa-ku) 篠崎町1~8丁目 (江戸川区) 61 H2
Shinozaki Park 篠崎公園 61 G1

Shinozaki Station (subway) 篠崎駅 (地下鉄) 61 G2
Shin-Sakuradai Station 新桜台駅 48 B4
Shinsei Bank (H.O.) 新生銀行 (本店) 17 H5
Shin-Seibijō Station 新整備場駅 79 E3
Shinsenchō (Shibuya-ku) 神泉町 (渋谷区) 64 D2
Shinsen Station 神泉駅 30 A5
Shin-Shibamata Station 新柴又駅 53 E3
Shin-Suna 1–3 (Kōtō-ku) 新砂1〜3丁目 (江東区) 68 A1
Shin-Takashimadaira Station (subway) 新高島平駅 40 A4
Shin-Tokyo Building (New Tokyo Bldg) 新東京ビル 8 C6
Shin Tokyo Kokusai Kūkō (New Tokyo International Airport,
    Narita) 新東京国際空港 (成田) inside back cover
Shin-Tokyo Yūbinkyoku (New Tokyo Post Office) 新東京郵便局
    67 H1
Shintomi 1–2 (Chūō-ku) 新富1〜2丁目 (中央区) 58 D6
Shintomichō Station (subway) 新富町駅 (地下鉄) 11 H4
Shin-Toyosu Station 新豊洲駅 67 E3
Shin-Urayasu Station 新浦安駅 69 H3
Shin-Yamashita 1–3 (Yokohama City) 新山下1〜3丁目 (横浜市)
    83 H6
Shin-Yotsugi-bashi (bridge) 新四ツ木橋 51 H5
Shin-Yūrakuchō Building (New Yūrakuchō Bldg) 新有楽町ビル
    10 D1
Shiodome City Center 汐留シティセンター 10 D6
Shiodome Sumitomo Bldg 汐留住友ビル 12 B1
Shiohama 1–2 (Kōtō-ku) 塩浜1〜2丁目 (江東区) 67 G1
Shioiri Station 汐入駅 84 B3
Shiokaze Park 潮風公園 66 C6
Shiomi 1–2 (Kōtō-ku) 潮見1〜2丁目 (江東区) 67 G2
Shiomi Station 潮見駅 67 G1
Shio Sight シオサイト 12 A1
Shirahige-bashi (bridge) 白髭橋 51 G6
Shirakawa 1–4 (Kōtō-ku) 白河1〜4丁目 (江東区) 59 F5
Shirasagi 1–3 (Nakano-ku) 白鷺1〜3丁目 (中野区) 47 G6
Shiratori 1–4 (Katsushika-ku) 白鳥1〜4丁目 (葛飾区) 52 B3
Shiroganechō (Shinjuku-ku) 白銀町 (新宿区) 57 H2
Shiroganechō 1–2 (Yokohama City) 白金町1〜2丁目 (横浜市)
    82 A6
Shirokane 1–6 (Minato-ku) 白金1〜6丁目 (港区) 65 H3
Shirokanedai 1–5 (Minato-ku) 白金台1〜5丁目 (港区) 65 G4
Shirokanedai Station (subway) 白金台駅 (地下鉄) 34 B5
Shirokane-Takanawa Station (subway) 白金高輪駅 (地下鉄)
    65 H3
Shiroyama JT Trust Tower 城山JTトラストタワー 14 B1
Shiseidō (H.O.) 資生堂 (本社) 10 D4
Shishibone 1–6 (Edogawa-ku) 鹿骨1〜6丁目 (江戸川区) 61 F1
Shishibonechō (Edogawa-ku) 鹿骨町 (江戸川区) 61 E1
Shitamachi Museum 下町風俗資料館 22 B5
Shitaya 1–3 (Taitō-ku) 下谷1〜3丁目 (台東区) 50 D6
Shitte Station 尻手駅 76 C5
Shizen Bunkaen (Natural Cultural Garden) 自然文化園 54 A3
Shōan 1–3 (Suginami-ku) 松庵1〜3丁目 (杉並区) 54 C3
Shōgakukan 小学館 20 C5
Shōgi Kaikan (Japan Shōgi Federation Hall) 将棋会館 28 C2
Shōgun Tokugawa Graveyard (Kan'ei-ji Cemetery) 徳川将軍家
    墓所 (寛永寺霊園) 22 C1
Shōin-Jinjamae Station 松陰神社前駅 64 A3
Shōkō Chūkin Bank (H.O.) 商工中金 (本店) 11 F1
Shosen Book Mart 書泉ブックマート 20 D5
Shosen Grande (bookstore) 書泉グランデ 20 D4

Shōsen Mitsui Building 商船三井ビル 17 F6
Shōtō 1–2 (Shibuya-ku) 松濤1〜2丁目 (渋谷区) 64 D1
Shōtō Museum of Art 松濤美術館 64 D1
Shōwajima 1–2 (Ōta-ku) 昭和島1〜2丁目 (大田区) 74 A6
Shōwajima Station 昭和島駅 74 A6
Shōwamachi 1–3 (Kita-ku) 昭和町1〜3丁目 (北区) 50 A3
Shōwa University 昭和大学 73 E1
Shōwa Univ. Hospital 昭和大学付属病院 67 F2
Shōwa Women's University 昭和女子大学 64 C3
Shūeisha 集英社 20 C5
Shufunotomosha 主婦の友社 20 C2
Shūgiin Dai-Ichi Giin Kaikan (House of Representatives Office
    Bldg No. 1) 衆議院第一議員会館 16 D3
Shūgiin Dai-Ni Giin Kaikan (House of Representatives Office
    Bldg No. 2) 衆議院第二議員会館 16 D3
Shukugawara Station 宿河原駅 70 B1
Shushō Kantei (Prime Minister's Official Residence) 首相官邸
    17 E4
Shuto Kōsoku Dōro Kōdan (Tokyo Expressway Public Corp.)
    首都高速道路公団 17 G5
Shūwa Building 秀和ビル 12 C5
Shūwa Kamiyachō Building 秀和神谷町ビル 14 B1
Shūwa Kioichō TBR Building 秀和紀尾井町TBRビル 19 G5
Shūwa Onarimon Building 秀和御成門ビル 12 B4
Shūwa Park Building 秀和パークビル 19 H4
Shūwa Shiba Park Building 秀和芝パークビル 13 E4
Silk Museum シルク博物館 83 F4
Sky Building スカイビル 81 H5
Snow Brand Milk (H.O.) 雪印乳業 (本社) 19 E6
Sōbudaimae Station 相武台前駅 84 C4
Sōbudai-shita Station 相武台下駅 84 D6
Sogō Dept Store (Yokohama) そごう (横浜店) 81 H5
Sogō Museum of Art そごう美術館 81 H5
Sōji-ji (temple) 総持寺 80 B3
Sōka Gakkai (H.O.) 創価学会 (本部) 29 F1
Somei Cemetery 染井霊園 49 H4
Sompo Japan (H.O.) 損保ジャパン 26 D2
Sōmushō (Ministry of Public Management, Home Affairs, Posts
    and Telecommunications) 総務省 17 G3
Sōmushō Bunkan (Ministry of Public Management, Home Affairs,
    Posts and Telecommunications Iikura Annex) 総務省飯倉分館
    14 D2
Sony (H.O.) ソニー (本社) 35 G3
Sony Building ソニービル 10 D3
Sony International Conference Hall ソニー国際会議場 34 C1
Sony Main Building ソニー本館 35 G2
Sony Music ソニーミュージック 18 C4
Sophia (Jōchi) University 上智大学 19 G5
Sophia Univ. (Theol.) 上智大学 (神学部) 46 B5
Soshigaya 1–6 (Setagaya-ku) 祖師谷1〜6丁目 (世田谷区) 63 E3
Soshigaya-Ōkura Station 祖師ヶ谷大蔵駅 63 E3
Sōtetsu MOVIL (cinema) 相鉄ムービル 81 F6
Sotobori Park 外濠公園 18 E6
Soto-Kanda 1–6 (Chiyoda-ku) 外神田1〜6丁目 (千代田区) 58 C3
Sphere Tower スフィアタワー 37 G1
Spiral (hall) スパイラル (ホール) 31 H2
Sporting Goods Area (Kanda) スポーツ用具店街 21 E5
State Guesthouse 迎賓館 19 H6
S-TEC Jōhō Building エステック情報ビル 26 D3

STEP Roppongi STEP六本木 14 D5
Studio ALTA スタジオアルタ 27 F2
Suehirochō 1–3 (Yokohama City) 末広町1～3丁目 (横浜市) 82 D5
Suehirochō Station (subway) 末広町駅 (地下鉄) 21 H1
Suehiro-tei (theater) 末広亭 (演芸場) 27 G3
Sueyoshichō 1–4 (Yokohama City) 末吉町1～4丁目 (横浜市) 82 B6
Sugachō (Shinjuku-ku) 須賀町 (新宿区) 57 G5
Sugamo 1–5 (Toshima-ku) 巣鴨1～5丁目 (豊島区) 49 H5
Sugamo Post Office 巣鴨郵便局 49 H4
Sugamo-Shinden Station 巣鴨新田駅 49 G5
Sugamo Station 巣鴨駅 49 H5
Sugano Station 菅野駅 53 H5
Suginami Historical Museum 杉並郷土博物館 55 H4
Suginami-ku 杉並区 47 55 56
Suginami Minami Post Office 杉並南郵便局 55 G5
Suginami Post Office 杉並郵便局 55 G3
Suginami Ward Office 杉並区役所 55 G3
Sugino Fashion College 杉野服飾大学 65 F5
Suidō 1–2 (Bunkyō-ku) 水道1～2丁目 (文京区) 57 H1
Suidōbashi Station 水道橋駅 20 B2
Suidōchō (Shinjuku-ku) 水道町 (新宿区) 57 H2
Suijin-ōhashi (bridge) 水神大橋 51 F3
Suijō-basu Noriba 水上バスのりば (→Sea-bus Terminals)
Suisan Shiryōkan (Fisheries Musm) 水産資料館 66 A5
Suitengū-mae Station (subway) 水天宮前駅 (地下鉄) 58 D5
Sumida 1–5 (Sumida-ku) 墨田1～5丁目 (墨田区) 51 H5
Sumida-ku 墨田区 51 52 59 60
Sumida Park 隅田公園 59 F1
Sumida Sangyō Kaikan すみだ産業会館 37 F6
Sumida Triphony Hall すみだトリフォニーホール 37 E4
Sumida Ward Office 墨田区役所 23 H3
Sumitomo Corp. 住友商事 20 C6
Sumitomo Fudōsan Hibiya Bldg 住友不動産日比谷ビル 12 A4
Sumitomo Hamamatsuchō Bldg 住友浜松町ビル 12 D3
Sumitomo Ichigaya Building 住友市ヶ谷ビル 18 D5
Sumitomo Mitsui Bank (H.O.) 三井住友銀行 (本店) 10 C2
Sumitomo No. 3 Building 住友3号館ビル 12 C3
Sumitomo Shiba-Kōen Building 住友芝公園ビル 13 F5
Sumitomo Trust (Tokyo H.O.) 住友信託 (東京営業部) 8 D3
Sumitomo Twin Buildings 東京住友ツインビル 58 D6
Sumiyoshi 1–2 (Kōtō-ku) 住吉1～2丁目 (江東区) 59 G4
Sumiyoshichō (Shinjuku-ku) 住吉町 (新宿区) 57 G3
Sumiyoshichō 1–6 (Yokohama City) 住吉町1～6丁目 (横浜市) 83 E5
Sumiyoshi Station (subway) 住吉駅 (地下鉄) 59 G4
Sumō Stadium (Kokugikan) 国技館 59 E3
Sunshine 60 Building サンシャイン60ビル 25 F4
Sunshine City サンシャインシティ 25 F4
Sunshine International Aquarium サンシャイン国際水族館 25 G5
Sunshine Theater サンシャイン劇場 25 G5
Sun Street サンストリート 59 H3
Suntory サントリー 16 B3
Suntory Hall サントリーホール 14 A2
Suntory Museum of Art サントリー美術館 14 A6
Supreme Court 最高裁判所 17 E1
Suwa Park 諏訪公園 84 B3
Suzukichō Station 鈴木町駅 77 G4
Suzumoto Engeijō 鈴本演芸場 22 B5
Symbol Tower シンボルタワー 80 C6

Tabako to Shio no Hakubutsukan (Tobacco & Salt Musm) たばこと塩の博物館 30 C2
Tabata 1–6 (Kita-ku) 田端1～6丁目 (北区) 50 B4
Tabata-Shinmachi 1–3 (Kita-ku) 田端新町1～3丁目 (北区) 50 C4
Tabata Station 田端駅 50 B4
Tachiaigawa Station 立会川駅 73 H3
Tachibana 1–6 (Sumida-ku) 立花1～6丁目 (墨田区) 59 H2
Tagara 1–5 (Nerima-ku) 田柄1～5丁目 (練馬区) 47 H1
Taihei 1–4 (Sumida-ku) 太平1～4丁目 (墨田区) 59 G3
Taiheiyō Cement 太平洋セメント 20 B3
Taikan Yokoyama Meml Hall 横山大観記念館 22 A4
Takarazuka Univ. of Art & Design 宝塚造形芸術大学大学院 26 D2
Taiko-kan (Drum Museum) 太鼓館 23 F3
Taipei Economic & Cultural Representative Office 台北駐日経済文化代表処 34 B6
Tairamachi 1–2 (Meguro-ku) 平町1～2丁目 (目黒区) 72 C1
Taishidō 1–5 (Setagaya-ku) 太子堂1～5丁目 (世田谷区) 64 B3
Taishikan Building (Kowa Building No. 38) 大使館ビル (興和ビル38) 32 B3
Taishō University 大正大学 49 G4
Taisō-ji (temple) 太宗寺 27 H3
Taitō 1–4 (Taitō-ku) 台東1～4丁目 (台東区) 58 D2
Taitō-ku 台東区 51 58
Taitō Ward Office 台東区役所 22 D4
Takaban 1–3 (Meguro-ku) 鷹番1～3丁目 (目黒区) 64 D5
Takabashi (Kōtō-ku) 高橋 (江東区) 59 F5
Takachiho Univ. 高千穂大学 55 G5
Takada 1–3 (Toshima-ku) 高田1～3丁目 (豊島区) 57 F1
Takadanobaba 1–4 (Shinjuku-ku) 高田馬場1～4丁目 (新宿区) 57 E1
Takadanobaba Station 高田馬場駅 57 E1
Takagi Bonsai Museum 高木盆栽美術館 18 D4
Takagichō Center Building 高樹町センタービル 32 B4
Takaido-Higashi 1–4 (Suginami-ku) 高井戸東1～4丁目 (杉並区) 55 F5
Takaido-Nishi 1–3 (Suginami-ku) 高井戸西1～3丁目 (杉並区) 55 E4
Takaido Station 高井戸駅 55 E5
Takamatsu 1–3 (Toshima-ku) 高松1～3丁目 (豊島区) 49 E4
Takamatsu 1–6 (Nerima-ku) 高松1～6丁目 (練馬区) 47 G3
Takanawa 1–4 (Minato-ku) 高輪1～4丁目 (港区) 65 H3
Takanawadai Station (subway) 高輪台駅 (地下鉄) 34 D3
Takanawa Post Office 高輪郵便局 65 H3
Takanodai 1–5 (Nerima-ku) 高野台1～5丁目 (練馬区) 47 E3
Takarachō Station (subway) 宝町駅 (地下鉄) 11 H1
Takaramachi 1–2 (Katsushika-ku) 宝町1～2丁目 (葛飾区) 52 A3
Takasago 1–8 (Katsushika-ku) 高砂1～8丁目 (葛飾区) 52 D3
Takashima 1–2 (Yokohama City) 高島1～2丁目 (横浜市) 81 G6
Takashimachō Station 高島町駅 82 B1
Takashimadaira 1–9 (Itabashi-ku) 高島平1～9丁目 (板橋区) 40 B5
Takashimadaira Station (subway) 高島平駅 (地下鉄) 40 A4
Takashimaya Dept Store (Nihombashi) 高島屋 (日本橋店) 9 F5
Takashimaya Dept Store (Tamagawa) 高島屋 (玉川店) 71 F1
Takashimaya Dept Store (Yokohama) 高島屋 (横浜店) 81 G5
Takashimaya Times Square 高島屋タイムズスクエア 27 F4
Takatsu-ku (Kawasaki City) 高津区 (川崎市) 71
Takatsu Station 高津駅 71
Takatsu Ward Office (Kawasaki City) 高津区役所 (川崎市) 71 E3
Takebashi Junction 竹橋ジャンクション 20 B6
Takebashi Station (subway) 竹橋駅 (地下鉄) 20 C6
Takenotsuka 1–7 (Adachi-ku) 竹の塚1～7丁目 (足立区) 43 E4

Takenotsuka Station 竹ノ塚駅 43 E4
Takeshiba Station 竹芝駅 13 E1
Takeya 多慶屋 22 C6
Takinogawa 1–7 (Kita-ku) 滝野川1～7丁目 (北区) 49 G3
Tako no Hakubutsukan (Kite Museum) 凧の博物館 9 G4
Takushoku University 拓殖大学 57 H1
Tama Art University 多摩美術大学 71 G1
Tamachi Center Building 田町センタービル 13 H6
Tamachi Station 田町駅 13 H6
Tamagawa 1–7 (Ōta-ku) 多摩川1～7丁目 (大田区) 77 E1
Tamagawa 1–4 (Setagaya-ku) 玉川1～4丁目 (世田谷区) 71 G1
Tamagawadai 1–2 (Setagaya-ku) 玉川台1～2丁目 (世田谷区) 63 G6
Tamagawadai Park 多摩川台公園 72 B4
Tamagawa Den'en Chōfu 1–2 (Setagaya-ku) 玉川田園調布1～2丁目 (世田谷区) 72 A2
Tamagawa Station 多摩川駅 72 B4
Tamagawa-ōhashi (bridge) 多摩川大橋 76 D2
Tamagawa Post Office 玉川郵便局 63 H6
Tama Ward Office (Kawasaki City) 多摩区役所 (川崎市) 62 A6
Tamazutsumi 1–2 (Setagaya-ku) 玉堤1～2丁目 (世田谷区) 71 H3
Tameike-Sannō Station (subway) 溜池山王駅 (地下鉄) 16 D5
Tanimachi Junction 谷町ジャンクション 14 A4
Tansumachi (Shinjuku-ku) 箪笥町 (新宿区) 57 H3
Tarō Okamoto Meml Hall 岡本太郎記念館 32 A6
Tasaki Shinju 田崎真珠 11 E4
Tateishi 1–8 (Katsushika-ku) 立石1～8丁目 (葛飾区) 52 B5
Tatekawa 1–4 (Sumida-ku) 立川1～4丁目 (墨田区) 59 F4
Tatenochō (Nerima-ku) 立野町 (練馬区) 54 B1
Tatsumi 1–3 (Kōtō-ku) 辰巳1～3丁目 (江東区) 67 G3
Tatsumi Int'l Swimming Pool (Tokyo-Tatsumi Int'l Swimming Pool) 東京辰巳国際水泳場 67 H3
Tatsumi Junction 辰巳ジャンクション 67 G3
Tatsumi-no-mori Marine Park 辰巳の森海浜公園 67 G2
Tatsumi Station (subway) 辰巳駅 (地下鉄) 67 G3
Tatsunuma 1–2 (Adachi-ku) 辰沼1～2丁目 (足立区) 44 A5
Tawaramachi Station (subway) 田原町駅 (地下鉄) 23 E4
TBR Building TBRビル 16 D3
TBS Broadcasting Center TBS放送センター 16 B5
TCAT (Tokyo City Air Terminal) 東京シティ エアターミナル 59 E5
Technopia テクノピア 77 E4
Technoplaza Katsushika テクノプラザかつしか 52 B2
Teikoku Gekijō (Imperial Theater) 帝国劇場 10 C1
Teikyō University (Med.) 帝京大学医学部 49 F2
Teikyō University Hospital 帝京大学病院 49 F2
Teishin Byōin (Tokyo Teishin Hospital) 東京通信病院 18 B2
Teishin Sōgō Hakubutsukan (Communications Musm) 通信総合博物館 8 D2
Tekkō Building 鉄鋼ビル 9 E4
Telecom Center Building テレコムセンタービル 74 D1
Telecom Center Station テレコムセンター駅 66 D6
Tenjinchō (Shinjuku-ku) 天神町 (新宿区) 57 H2
Tenkūbashi Station 天空橋駅 78 B3
Tennōzu Central Tower 天王洲セントラルタワー 37 G1
Tennōzu Isle Station 天王洲アイル駅 37 G1
Tennōzu Park Side Bldg 天王洲パークサイドビル 37 G2
Tennōzu View Tower 天王洲ビュータワー 37 G2
Tennōzu Yūsen Building 天王洲郵船ビル 37 G1
TEPCO Asakusa-kan テプコ浅草館 23 F2

TEPCO Electric Energy Museum 電力館 30 C2
Termina テルミナ 37 F5
Tetsudō Kōsai Kaikan 鉄道弘済会館 19 G5
Tetsugakudō Park 哲学堂公園 48 B6
Theater Cocoon シアターコクーン 30 A3
Theatre Ginza, Le ル・テアトル銀座 11 G2
Theatre Shinjuku テアトル新宿 (映画) 27 G2
THE DIAMOND (underground arcade) ザ・ダイヤモンド (地下街) 81 G4
The Museum ザ・ミュージアム 30 A4
The PRIME ザ・プライム 30 B4
The National Art Center, Tokyo 国立新美術館 65 G1
Thomas Cook トーマスクック 9 G1
Tobacco & Salt Museum たばこと塩の博物館 30 C2
Tobechō 1–7 (Yokohama City) 戸部町1～7丁目 (横浜市) 82 B2
Tobe-Honchō (Yokohama City) 戸部本町 (横浜市) 82 A2
Tobe Station 戸部駅 82 A2
Tōbu-Asakusa Station 東武浅草駅 23 H3
Tōbu Dept Store (Ikebukuro) 東武百貨店 (池袋店) 24 C4
Tōbu-Nerima Station 東武練馬駅 48 A1
TOC 東京卸売センター 65 G6
Tochōmae Station (subway) 都庁前駅 (地下鉄) 26 C3
Toda City (Saitama-ken) 戸田市 (埼玉県) 39 40
Toda City Office 戸田市役所 40 C1
Tōdaimae Station (subway) 東大前駅 (地下鉄) 58 B1
Toda-Kōen Station 戸田公園駅 40 C2
Toda Station 戸田駅 40 B1
Todōfuken Kaikan 都道府県会館 16 C1
Todoroki 1–8 (Setagaya-ku) 等々力1～8丁目 (世田谷区) 72 A1
Todoroki Station 等々力駅 71 H2
Todoroki Valley Park 等々力渓谷公園 71 H2
Tōei Kaikan (cinema) 東映会館 11 E2
Tōgeki Building (cinema) 東劇ビル (映画) 11 G5
Togenuki Jizō (Kōgan-ji／temple) とげぬき地蔵 (高岩寺) 49 H5
Tōgō-jinja (shrine) 東郷神社 28 B5
Tōgō Seiji Bijutsukan (Seiji Tōgō Art Musm) 東郷青児美術館 26 D2
Togoshi 1–6 (Shinagawa-ku) 戸越1～6丁目 (品川区) 73 G1
Togoshi-Ginza Station 戸越銀座駅 73 F1
Togoshi-Kōen Station 戸越公園駅 73 G1
Togoshi Park 戸越公園 73 G1
Togoshi Station (subway) 戸越駅 (地下鉄) 73 F1
Tōgū Gosho (Crown Prince's Residence) 東宮御所 29 H2
Toguri Museum of Art 戸栗美術館 64 D1
Tōhō (H.O.) 東宝 (本社) 10 C3
Tōhō Twin Tower 東宝ツインタワー 10 C2
Tōhō University (Med.) 東邦大学 (医学部) 73 G6
Tōhō Univ. Hospital 東邦大学病院 64 C2
Tōkai 1–6 (Ōta-ku) 東海1～6丁目 (大田区) 74 C4
Tōkai Junction 東海ジャンクション 74 A5
Tōken Hakubutsukan (Japanese Sword Musm) 刀剣博物館 56 D5
Tokiwa 1–2 (Kōtō-ku) 常盤1～2丁目 (江東区) 59 E5
Tokiwachō 1–6 (Yokohama City) 常盤町1～6丁目 (横浜市) 83 E5
Tokiwadai 1–4 (Itabashi-ku) 常盤台1～4丁目 (板橋区) 48 D1
Tokiwadai Station ときわ台駅 48 D2
Tokkyochō (Patent Office) 特許庁 17 E5
Tokumaru 1–8 (Itabashi-ku) 徳丸1～8丁目 (板橋区) 40 A6
Tokyo Art Club 東京美術倶楽部 12 C4

Tokyo Big Sight (Tokyo Int'l Exhibition Hall)　東京ビッグサイト
　(東京国際展示場)　67 E5
Tokyo Bijutsu Kurabu (Tokyo Art Club)　東京美術倶楽部　12 C4
Tokyo Budō-kan　東京武道館　51 H1
Tokyo Building　東京ビル　8 D6
Tokyo Bunka Kaikan (Tokyo Metr. Festival Hall)　東京文化会館
　22 B3
Tokyo Central Post Office　東京中央郵便局　8 D5
Tokyo Central Wholesale Market (Ōta Shijō)　東京中央卸売市場
　(大田市場)　74 B5
Tokyo Central Wholesale Market (Tsukiji Shijō)　東京中央卸売市場
　(築地市場)　66 C1
Tokyo Chamber of Commerce & Industry　東京商工会議所　8 C6
Tokyo Chihō Saibansho (Tokyo District Court)　東京地方裁判所
　17 H3
Tokyo Chinese School　東京中華学校　19 E5
Tokyo Chūka Gakkō (Tokyo Chinese School)　東京中華学校　19 E5
Tokyo Chūō Oroshiurishijō (Tokyo Central Wholesale Market／
　Ōta Shijō)　東京中央卸売市場 (大田市場)　74 B5
Tokyo Chūō Oroshiurishijō (Tokyo Central Wholesale Market／
　Tsukiji Shijō)　東京中央卸売市場 (築地市場)　66 C1
Tokyo Chūō Yūbinkyoku (Tokyo Central Post Office)　東京中央郵便局
　8 D5
Tokyo City Air Terminal (TCAT)　東京シティエアターミナル　59 E5
Tokyo Club Building　東京倶楽部ビル　17 F5
Tokyo College of Music　東京音楽大学　49 F6
Tokyo Commodity Exchange　東京工業品取引所　9 H1
Tokyo Customhouse　東京税関　74 D1
Tokyo Daibutsu　東京大仏　39 H5
Tokyo Daigaku　東京大学　(→Univ. of Tokyo)
Tokyo Denki University　東京電機大学　21 E5
Tokyo Denryoku (Tokyo Electric Power Co.／H.O.)　東京電力
　(本社)　10 B4
Tokyo Dental College Hospital　東京歯科大学病院　20 B2
Tokyo Disneyland　東京ディズニーランド　69 E5
Tokyo DisneySea　東京ディズニーシー　69 F5
Tokyo Distribution Center　東京流通センター　74 A5
Tokyo District Court　東京地方裁判所　17 H3
Tokyo-dō (bookstore)　東京堂 (書店)　20 D5
Tokyo Dome　東京ドーム　58 A2
Tokyo Dome City　東京ドームシティ　20 B1
Tokyo Electric Power Company (H.O.)　東京電力本社　10 B4
Tokyo Expressway Public Corp.　首都高速道路公団　17 G5
Tokyo Family Court　東京家庭裁判所　17 H3
Tokyo Ferry Terminal　東京フェリーターミナル　75 E1
Tokyo Fire Department　東京消防庁　8 C1
Tokyo Fisheries Terminal　東京水産ターミナル　74 C4
Tokyo FM　FM東京　19 G1
Tokyo Gas Building　東京ガスビル　13 F2
Tokyo Gas Laboratory　東京ガス技術研究所　13 H4
Tokyo Geijutsu Daigaku　東京芸術大学　22 A1
Tokyo Geijutsu Gekijō (Tokyo Metr. Art Space)　東京芸術劇場　24 C4
Tokyo Ginza Shiseidō Bldg　東京銀座資生堂ビル　10 D5
Tokyo Gymnasium　東京体育館　28 D1
Tokyo Heliport　東京ヘリポート　68 A4
Tokyo High Court　東京高等裁判所　17 H3
Tokyo Hongan-ji (temple)　東京本願寺　23 E3
Tokyo Ika Daigaku (Tokyo Medical College)　東京医科大学　57 F3

Tokyo Ika Daigaku Byōin (Tokyo Med. Coll. Hosp.)　東京医科大学
　病院　26 B2
Tokyo Ikashika Daigaku (Tokyo Med. & Dent. Univ.)　東京医科歯科
　大学　20 B2
Tokyo Institute of Polytechnics　東京工芸大学　56 C3
Tokyo Institute of Technology　東京工業大学　72 C2
Tokyo Insurance Bureau　東京簡易保険事務センター　15 G2
Tokyo International Airport (Haneda Airport)　東京国際空港 (羽田
　空港)　78 C2
Tokyo International Exhibition Hall (Tokyo Big Sight)　東京国際
　展示場 (東京ビッグサイト)　67 E5
Tokyo International Forum　東京国際フォーラム　8 C6
Tokyo International Post Office　東京国際郵便局　9 E2
Tokyo Jikeikai Ika Daigaku　東京慈恵会医科大学　(→Jikei Univ. School
　of Medicine)
Tokyo Joshi Daigaku (Tokyo Women's Christian Univ.)　東京女子
　大学　54 C1
Tokyo Joshi Ika Daigaku　東京女子医科大学　(→Tokyo Women's
　Med. College)
Tokyo Josui Kaikan　東京如水会館　20 C6
Tokyo-Kaijō Building　東京海上ビル　8 C4
Tokyo Kaikan　東京会館　8 B6
Tokyo Kan'i Hoken Jimu Center (Tokyo Insurance Bureau)　東京
　簡易保険事務センター　15 G2
Tokyo Kan'i Saibansho (Tokyo Summary Court)　東京簡易裁判所
　17 H3
Tokyo Kasei University　東京家政大学　49 G2
Tokyo Katedoraru Sei-Maria Daiseidō (St. Mary's Cathedral)
　東京カテドラル聖マリア大聖堂　57 G1
Tokyo Katei Saibansho (Tokyo Family Court)　東京家庭裁判所　17 H3
Tokyo Kōgei Daigaku (Tokyo Inst. of Polytechnics)　東京工芸大学
　56 C3
Tokyo Kōgyō Daigaku (Tokyo Inst. of Technology)　東京工業大学
　72 C2
Tokyo Kōgyōhin Torihikijo (Tokyo Commodity Exchange)　東京工業
　品取引所　9 H1
Tokyo-kō Kanri Jimusho (Tokyo Port Management Office)　東京
　港管理事務所　13 G1
Tokyo Kokuritsu Hakubutsukan (Tokyo Nat'l Musm)　東京国立博
　物館　22 C1
Tokyo Kokusai Forum (Tokyo Int'l Forum)　東京国際フォーラム
　8 C6
Tokyo Kokusai Tenjijō (Tokyo Int'l Exhibition Hall)　東京国際展示場
　67 E5
Tokyo Kokusai Yūbinkyoku (Tokyo Int'l Post Office)　東京国際郵便
　局　9 E2
Tokyo Kōtō Saibansho (Tokyo High Court)　東京高等裁判所
　17 H3
Tokyo Kōtsū Kaikan　東京交通会館　11 E1
Tokyo-kō Yachō Kōen (Tokyo Port Wild Bird Park)　東京港野鳥公
　園　74 B4
Tokyo Marine Pool　東京マリンプール　42 D5
Tokyo Medical College　東京医科大学　57 F3
Tokyo Medical Coll. Hospital　東京医科大学病院　26 B2
Tokyo Medical & Dental University　東京医科歯科大学　20 B2
Tokyo Medical & Dental Univ. Hospital　東京医科歯科大学附属病院
　21 E2
Tokyo Metropolitan Archives　東京都公文書館　13 E1

Tokyo Metropolitan Art Museum　東京都美術館　22 B2
Tokyo Metropolitan Art Space　東京芸術劇場　24 C4
Tokyo Metropolitan Central Library　東京都立中央図書館　33 F1
Tokyo Metropolitan Festival Hall　東京文化会館　22 B3
Tokyo Metropolitan Government Office　東京都庁　26 B4
Tokyo Metropolitan Health Plaza Hygeia　東京都健康プラザハイジア　27 F1
Tokyo Metropolitan Museum of Modern Literature　都立近代文学博物館　64 C1
Tokyo Metropolitan Museum of Photography　東京都写真美術館　36 B3
Tokyo Metropolitan Police Dept (Keishichō)　警視庁　17 G3
Tokyo Metropolitan Univ.　首都大学東京　50 C3
Tokyo Midtown　東京ミッドタウン　14 B6
Tokyo Mitsubishi Bank (Bank of Tokyo Mitsubishi／H.O.)　東京三菱銀行 (本店)　8 C6
Tokyo National Museum　東京国立博物館　22 C1
Tokyo Newspapers (Tokyo Chūnichi Newspapers)　東京新聞 (中日新聞)　66 A5
Tokyo Nichifutsu Gakuin (Institut Franco-Japonais de Tokyo)　東京日仏学院　18 A3
Tokyo Nōgyō Daigaku (Tokyo Univ. of Agri.)　東京農業大学　63 G4
Tokyo Nyūgoku Kanrikyoku (Tokyo Regional Immigration Bureau)　東京入国管理局　66 B5
Tokyo Ongaku Daigaku (Tokyo Coll. of Music)　東京音楽大学　49 F6
Tokyo Opera City　東京オペラシティ　26 A6
Tokyo Oroshiuri Center (TOC)　東京卸売センター　65 G6
Tokyo Port Management Office　東京港管理事務所　13 G1
Tokyo Port Wild Bird Park　東京港野鳥公園　74 B4
Tokyo Postal Services Agency Hospital (Tokyo Teishin Hospital)　東京逓信病院　18 B2
Tokyo Postal Services Bureau　東京郵政局　9 E2
Tokyo Prison　東京拘置所　51 G2
Tokyo Regional Immigration Bureau　東京入国管理局　66 B5
Tokyo Rika Daigaku (Science Univ. of Tokyo)　東京理科大学　18 A2
Tokyo Ryūtsū Center (Tokyo Distribution Center)　東京流通センター　74 A5
Tokyo Sangyō Bōeki Kaikan (Tokyo Trade Center)　東京産業貿易会館　13 E1
Tokyo Sea Life Park　葛西臨海水族園　68 C4
Tokyo Shika Daigaku Byōin (Tokyo Dental Coll. Hosp.)　東京歯科大学病院　20 B2
Tokyo (Chūnichi) Shimbun　東京 (中日) 新聞　66 A5
Tokyo Shiodome Bldg　東京汐留ビル　12 B1
Tokyo Shōbōchō (Tokyo Fire Dept)　東京消防庁　8 C1
Tokyo Shōken Kaikan　東京証券会館　9 H5
Tokyo Shōken Torihikijo (Tokyo Stock Exchange)　東京証券取引所　9 H4
Tokyo Shōkō Kaigisho (Tokyo Chamber of Commerce & Industry)　東京商工会議所　8 C6
Tokyo Sports Center　東京スポーツセンター　66 D4
Tokyo Station　東京駅　8 D5
Tokyo Station Gallery　東京ステーションギャラリー　8 D4
Tokyo Stock Exchange　東京証券取引所　9 H4
Tokyo Sumitomo Twin Buildings　東京住友ツインビル　58 D6
Tokyo Summary Court　東京簡易裁判所　17 H3
Tokyo Taiikukan (Tokyo Gymnasium)　東京体育館　28 D1
Tokyo Takarazuka Theater　東京宝塚劇場　10 C3
Tokyo-Tatsumi Int'l Swimming Pool　東京辰巳国際水泳場　67 H3
Tokyo Teishin Hospital　東京逓信病院　18 B2

Tokyo Teleport Station　東京テレポート駅　66 D5
Tokyo-to Bijutsukan (Tokyo Metr. Art Musm)　東京都美術館　22 B2
Tokyo Tochō (Tokyo Metr. Government Office)　東京都庁　26 B4
Tokyo-to Geihinkan (Metr. Guesthouse)　東京都迎賓館　36 D5
Tokyo-to Gendai Bijutsukan (Musm of Contemporary Art Tokyo)　東京都現代美術館　59 G5
Tokyo-Togikai Gijidō (Metr. Assembly Hall)　東京都議会議事堂　26 C4
Tokyo-to Jidōkaikan (Metr. Children's House)　東京都児童会館　30 D3
Tokyo-to Kenkō Plaza Hygeia (Tokyo Metr. Health Plaza Hygeia)　東京都健康プラザハイジア　27 F1
Tokyo-to Kōbunshokan (Tokyo Metr. Archives)　東京都公文書館　13 E1
Tokyo Tomin Bank (H.O.)　東京都民銀行 (本店)　14 B4
Tokyo-to Shashin Bijutsukan (Tokyo Metr. Musm of Photography)　東京都写真美術館　36 B3
Tokyo-to Teien Bijutsukan (Metr. Teien Art Musm)　東京都庭園美術館　36 D5
Tokyo Tower　東京タワー　12 D6
Tokyo Tower Amusement Hall　東京タワーアミューズメントホール　12 D6
Tokyo Trade Center　東京産業貿易会館　13 E1
Tokyo Union Church　東京ユニオンチャーチ　31 G1
Tokyo University of Agriculture　東京農業大学　63 G4
Tokyo University of Fine Arts and Music (Tokyo Geijutsu Daigaku)　東京芸術大学　22 A1
Tokyo Univ. of Marine Science and Technology　東京海洋大学　37 F1
Tokyo Univ. of Marine Science and Technology　東京海洋大学　67 E1
Tokyo Waterworks History Museum　東京都水道歴史館　20 D1
Tokyo Women's Christian University　東京女子大学　54 C1
Tokyo Women's Medical College　東京女子医科大学　57 G3
Tokyo Women's Medical College Hospital　東京女子医科大学病院　57 G3
Tokyo Yūseikyoku (Tokyo Postal Services Bureau)　東京郵政局　9 E2
Tokyo Zeikan (Tokyo Customhouse)　東京税関　74 D1
Tōkyū Bunkamura (Bunkamura)　(東急) Bunkamura　30 A4
Tōkyū Corp. (H.O.)　東急電鉄 (本社)　30 B6
Tōkyū Dept Store (Main Store)　東急百貨店 (本店)　30 A3
Tōkyū Hands (Futako-Tamagawa)　東急ハンズ (二子玉川店)　71 F1
Tōkyū Hands (Ikebukuro)　東急ハンズ (池袋店)　25 F4
Tōkyū Hands (Shibuya)　東急ハンズ (渋谷店)　30 B3
Tōkyū Hands (Shinjuku)　東急ハンズ (新宿店)　27 F5
Tōkyū Hands (Yokohama)　東急ハンズ (横浜店)　81 E6
Tōkyū-Kamata Station　東急蒲田駅　77 F1
Tōkyū Tameike Building　東急溜池ビル　17 E5
Tōkyū Tōyoko Dept Store　東急東横店　30 D4
Tōmen　トーメン　11 E1
Tomigaya 1–2 (Shibuya-ku)　富ヶ谷1～2丁目 (渋谷区)　64 D1
Tomihisachō (Shinjuku-ku)　富久町 (新宿区)　57 F4
Tomioka 1–2 (Kōtō-ku)　富岡1～2丁目 (江東区)　59 F6
Tomioka Hachimangū (shrine)　富岡八幡宮　59 F6
Tomioka Museum　富岡美術館　73 G4
Toneri Station　舎人駅　42 C2
Toneri 1–6 (Adachi-ku)　舎人1～6丁目 (足立区)　42 C2
Tonerikōen (Adachi-ku)　舎人公園 (足立区)　42 C3

Toneri-Kōen Station 舎人公園駅 42 C3
Tonerimachi (Adachi-ku) 舎人町 (足立区) 42 C3
Toneri Park 舎人公園 42 C3
Toppan Printing (H.O.) 凸版印刷 (本社) 58 D2
Toranomon 1–5 (Minato-ku) 虎ノ門1〜5丁目 (港区) 66 A1
Toranomon Hall 虎ノ門ホール 17 F5
Toranomon Hospital 虎の門病院 17 E6
Toranomon Mitsui Building 虎ノ門三井ビル 17 F6
Toranomon Ni-chōme Tower 虎ノ門2丁目タワー 17 F6
Toranomon Pastoral 虎ノ門パストラル 14 B1
Toranomon Station (subway) 虎ノ門駅 (地下鉄) 17 G5
Tora-san Meml Hall 寅さん記念館 53 E2
Toray Building 東レビル 9 G2
Torigoe 1–2 (Taitō-ku) 鳥越1〜2丁目 (台東区) 58 D2
Toriizaka Church 鳥居坂教会 14 D5
Toritsu Bokutō Byōin (Metr. Bokutō Hosp.) 都立墨東病院 37 H6
Toritsu Chūō Toshokan (Tokyo Metr. Central Library) 都立中央
  図書館 33 F1
Toritsu-Daigaku Station 都立大学駅 72 C1
Toritsu Ebara Byōin (Ebara Hosp.) 都立荏原病院 72 D3
Toritsu Hibiya Toshokan (Metr. Hibiya Library) 都立日比谷図書館
  10 A3
Toritsu Hiro-o Byōin (Tokyo Metr. Hiro-o Hosp.) 都立広尾病院
  33 H4
Toritsu-Kasei Station 都立家政駅 47 H6
Toritsu Kindai Bungaku Hakubutsukan (Tokyo Metr. Musm of
  Modern Literature) 都立近代文学博物館 64 C1
Toritsu Komagome Byōin (Komagome Hosp.) 都立駒込病院 50 B5
Toritsu Matsuzawa Byōin (Metr. Matsuzawa Hosp.) 都立松沢病院
  63 F1
Toritsu Ōkubo Byōin (Metr. Ōkubo Hosp.) 都立大久保病院 27 F1
Toritsu Ōtsuka Byōin (Metr. Ōtsuka Hosp.) 都立大塚病院 49 H6
Toritsu Umegaoka Byōin (Umegaoka Hosp.) 都立梅ヶ丘病院 63 H2
Tōshiba Building 東芝ビル 13 G2
Tōshiba EMI 東芝EMI 16 D5
Tōshiba Science Institute 東芝科学館 76 D2
Toshi Center Hall 都市センターホール 19 H3
Toshima 1–8 (Kita-ku) 豊島1〜8丁目 (北区) 50 A1
Toshimaen (amusement park) としまえん 47 H3
Toshimaen Station 豊島園駅 47 H4
Toshima Hospital 豊島病院 49 E2
Toshima-ku 豊島区 49 50 57
Toshima Post Office 豊島郵便局 25 G4
Toshima Public Hall 豊島公会堂 25 E3
Toshima Ward Local Museum 豊島区郷土資料館 24 B5
Toshima Ward Office 豊島区役所 25 E3
Tōshinchō 1–2 (Itabashi-ku) 東新町1〜2丁目 (板橋区) 48 C2
Tōshōgū (shrine／Shiba-Kōen) 東照宮 (芝公園) 13 E5
Tōshōgū (shrine／Ueno) 東照宮 (上野) 22 A3
Totsukamachi 1 (Shinjuku-ku) 戸塚町1丁目 (新宿区) 57 G2
Tourist Information Center (Asakusa) 浅草文化観光センター 23 G3
Tourist Information Center (Yūrakuchō) ツーリスト・インフォメー
  ション・センター 8 C6
Tōwa 1–5 (Adachi-ku) 東和1〜5丁目 (足立区) 44 A6
Tower Records (Shibuya) タワーレコード (渋谷) 30 C3
Tower Riverk タワーリバーク 81 F1
Toyama 1–3 (Shinjuku-ku) 戸山1〜3丁目 (新宿区) 57 F2
Toyama Park 戸山公園 57 F2
Toy Museum おもちゃ美術館 56 B1

Tōyō 1–7 (Kōtō-ku) 東陽1〜7丁目 (江東区) 59 G6
Tōyō Building 東洋ビル 81 G4
Tōyō Bunko 東洋文庫 50 A5
Tōyōchō Station (subway) 東陽町駅 (地下鉄) 59 H6
Toyokawa Inari (temple) 豊川稲荷 (赤坂) 16 A3
Toyomichō (Chūō-ku) 豊海町 (中央区) 66 C2
Toyosu 1–6 (Kōtō-ku) 豊洲1〜6丁目 (江東区) 67 F2
Toyosu Futō (wharf) 豊洲ふ頭 66 D3
Toyosu Station (subway) 豊洲駅 (地下鉄) 67 F2
Toyota Amlux トヨタアムラックス 25 F4
Toyotama-Kami 1–2 (Nerima-ku) 豊玉上1〜2丁目 (練馬区) 48 B4
Toyotama-Kita 1–6 (Nerima-ku) 豊玉北1〜6丁目 (練馬区) 48 A5
Toyotama-Minami 1–3 (Nerima-ku) 豊玉南1〜3丁目 (練馬区) 48 A5
Toyotama-Naka 1–4 (Nerima-ku) 豊玉中1〜4丁目 (練馬区) 48 A5
Tōyō University 東洋大学 50 A6
Tōzen-ji (temple) 東禅寺 34 C2
Trade Representative of Russia ロシア通商代表部 35 E3
Traditional Crafts Museum (Edo Shitamachi Traditional Crafts
  Museum) 江戸下町伝統工芸館 23 F1
Triton Square トリトンスクエア 66 D2
Tsubaki 1–2 (Adachi-ku) 椿1〜2丁目 (足立区) 42 B5
Tsuda Hall 津田ホール 28 C1
Tsudayama Station 津田山駅 70 D2
Tsukiji 1–7 (Chūō-ku) 築地1〜7丁目 (中央区) 58 C6
Tsukiji Hongan-ji (temple) 築地本願寺 11 H6
Tsukijimachi (Shinjuku-ku) 築地町 (新宿区) 57 H2
Tsukiji Shijō (Tokyo Central Wholesale Market) 東京中央卸売市場
  (築地市場) 66 C1
Tsukiji-Shijō Station (subway) 築地市場駅 (地下鉄) 66 C1
Tsukishima 1–4 (Chūō-ku) 月島1〜4丁目 (中央区) 66 D1
Tsukishima Station (subway) 月島駅 (地下鉄) 66 D1
Tsukuda 1–3 (Chūō-ku) 佃1〜3丁目 (中央区) 66 D1
Tsukuda-ōhashi (bridge) 佃大橋 58 D6
Tsukudochō (Shinjuku-ku) 津久戸町 (新宿区) 57 H2
Tsukudo-Hachimanchō (Shinjuku-ku) 筑土八幡町 (新宿区) 57 H2
Tsurumaki 1–5 (Setagaya-ku) 弦巻1〜5丁目 (世田谷区) 63 H4
Tsurumi-Ichiba Station 鶴見市場駅 76 D6
Tsurumi Station 鶴見駅 80 B3
Tsurumi Tsubasa-hashi 鶴見つばさ橋 80 C5
Tsutsujigaoka Station つつじケ丘駅 62 A2
Tsutsumi Dōri 1–2 (Sumida-ku) 堤通1〜2丁目 (墨田区) 51 G5
Tuttle Books タトル 20 D4
TV Asahi (ANB) テレビ朝日 14 D6
TV Kanagawa (TVK) テレビ神奈川 83 G6
TV Tokyo (TX) テレビ東京 14 B1

U

Uchi-Kanda 1–3 (Chiyoda-ku) 内神田1〜3丁目 (千代田区) 58 C4
Uchi-Saiwaichō 1–2 (Chiyoda-ku) 内幸町1〜2丁目 (千代田区) 58 B6
Uchisaiwaichō Hall 内幸町ホール 10 B4
Uchisaiwaichō Station (subway) 内幸町駅 (地下鉄) 10 A4
Udagawachō (Shibuya-ku) 宇田川町 (渋谷区) 65 E1
Uehara 1–3 (Shibuya-ku) 上原1〜3丁目 (渋谷区) 64 C1
Ueno 1–7 (Taitō-ku) 上野1〜7丁目 (台東区) 22 B4
Ueno-Hirokōji Station (subway) 上野広小路駅 (地下鉄) 22 B6
Ueno-Kōen (Taitō-ku) 上野公園 (台東区) 22 B3
Ueno-Okachimachi Station (subway) 上野御徒町駅 (地下鉄) 22
  B6

Ueno Park　上野恩賜公園　22 B2
Ueno Post Office　上野郵便局　22 D1
Ueno Royal Museum　上野の森美術館　22 B4
Ueno-Sakuragi 1–2 (Taitō-ku)　上野桜木1～2丁目 (台東区)　50 D6
Ueno Station　上野駅　22 C4
Ueno Zoological Gardens　上野動物園　22 A2
Uguisudanichō (Shibuya-ku)　鶯谷町 (渋谷区)　65 E2
Uguisudani Station　鶯谷駅　22 D1
Ukima 1–5 (Kita-ku)　浮間1～5丁目 (北区)　40 E4
Ukima-Funado Station　浮間舟渡駅　40 D4
Ukima Park　浮間公園　40 D3
Ukitachō (Edogawa-ku)　宇喜田町 (江戸川区)　60 D6
Umaya-bashi (bridge)　厩橋　23 F6
Umeda 1–8 (Adachi-ku)　梅田1～8丁目 (足立区)　51 F1
Umegaoka 1–3 (Setagaya-ku)　梅丘1～3丁目 (世田谷区)　64 A2
Umegaoka Hospital　都立梅ヶ丘病院　63 H2
Umegaoka Station　梅ヶ丘駅　64 A2
Umejima 1–3 (Adachi-ku)　梅島1～3丁目 (足立区)　43 F6
Umejima Station　梅島駅　43 F6
Umewaka Noh Theater　梅若能楽院会館　56 C2
Umeyashiki Station　梅屋敷駅　73 H6
Umezato 1–2 (Suginami-ku)　梅里1～2丁目 (杉並区)　55 H3
Umibe (Kōtō-ku)　海辺 (江東区)　59 H5
Unane 1–3 (Setagaya-ku)　宇奈根1～3丁目 (世田谷区)　62 D6
United Nations University (H.O.)　国連大学 (本部)　31 F3
University of the Sacred Heart　聖心女子大学　33 F4
University of Tokyo　東京大学　58 B1
Univ. of Tokyo (Agri.)　東京大学 (農学部)　58 B1
Univ. of Tokyo (Engin.)　東京大学 (工学部)　58 C1
Univ. of Tokyo Hospital　東京大学附属病院　58 C1
Univ. of Tokyo Institute of Medical Science　東大医科学研究所　34 A6
Univ. of Tokyo Inst. of Medical Science Hospital　東大医科学研究所付属病院　34 A6
Univ. of Tokyo (Liberal Arts)　東京大学 (教養学部)　64 C1
Unoki 1–3 (Ōta-ku)　鵜の木1～3丁目 (大田区)　72 C6
Unoki Station　鵜の木駅　72 C6
U-Port　ゆうぽうと　35 H6
Urayasu City (Chiba-ken)　浦安市 (千葉県)　61 69
Urayasu City Office　浦安市役所　69 G2
Urayasu Station (subway)　浦安駅 (地下鉄)　69 F1
Urban Dock Lalaport Toyosu　アーバンドックららぽーと豊洲　67 E2
Urbannet Ikebukuro Building　アーバンネット池袋ビル　25 G4
Urbannet New Ōtemachi Bldg　アーバンネット新大手町ビル　8 D2
Urban Shiba-Kōen Building　アーバン芝公園ビル　12 C5
U.S. Air Force Yokota Air Base　米空軍横田基地　84 A4
U.S. Army Camp Zama　米陸軍キャンプ座間　84 C5
U.S. Navy Yokosuka Base　米海軍横須賀基地　84 A3
Ushida Station　牛田駅　51 G3
Ushigome-Kagurazaka Station (subway)　牛込神楽坂駅 (地下鉄)　18 A4
Ushigome Post Office　牛込郵便局　18 A6
Ushihama Station　牛浜駅　84 B6

V

VIVRE 21 (Yokohama)　ビブレ21 (横浜店)　81 F5

W

Wada 1–3 (Suginami-ku)　和田1～3丁目 (杉並区)　56 A4

Wadabori Park　和田堀公園　55 H5
Wadakura Fountain Park　和田倉噴水公園　8 B3
Wakaba 1–3 (Shinjuku-ku)　若葉1～3丁目 (新宿区)　57 G5
Wakabachō (Yokohama City)　若葉町1～3丁目 (横浜市)　82 C6
Wakabayashi 1–5 (Setagaya-ku)　若林1～5丁目 (世田谷区)　64 A3
Wakabayashi Station　若林駅　64 A3
Wakagi 1–3 (Itabashi-ku)　若木1～3丁目 (板橋区)　40 B6
Wakamatsuchō (Shinjuku-ku)　若松町 (新宿区)　57 F3
Wakamatsu-Kawada Station (subway)　若松河田駅 (地下鉄)　57 F3
Wakamiya 1–3 (Nakano-ku)　若宮1～3丁目 (中野区)　55 H1
Wakamiyachō (Shinjuku-ku)　若宮町 (新宿区)　18 A3
Wakasu (Kōtō-ku)　若洲 (江東区)　68 A5
Wakasu Kaihin Park　若洲海浜公園　68 A6
Wakō　和光　11 E3
Wakō City (Saitama-ken)　和光市 (埼玉県)　39 47
Wakō City Office　和光市役所　38 D5
Wakō-shi Station　和光市駅　39 E4
Wanza Ariake　ワンザ有明　67 E5
Wasedamachi (Shinjuku-ku)　早稲田町 (新宿区)　57 G2
Waseda-Minamichō (Shinjuku-ku)　早稲田南町 (新宿区)　57 G2
Waseda Station　早稲田駅　57 G2
Waseda Station (subway)　早稲田駅 (地下鉄)　57 G2
Waseda-Tsurumakichō (Shinjuku-ku)　早稲田鶴巻町 (新宿区)　57 G2
Waseda University　早稲田大学　57 G2
Waseda Univ. (Literature)　早稲田大学 (文学部)　57 F2
Waseda Univ. (Sci. & Engin.)　早稲田大学 (理工学部)　57 E2
WATARI-UM Museum　ワタリウム美術館　28 D5
Waterbus Stations　水上バスのりば　(→Sea-bus Terminals)
Western Antique Museum　西洋アンティック美術館　30 A4
Wild Bird Paradise (Yachō-no-Rakuen)　野鳥の楽園　61 H6
Wing Takanawa　ウイング高輪　35 E1
World Distribution Center　ワールド流通センター　75 E1
World Import Mart　ワールドインポートマート　25 G4
World Trade Center Bldg　世界貿易センタービル　13 E2

X

Xinhua News Agency (Shinkasha)　新華社　36 D3

Y

Yachō-no-Rakuen (Wild Bird Paradise)　野鳥の楽園　61 H6
Yaesu 1–2 (Chūō-ku)　八重洲1～2丁目 (中央区)　58 C5
Yaesu Book Center　八重洲ブックセンター　9 E6
Yaesu Building　八重洲ビル　9 E5
Yaesu Dai Building　八重洲ダイビル　9 E5
Yaesu Mitsui Building　八重洲三井ビル　9 E6
Yaesu Underground Arcade　八重洲地下街　9 E5
Yagai Dai-Ongakudō (Large Open-Air Concert Hall)　野外大音楽堂　10 A3
Yagirino-Watashi　矢切の渡し　53 E1
Yagiri Station　矢切駅　53 G2
Yagochi 1–2 (Edogawa-ku)　谷河内1～2丁目 (江戸川区)　61 G3
Yaguchi 1–3 (Ōta-ku)　矢口1～3丁目 (大田区)　76 D1
Yaguchino-Watashi Station　矢口渡駅　77 E1
Yahara 1–6 (Nerima-ku)　谷原1～6丁目 (練馬区)　47 E2
Yahiro 1–6 (Sumida-ku)　八広1～6丁目 (墨田区)　51 H6
Yahiro Station　八広駅　52 A6
Yakō Station　矢向駅　76 C4
Yakult (H.O.)　ヤクルト (本社)　10 C6

Yakumo 1–5 (Meguro-ku) 八雲1～5丁目 (目黒区) 64 B6
Yamabukichō (Shinjuku-ku) 山吹町 (新宿区) 57 H2
Yamabukichō (Yokohama City) 山吹町 (横浜市) 82 C6
Yamadachō (Yokohama City) 山田町 (横浜市) 82 D6
Yamashitachō (Yokohama City) 山下町 (横浜市) 83 F6
Yamashita Futō 山下ふ頭 83 H4
Yamashita Park 山下公園 83 G4
Yamashita Station 山下駅 63 H2
Yamatane Museum of Art 山種美術館 18 D1
Yamatechō (Yokohama City) 山手町 (横浜市) 83 H6
Yamate Church 山手教会 30 C3
Yamatochō (Itabashi-ku) 大和町 (板橋区) 49 E2
Yamatochō 1–4 (Nakano-ku) 大和町1～4丁目 (中野区) 55 H1
Yamato Life Insurance (H.O.) 大和生命 (本社) 10 B3
Yamato Transport (H.O.) ヤマト運輸 (本社) 11 G4
Yanagibashi 1–2 (Taitō-ku) 柳橋1～2丁目 (台東区) 59 E3
Yanagihara 1–2 (Adachi-ku) 柳原1～2丁目 (足立区) 51 G3
Yanaka 1–5 (Adachi-ku) 谷中1～5丁目 (足立区) 44 A5
Yanaka 1–7 (Taitō-ku) 谷中1～7丁目 (台東区) 50 C6
Yanaka Cemetery 谷中霊園 50 C6
Yanmar Building ヤンマービル 9 E5
Yaraichō (Shinjuku-ku) 矢来町 (新宿区) 57 H2
Yarai Noh Theater 矢来能楽堂 57 H2
Yashio 八潮 44 B2
Yashio 1–5 (Shinagawa-ku) 八潮1～5丁目 (品川区) 74 B2
Yashio Park Town 八潮パークタウン 74 B3
Yasukuni-jinja (shrine) 靖国神社 18 C2
Yatsuka Station 谷塚駅 43 F1
Yayoi 1–2 (Bunkyō-ku) 弥生1～2丁目 (文京区) 50 B6
Yayoichō (Itabashi-ku) 弥生町 (板橋区) 48 D2
Yayoichō 1–5 (Yokohama City) 弥生町1～5丁目 (横浜市) 82 C6
Yayoichō 1–6 (Nakano-ku) 弥生町1～6丁目 (中野区) 56 B4
Yazaike Station 谷在家駅 42 C4
Yazaike 1–3 (Adachi-ku) 谷在家1～3丁目 (足立区) 42 C4
YCAT (Yokohama City Air Terminal) 横浜シティエアターミナル 81 H6
Yebisu 恵比寿 (→Ebisu)
YMCA 21 F6
Yochōmachi (Shinjuku-ku) 余丁町 (新宿区) 57 F3
Yōga 1–4 (Setagaya-ku) 用賀1～4丁目 (世田谷区) 63 G5
Yōga Station 用賀駅 63 G6
Yokoami 1–2 (Sumida-ku) 横網1～2丁目 (墨田区) 59 E3
Yokohama Archives of History 横浜開港資料館 83 (F4 ②)
Yokohama Bank (Bank of Yokohama／H.O.) 横浜銀行 (本店) 82 C2
Yokohama Bay Bridge 横浜ベイブリッジ 80 B5
Yokohama Central Post Office 横浜中央郵便局 81 G6
Yokohama City (Kanagawa-ken) 横浜市 (神奈川県) 81 82 83
Yokohama City Air Terminal (YCAT) 横浜シティエアターミナル 81 H6
Yokohama City Office 横浜市役所 83 E5
Yokohama City Port Opening Meml Hall 横浜市開港記念会館 83 (E4 ①)
Yokohama Common Gov't Bldg No. 2 横浜第二合同庁舎 83 E3
Yokohama Cosmo World よこはまコスモワールド 82 D2
Yokohama Customhouse 横浜税関 83 F4
Yokohama Doll Museum 横浜人形の家 83 H5
Yokohama Guesthouse 横浜迎賓館 82 B5
Yokohama Int'l Passenger Terminal 横浜港大さん橋国際旅客ターミナル 83 G4
Yokohama Int'l Stadium (Int'l Stadium Yokohama) 横浜国際総合競技場 80 A3
Yokohama Jackmall 横浜ジャックモール 82 C1
Yokohama Kōen 横浜公園 83 E5
Yokohama Kokusai Heiwa Kaigijō (Pacifico Yokohama) パシフィコ横浜 (横浜国際平和会議場) 83 E1
Yokohama Landmark Plaza 横浜ランドマークプラザ 82 C2
Yokohama Maritime Museum 横浜マリタイムミュージアム 82 D3
Yokohama Media and Communications Center 横浜情報文化センター 83 F5
Yokohama Media Tower 横浜メディアタワー 82 C1
Yokohama Museum of Art 横浜美術館 82 C2
Yokohama Noh Theater 横浜能楽堂 82 B3
Yokohama Port Post Office 横浜港郵便局 83 F4
Yokohama Rubber (H.O.) 横浜ゴム (本社) 12 B4
Yokohama Stadium 横浜スタジアム 83 E5
Yokohama Station 横浜駅 81 G5
Yokohama ST Building 横浜STビル 81 F4
Yokohama World Porters 横浜ワールドポーターズ 83 E2
Yokohama YMCA 横浜YMCA 83 E5
Yokokawa 1–5 (Sumida-ku) 横川1～5丁目 (墨田区) 59 G2
Yokosuka Central Park 横須賀中央公園 84 D1
Yokosuka Chūō Station 横須賀中央駅 84 C2
Yokosuka City (Kanagawa-ken) 横須賀市 (神奈川県) 84
Yokosuka City Office 横須賀市役所 84 B1
Yokosuka Navy Base 米海軍横須賀基地 84 A3
Yokosuka Post Office 横須賀郵便局 84 B2
Yokota Air Base 米空軍横田基地 84 A4
Yokoteramachi (Shinjuku-ku) 横寺町 (新宿区) 57 H2
Yokoyama Taikan Kinenkan (Taikan Yokoyama Meml Hall) 横山大観記念館 22 A4
Yomiuri Kaikan (hall) 読売会館 10 D1
Yomiuri Newspapers 読売新聞 8 C2
Yonbanchō (Chiyoda-ku) 四番町 (千代田区) 19 E3
Yoshida Hōchiku Kinenkan (Hōchiku Yoshida Meml Hall) 吉田苞竹記念館 14 C2
Yoshidamachi (Yokohama City) 吉田町 (横浜市) 82 D5
Yoshihamachō (Yokohama City) 吉浜町 (横浜市) 83 F6
Yoshiike (Dept Store) 吉池 22 B6
Yotsuba 1–2 (Itabashi-ku) 四葉1～2丁目 (板橋区) 39 H5
Yotsugi 1–5 (Katsushika-ku) 四ツ木1～5丁目 (葛飾区) 52 A4
Yotsugi-bashi (bridge) 四ツ木橋 51 H5
Yotsugi Station 四ツ木駅 52 A5
Yotsuya 1–4 (Shinjuku-ku) 四谷1～4丁目 (新宿区) 57 F4
Yotsuya Post Office 四谷郵便局 57 G5
Yotsuya-Sanchōme Station (subway) 四谷三丁目駅 (地下鉄) 57 G4
Yotsuya Station 四ツ谷駅 19 F6
Yoyogi 1–5 (Shibuya-ku) 代々木1～5丁目 (渋谷区) 56 D5
Yoyogi-Hachiman Station 代々木八幡駅 56 D6
Yoyogi-Kamizonochō (Shibuya-ku) 代々木神園町 (渋谷区) 28 A2
Yoyogi-Kōen Station (subway) 代々木公園駅 (地下鉄) 56 D6
Yoyogi Park 代々木公園 56 D6
Yoyogi Post Office 代々木郵便局 56 C5
Yoyogi Station 代々木駅 27 F6
Yoyogi-Uehara Station 代々木上原駅 56 C6
Yukigaya-Ōtsukamachi (Ōta-ku) 雪谷大塚町 (大田区) 72 C3
Yukigaya-Ōtsuka Station 雪が谷大塚駅 72 C3
Yukijirushi Nyūgyō (Snow Brand Milk／H.O.) 雪印乳業 (本社) 19 E6

Yumemigasaki Park 夢見ヶ崎公園 76 B2
Yumenoshima (Kōtō-ku) 夢の島 (江東区) 68 A3
Yumenoshima Marina 夢の島マリーナ 67 H2
Yumenoshima Park 夢の島公園 67 H3
Yumenoshima Tropical Greenhouse Dome 夢の島熱帯植物館
　67 H2
Yūrakuchō 1–2 (Chiyoda-ku) 有楽町1〜2丁目 (千代田区) 58 B6
Yūrakuchō Building 有楽町ビル 10 D1
Yūrakuchō International Arcade 有楽町インターナショナルアーケード
　10 C3
Yūrakuza 有楽座 10 D2
Yūrakuchō Mullion 有楽町マリオン 10 D2
Yūrakuchō Station 有楽町駅 10 D2
Yūrakuchō Itocia 有楽町イトシア 11 E2
Yūsen Building 郵船ビル 8 C4
Yushima 1–4 (Bunkyō-ku) 湯島1〜4丁目 (文京区) 58 C2
Yushima Confucian Shrine (Yushima Seidō) 湯島聖堂 21 F2
Yushima Station (subway) 湯島駅 (地下鉄) 22 A6
Yushima-Tenjin (shrine) 湯島天神 (神社) 58 C2
Yutakachō 1–6 (Shinagawa-ku) 豊町1〜6丁目 (品川区) 73 G2
Yūten-ji (temple) 祐天寺 65 E4
Yūtenji 1–2 (Meguro-ku) 祐天寺1〜2丁目 (目黒区) 64 D4
Yūtenji Station 祐天寺駅 64 D4
YWCA 21 E3
YWCA Sadohara Center YWCA砂土原センター 18 B4

Z

Zaimushō (Ministry of Finance) 財務省 17 F4
Zaimushō Insatsukyoku (Printing Bureau) 国立印刷局 17 E6
Zaimushō Insatsukyoku Kinenkan (Meml Musm of the Printing
　Bureau) 国立印刷局記念館 18 C6
Zama City (Kanagawa-ken) 座間市 (神奈川県) 84
Zama City Office 座間市役所 84 D4
Zendentsū Kaikan (hall) 全電通会館 21 F4
Zenkyōren Building 全共連ビル 19 H3
Zenpuku-ji (temple) 善福寺 15 G5
Zenpukuji 1–4 (Suginami-ku) 善福寺1〜4丁目 (杉並区) 54 C1
Zenpukujigawa Park 善福寺川公園 55 F4
Zenpukuji Park 善福寺公園 54 C1
Zenrōsai Kaikan (hall) 全労済会館 26 D5
Zōjō-ji (temple) 増上寺 12 D5
Zōshigaya 1–3 (Toshima-ku) 雑司が谷1〜3丁目 (豊島区) 49 G6
Zōshigaya Cemetery 雑司が谷霊園 49 G6
Zōshigaya Station 雑司ヶ谷駅 49 F6
Zōshigaya Station (subway) 雑司が谷駅 (地下鉄) 49 F6
Zōshiki Station 雑色駅 77 F2

Hotels and Inns ホテル・旅館

A

Akasaka Excel H Tōkyū　赤坂エクセルホテル東急　3580-2311　16 C2
Akasaka Yōkō　赤坂陽光　3586-4050　16 A6
Akihabara Washington　秋葉原ワシントン　3255-3311　21 H4
ANA Inter Continental　ANAインターコンチネンタル　3505-1111
　　14 A2
Arcadia Ichigaya　アルカディア市ヶ谷　3261-9921　18 D3
Arimax H Shibuya　アリマックスホテル渋谷　5454-1122　30 A2
Asakusa View　浅草ビュー　3847-1111　23 F1
Asia Center of Japan (Asia Kaikan)　アジア会館　3402-6111　57 G6
Atagoyama Tōkyū Inn　新橋愛宕山東急イン　3431-0109　12 A5
Azur Takeshiba　アジュール竹芝　3437-2011　66 B2

B

B and G　ビィアンドジィ　3630-2711　59 (E5)
Breezebay　ブリーズベイ　(045) 253-5555　82 C4

C

Center H Tokyo　センターホテル東京　3667-2711　9 G5
Central (Kanda)　セントラル (神田)　3256-6251　21 G6
Central (Yokosuka)　セントラル (横須賀)　(0468) 27-1111　84 C2
Central H Tokyo　セントラルホテル東京　3354-6611　27 F3
Century Hyatt Tokyo　センチュリーハイアット東京　3349-0111　26 B3
Century Southern Tower　小田急ホテルセンチュリーサザンタワー
　　5354-0111　27 E5
Cerulean Tower Tōkyū　セルリアンタワー東急　3476-3000　30 C6
Chisan H Hamamatsuchō　チサンホテル浜松町　3452-6511　13 G3
Chisan H Tokyo　チサンホテル東京　3785-3211　73 (F2)
Com's　ホテルコムズ　3572-4131　10 C5
Continental Yokohama　コンチネンタル横浜　(045) 681-4111　83 F5
Co-op Inn Shibuya　コープイン渋谷　3486-6600　30 D1
Cosmo Yokohama　コスモ横浜　(045) 314-3111　81 E5

D

Dai-Ichi H Hikarigaoka　第一ホテル光が丘　5372-4411　47 F2
Dai-Ichi H Tokyo　第一ホテル東京　3501-4411　10 B5
Dai-Ichi H Tokyo Seafort　第一ホテル東京シーフォート　5460-4411
　　37 G1
Dai-Ichi Inn Ikebukuro　第一イン池袋　3986-1221　24 D3
Diamond　ダイヤモンド　3263-2211　19 F2
Disney Ambassador　ディズニーアンバサダー　047-305-1111　69 F5

E

East 21 Tokyo　イースト21東京　5683-5683　59 G6

F

Floracion Aoyama　フロラシオン青山　3403-1541　65 (F1)
Four Seasons H Chinzansō Tokyo　フォーシーズンズホテル椿山荘
　　東京　3943-2222　57 G1

G

Gimmond Tokyo　ギンモンド東京　3666-4111　9 H1
Ginza Capital　銀座キャピタル　3543-8211　11 H4
Ginza Daiei　銀座ダイエー　3545-1111　11 G4
Ginza International　銀座国際　3574-1121　10 C5
Ginza Nikkō　銀座日航　3571-4911　10 C5

Ginza Tōbu　銀座東武　3546-0111　11 E5
Grand Central　グランドセントラル　3256-3211　21 F6
Grand City　グランドシティ　3984-5121　25 F3
Grand Hill Ichigaya　グランドヒル市ヶ谷　3268-0111　18 D5
Grand Hyatt Tokyo　グランドハイアット東京　4333-1234　14 D6
Grand Pacific Meridien (Meridien Grand Pacific Tokyo)　グラン
　　パシフィックメリディアン　5500-6711　66 C6
Grand Palace　グランドパレス　3264-1111　20 A4
Grand Prince H. Akasaka　グランドプリンスホテル赤坂
　　3234-1111　16 C1
Grand Prince H. New Takanawa　グランドプリンスホテル新高輪
　　3442-1111　34 D2
Grand Prince H. Takanwa　グランドプリンスホテル高輪
　　3447-1111　34 D2
Green Hotel　東京グリーンホテル　(→Tokyo Green Hotel)

H

Hakozaki Terminal　箱崎ターミナル　3808-2222　59 (E5)
Haneda Tōkyū　羽田東急　3747-0311　78 B3
Harumi Grand　晴海グランド　3533-7111　66 D2
Hillport　ヒルポート　3462-5171　30 C6
Hilltop　山の上　3293-2311　20 D3
Hilton Tokyo　ヒルトン東京　3344-5111　26 B2
Hilton Tokyo Bay　ヒルトン東京ベイ　(047) 355-5000　68 D5
Holiday Inn Yokohama　ホリデイ・イン横浜　(045) 681-3311　83 G5

I

Ibis　アイビス　3403-4411　14 C6
Ikebukuro Center City　池袋センターシティ　3985-1311　24 C1
Ikebukuro H Theatre　池袋ホテルテアトル　3988-2251　25 E4
Ikebukuro Royal　池袋ロイヤル　5396-0333　24 C2
Imperial　帝国　3504-1111　10 B3
Inter Continental Tokyo Bay　インターコンチネンタル東京ベイ
　　5404-2222　13 F1

J

JAL City Tamachi Tokyo　JALシティ田町東京　5444-0202　66 (A4)

K

Kadoya　かどや　3346-2561　26 D3
Kaiyō　海洋　3368-1121　56 (D2)
Kanagawa Youth Hostel　神奈川ユースホステル　(045) 241-6503
　　82 C3
Kawasaki Grand　川崎グランド　(044) 244-2111　81 H2
Kawasaki H Park　川崎ホテルパーク　(044) 211-5885　81 H1
Kawasaki Nikkō　川崎日航　(044) 244-5941　81 E2
Kayabachō Pearl　茅場町パール　3553-8080　58 (D5)
Kazusaya　かずさや　3241-1045　9 G1
Keihin　京浜　3449-5711　35 E1
Keiō Plaza　京王プラザ　3344-0111　26 C3
Kichijōji Dai-Ichi　吉祥寺第一　(0422) 21-4411　54 (B2)
Kichijōji Tōkyū Inn　吉祥寺東急イン　(0422) 47-0109　54 (B2)
Kikuya Ryokan　喜久屋旅館　3841-4051　23 E2
Kinuya　きぬや　3833-1911　22 B5
Kizankan　機山館　3812-1211　58 (B2)
KSP　(044) 819-2211　71 F3

Kudan Kaikan 九段会館 3261-5521 20 A5

L

Laforet Tokyo ラフォーレ東京 5488-3911 35 H1
Lungwood ラングウッド 3803-1234 50 (C6)

M

Mandarin Oriental Tokyo マンダリンオリエンタル東京 3270-8800
　9 F2
MaRRoad Inn Akasaka マロウドイン赤坂 3585-7611 16 A6
Marunouchi 丸ノ内 3217-1111 8 D3
Mates メイツ 3443-4161 34 B3
Meguro Gajōen 目黒雅叙園 5434-3837 65 F5
Meridien Grand Pacific Tokyo グランパシフィックメリディアン
　5500-6711 66 C6
Meridien Pacific Tokyo パシフィック東京 3445-6711 35 E1
Metropolitan メトロポリタン 3980-1111 24 C5
Metropolitan Edmont メトロポリタンエドモント 3237-1111 20
　A2
Metropolitan Marunouchi メトロポリタン丸の内 3211-2233 9 E3
Mets Kawasaki メッツ川崎 (044) 540-1100 81 E1
MiraCosta ミラコスタ (047) 305-2222 69 F5
Mitsui Garden H Kamata 三井ガーデンホテル蒲田 5710-1131
　77 (G1)

N

New Central ニューセントラル 3256-2171 21 G5
New Grand ニューグランド (045) 681-1841 83 G5
New Hankyu Tokyo 東京新阪急ホテル 5550-5700 66 D1
New Izu ニュー伊豆 3831-8666 22 D5
New Meguro ニューメグロ 3719-8121 64 (D5)
New Ōtani ニューオータニ 3265-1111 19 H5
New Ōtani Inn Tokyo ニューオータニイン東京 3779-9111 35 H4
New Ōtani Inn Yokohama ニューオータニイン横浜 045-252-1311
　82 B6
New Sannō ニューサンノー 3440-7871 33 H2
New Washington ニューワシントン 3460-1701 30 A1
New Yokosuka ニューヨコスカ (0468) 20-1111 84 B2
Nikkō Tokyo 日航東京 5500-5500 66 C5

O

Odakyu Century Southern Tower 小田急ホテルセンチュリーサザ
　ンタワー 5354-0111 27 E5
Ōedo オーエド 3971-0288 24 C1
Ōkura オークラ 3582-0111 14 A1
Ōkura Tokyo Bay オークラ東京ベイ (047) 355-3333 69 E6
Ōmori Tōkyū Inn 大森東急イン 3768-0109 73 (H4)
Ours Inn Hankyū アワーズイン阪急 3775-6121 73 (H2)

P

Pacific Meridien Tokyo パシフィックメリディアン東京
　3445-6711 35 E1
Palace パレス 3211-5211 8 B3
Pan Pacific H Yokohama パンパシフィックホテル横浜
　(045) 682-2222 82 D1
Park Hyatt Tokyo パークハイアット東京 5322-1234 26 B5
Park Lane Nishi-Kasai パークレーン西葛西 3675-8900 68 (C1)
Park Side パークサイド 3836-5711 22 A5
President H Aoyama プレジデント青山 3497-0111 29 H5

R

Rich Yokohama リッチ横浜 (045) 312-2111 81 F4
Rihga Royal H Tokyo リーガロイヤルホテル東京 5285-1121
　57 G1
Rose Garden Shinjuku ローズガーデン新宿 3360-1533 26 C1
Royal Oak Gotanda ロイヤルオーク五反田 3492-5111 35 G6
Royal Park ロイヤルパーク 3667-1111 59 (E5)
Royal Park Shiodome Tower ロイヤルパーク汐留タワー
　6253-1111 12 A1
Ryōgoku Pearl 両国パール 3625-8080 59 (E3)
Ryōgoku River 両国リバー 3634-1711 59 (E3)
Ryokan Katsutarō 旅館勝太郎 3821-9808 22 A2
Ryokan Sansuisō 旅館山水荘 3441-7475 35 G5
Ryokan Shigetsu 旅館浅草指月 3843-2345 23 G3
Ryokan Toki 旅館都貴 3657-1747 53 E6

S

Sakura Ryokan 桜旅館 3876-8118 51 (E6)
Satō Tokyo サトー東京 3815-1133 20 B1
Sawanoya Ryokan 澤の屋旅館 3822-2251 50 (C6)
Seaside Edogawa シーサイド江戸川 3804-1180 68 C3
Seiyō Ginza 西洋銀座 3535-1111 11 G2
Shampia H Akasaka シャンピアホテル赤坂 3586-0811 16 A5
Sheraton Grande Tokyo Bay シェラトングランデ トーキョーベイ
　(047) 355-5555 69 E6
Sheraton Miyako H. Tokyo シェラトン都ホテル東京 3447-3111
　34 A3
Sheraton Yokohama Bay (Yokohama Bay Sheraton H & Towers)
　横浜ベイシェラトンホテル＆タワーズ (045) 411-1111 81 F4
Shiba Park 芝パーク 3433-4141 12 D4
Shibuya Creston 渋谷クレストン 3481-5800 30 A2
Shibuya Excel H Tōkyū 渋谷エクセルホテル東急 5457-0109 30 C5
Shibuya Tōbu 渋谷東武 3476-0111 30 B2
Shibuya Tōkyū Inn 渋谷東急イン 3498-0109 30 D4
Shimbashi Atagoyama Tokyu Inn 新橋愛宕山東急イン
　3431-0109 12 A5
Shinagawa Prince 品川プリンス 3440-1111 35 E1
Shinjuku New City 新宿ニューシティ 3375-6511 26 A4
Shinjuku Park 新宿パーク 3356-0241 27 F5
Shinjuku Prince 新宿プリンス 3205-1111 27 E1
Shinjuku Sunpark 新宿サンパーク 3362-7101 57 (E2)
Shinjuku Washington 新宿ワシントン 3343-3111 26 C5
Shin-Nakano Lodge 新中野ロッヂ 3381-4886 56 (B3)
Shin-Takanawa Prince (New Takanawa Prince) 新高輪プリンス
　3442-1111 34 D2
Shin-Urayasu Oriental 新浦安オリエンタル (047) 350-8111 69 F5
Star H Tokyo スターホテル東京 3361-1111 27 E2
Star H Yokohama スターホテル横浜 (045) 651-3111 83 G5
Star Plaza Ikebukuro スタープラザ池袋 3590-0005 24 C2
Suidobashi Grand 水道橋グランド 3816-2101 58 (B2)
Suigetsu H Ōgaisō 水月ホテル鴎外荘 3822-4611 22 A2
Sun H Shimbashi サンホテル新橋 3591-3351 12 A3
Sun Lite Shinjuku サンライト新宿 3356-0391 27 H2
Sunroute Asakusa サンルート浅草 3847-1511 23 F4
Sunroute Den'en Takatsu サンルート田園高津 (044) 814-3122 71 E2
Sunroute Ikebukuro サンルート池袋 3980-1911 25 E3
Sunroute Plaza Tokyo サンルートプラザ東京 (047) 355-1111 68 D5
Sunroute Tokyo サンルート東京 3375-3211 27 E5
Sunshine City Prince サンシャインシティプリンス 3988-1111 25 G4

T

Taishō Central 大正セントラル 3232-0101 57 (E1)
Takanawa Keikyū 高輪京急 3443-1211 35 E1
Takanawa Tōbu 高輪東武 3447-0111 35 E2
Teikoku (Imperial) 帝国 3504-1111 10 B3
The H Yokohama ザ・ホテルヨコハマ (045) 662-1321 83 G5
The Prince Sakura Tower ザ・プリンスさくらタワー 5798-1111
    34 D2
The Ritz-Carlton Tokyo ザ・リッツ・カールトン東京 3423-8000
    14 B6
Tōganeya 東金屋 3834-1601 22 C5
Tōkō 東興 3494-1050 35 F6
Tokyo Bay Ariake Washington 東京ベイ有明ワシントン
    5564-0111 67 E5
Tokyo Bay H Tōkyū 東京ベイホテル東急 (047) 355-2411 68 D5
Tokyo Business 東京ビジネス 3356-4605 27 H2
Tokyo City 東京シティー 3270-7671 9 G2
Tokyo Dome 東京ドーム 5805-2111 20 B1
Tokyo Garden Palace 東京ガーデンパレス 3813-6211 21 E1
Tokyo Grand 東京グランド 3456-2222 13 F4
Tokyo Green H Kōrakuen 東京グリーンホテル後楽園 3816-4161
    20 A1
Tokyo Green H Ochanomizu 東京グリーンホテル御茶ノ水
    3255-4161 21 F4
Tokyo Green H Suidōbashi 東京グリーンホテル水道橋 3295-4161
    20 C2
Tokyo Green Palace 東京グリーンパレス 5210-4600 19 F4
Tokyo H Urashima 東京ホテル浦島 3533-3111 66 D2
Tokyo Int'l Youth Hostel 東京国際ユースホステル 3235-1107
    18 (A1)
Tokyo Marriott H Kinshichō Tōbu 東京マリオットホテル錦糸町東武
    5611-5511 37 E4
Tokyo Ochanomizu H Juraku 東京お茶の水ホテル聚楽 3251-7222
    21 F3
Tokyo Prince 東京プリンス 3432-1111 12 C5
Tokyo Shin-Hankyū (New Hankyū Tokyo) 東京新阪急
    5550-5700 66 D1
Tokyo Station 東京ステーション 3231-2511 8 D5
Tokyo Sunny Side 東京サニーサイド 3649-1221 59 (G6)
Tokyo YMCA 東京YMCA 3293-1911 21 F6
Tōkyo Zennikkū (ANA H Tokyo) 東京全日空 3505-1111 14 A2
Toranomon Pastoral 虎ノ門パストラル 3432-7261 14 B1
Toshi Center 都市センター 3265-8211 19 H3

T (continued)

Tōwa Asakusa トーワ浅草 3843-0108 23 F5
Tōyō 東陽 3615-1041 67 (G1)
Tōyōchō Vista 東陽町ビスタ 3699-0333 59 (G6)
Tōyoko Inn Asakusa Komagata 東横イン浅草駒形 3841-1045
    23 F5

U

Ueno Terminal 上野ターミナル 3831-1110 22 D5
Universe ユニバース日本橋場町 3668-7711 9 H5
U-Port ゆうぽうと 3490-5111 35 H6
Urayasu Brighton 浦安ブライトン (047) 355-7777 69 H3

V

Villa Fontaine Nihombashi ヴィラフォンテーヌ日本橋
    3242-3370 9 H1

W

Westin Tokyo ウエスティンホテル東京 5423-7000 36 C3

Y

Yaesu Fujiya 八重洲富士屋 3273-2111 8 D6
Yamanoue (Hilltop) 山の上 3293-2311 20 D3
YMCA (Tokyo YMCA) 東京YMCA 3293-1911 21 F6
YMCA Asia Youth Center YMCAアジア青年センター 3233-0631
    21 F6
Yokohama, The H ザ・ホテルヨコハマ (045) 662-1321 83 G5
Yokohama Bay Sheraton H & Towers 横浜ベイシェラトンホテル＆
    タワーズ (045) 411-1111 81 F4
Yokohama Garden 横浜ガーデン (045) 641-1311 83 E6
Yokohama Grand Inter Continental 横浜グランドインターコンチ
    ネンタル (045) 223-2222 83 E1
Yokohama Isezakichō Washington 横浜伊勢佐木町ワシントン
    (045) 243-7111 82 D6
Yokohama Kaiyō-tei 横浜開洋亭 (045) 243-1122 82 B3
Yokohama Kokusai 横浜国際 (045) 311-1311 81 E5
Yokohama Mandarin 横浜マンダリン 045-243-3131 82 B4
Yokohama Plaza ヨコハマプラザ (045) 461-1771 81 H6
Yokohama Royal Park 横浜ロイヤルパーク (045) 221-1111 82 C2
Yokohoma Sakuragichō Washington 横浜桜木町ワシントン
    045-683-3111 82 D3
Yokohama Tōkyū 横浜東急 (045) 311-1682 81 G4
Yokosuka Prince 横須賀プリンス (0468) 21-1111 84 B3

Embassies 外国公館

A

Afghanistan アフガニスタン 5465-1219 56 C6
Algeria アルジェリア 3711-2661 36 A4
Argentina アルゼンチン 5420-7101 15 G6
Australia オーストラリア 5232-4111 15 G3
Austria オーストリア 3451-8281 15 F5

B

Bangladesh バングラデシュ 5704-0216 65 E5
Belarus ベラルーシ 3448-1623 34 A5
Belgium ベルギー 3262-0191 19 F4
Belize ベリーズ 3400-9106 32 (B3)
Benin ベナン 3500-3461 16 D2
Bolivia ボリビア 3499-5441 32 (B3)
Bosnia and Herzegovina ボスニア・ヘルツェゴビナ 3556-4151
　　19 F4
Botswana ボツワナ 5440-5676 13 H4
Brazil ブラジル 3404-5211 28 D5
Brunei Darussalam ブルネイ 3447-7997 35 F2
Bulgaria ブルガリア 3465-1021 56 D6
Burkina Faso ブルキナファソ 3400-7919 31 H6

C

Cambodia カンボジア 5412-8521 57 H6
Cameroon カメルーン 5430-4985 64 B5
Canada カナダ 5412-6200 57 G6
Chile チリ 3452-7561 15 F1
China 中華人民共和国 3403-3388 32 D1
Colombia コロンビア 3440-6451 65 G5
Congo (D.R.) コンゴ民主共和国 5820-1581
Costa Rica コスタリカ 3486-1812 32 (B3)
Côte d'Ivoire コートジボワール 5454-1401 64 C1
Croatia クロアチア 5469-3014 32 D6
Cuba キューバ 5570-3182 15 F1
Czech Republic チェコ 3400-8122 33 F6

D

Delegation of the European Commission 欧州委員会代表部
　　3239-0441 19 E2
Denmark デンマーク 3496-3001 65 E3
Djibouti ジブチ 5704-0682 65 E5
Dominican Rep. ドミニカ 3499-6020 32 (B3)

E

Ecuador エクアドル 3499-2800 32 (B3)
Egypt エジプト 3770-8022 65 E3
El Salvador エルサルバドル 3499-4461 32 (B3)
Eritrea エリトリア 5791-1815 34 A5
Estonia エストニア 5412-7281 28 C4
Ethiopia エチオピア 5420-6860 34 C3

F

Fiji フィジー 3587-2038 14 D2
Finland フィンランド 5447-6000 33 G1
France フランス 5420-8800 33 H2

G

Gabon ガボン 5430-9171
Germany ドイツ連邦共和国 3473-0151 33 G2
Ghana ガーナ 5410-8631 32 A2
Greece ギリシャ 3403-0871 32 C2
Guatemala グアテマラ 3400-1830 32 (B3)
Guinea ギニア 3770-4640 65 E2

H

Haiti ハイチ 3486-7096 32 (B3)
Honduras ホンジュラス 3409-1150 32 (B3)
Hungary ハンガリー 3798-8801 15 H2

I

Iceland アイスランド 3447-1944 35 F2
India インド 3262-2391 58 A3
Indonesia インドネシア 3441-4201 34 D6
Iran イラン 3446-8011 15 H5
Iraq イラク 3423-1727 29 H4
Ireland アイルランド 3263-0695 19 F2
Israel イスラエル 3264-0911 19 F4
Italy イタリア 3453-5291

J

Jamaica ジャマイカ 3435-1861 12 A5
Jordan ヨルダン 3580-5856 16 C2

K

Kazakhstan カザフスタン 3791-5279 64 C6
Kenya ケニア 3723-4006 72 B1
Korea (South) 大韓民国 3452-7611 15 G5
Kuwait クウェート 3455-0361 65 H3

L

Laos ラオス 5411-2291 32 C1
Lebanon レバノン 3580-1227 16 C2
Liberia リベリア 5467-0688 32 B4
Libya リビア 3477-0701 65 E3
Lithuania リトアニア 3703-6000 72 A2
Luxembourg ルクセンブルグ 3265-9621 19 E4

M

Madagascar マダガスカル 3446-7252 33 E1
Malawi マラウイ 3449-3010 34 C3
Malaysia マレーシア 3476-3840 64 D2
Mali マリ 3705-3437 64 A6
Marshall Islands マーシャル諸島 5379-1701 29 H1
Mauritania モーリタニア 3449-3810 35 H2
Mexico メキシコ 3581-1131 16 C2
Micronesia ミクロネシア連邦 3585-5456 14 A2
Mongolia モンゴル 3469-2088 64 D1
Morocco モロッコ 3478-3271 28 B3
Mozambique モザンビーク 5419-0973 66 A3
Myanmar ミャンマー 3441-9291 35 H1

N

Nepal ネパール 3705-5558 72 A1
Netherlands オランダ 5401-0411 14 C1
New Zealand ニュージーランド 3467-2271 64 D1
Nicaragua ニカラグア 3499-0400 32 (B3)
Nigeria ナイジェリア 5721-5391 65 E5
Norway ノルウェー 3440-2611 33 E3

O

Oman オマーン 3402-0877 28 C3

P

Pakistan パキスタン 3454-4861 15 G6
Palau パラオ 3354-5500 57 G4
Panama パナマ 3499-3741 32 (B3)
Papua New Guinea パプア・ニューギニア 3454-7801 15 G1
Paraguay パラグアイ 3443-9703 65 G5
Peru ペルー 3406-4243 31 G5
Philippines フィリピン 5562-1600 14 D4
Poland ポーランド 5794-7020 36 A4
Portugal ポルトガル 5212-7322 19 F3

Q

Qatar カタール 5475-0611 33 E1

R

Romania ルーマニア 3479-0311 32 C2
Russia ロシア 3583-4224 14 D2

S

San Marino サンマリノ 5414-7745
Saudi Arabia サウジアラビア 3589-5241 14 C3
Senegal セネガル 3464-8451 65 E3
Serbia & Montenegro セルビア・モンテネグロ 3447-3571
35 H1
Singapore シンガポール 3586-9111 15 E5
Slovakia スロバキア 3400-8122 33 F6

Slovenia スロベニア 5468-6275
South Africa 南アフリカ 3265-3366 16 C1
Spain スペイン 3583-8531 14 B2
Sri Lanka スリランカ 3440-6911 34 A1
Sudan スーダン 3506-7801
Sweden スウェーデン 5562-5050 14 B2
Switzerland スイス 3473-0121 33 E3
Syria シリア 3586-8977 14 A5

T

Tanzania タンザニア 3425-4531 63 F4
Thailand タイ 3447-2247 65 G5
Tunisia チュニジア 3511-6622 18 D1
Turkey トルコ 3470-5131 28 C4

U

U.A.E. アラブ首長国連邦 5489-0804 64 D2
Uganda ウガンダ 5773-0481
Ukraine ウクライナ 5474-9770 32 C2
United Kingdom イギリス 5211-1100 19 F1
Uruguay ウルグアイ 3486-1888 32 (B3)
United States of America アメリカ合衆国 3224-5000 16 D6
Uzbekistan ウズベキスタン 3760-5625 65 E5

V

Vatican City (Apostolic Nunciature) バチカン市国 (ローマ法王庁)
3263-6851 19 E2
Venezuela ベネズエラ 3409-1501 32 (B3)
Viet Nam ヴィエトナム 3466-3311 56 D6

Y

Yemen イエメン 3499-7151 32 (B3)

Z

Zambia ザンビア 3491-0121 65 F6
Zimbabwe ジンバブエ 3280-0331 65 G4

Airlines 航空会社

A

Aeroflot Russian Airlines (SU) アエロフロート・ロシア航空 5532-8701
Air Canada (AC) エア・カナダ 5405-8800
Air China (CA) 中国国際航空 5251-0711
Air France (AF) エールフランス 3475-1511
Air India (AI) エア・インディア 3508-0261
Air New Zealand (NZ) ニュージーランド航空 5521-2727
Air Nippon (EL) エアーニッポン 0120-029-003
Air Niugini (PX) ニューギニア航空 5216-3555
Air Pacific (FJ) エア・パシフィック 5208-5171
Alitalia (AZ) アリタリア航空 5166-9111
All Nippon Airways (NH) 全日本空輸 0120-029-333
American Airlines (AA) アメリカン航空 3214-2111
Asiana Airlines (OZ) アシアナ航空 3582-6600
Australian Airlines (AC) オーストラリア航空 5510-7070
Austrian Airlines (OS) オーストリア航空 5222-5454

B

Biman Bangladesh Airlines (BG) ビーマン・バングラデシュ航空 3502-7922
British Airways (BA) ブリティッシュ・エアウェイズ 3593-8811

C

Cathay Pacific Airways (CX) キャセイパシフィック航空 5159-1700
China Airlines (CI) チャイナエアライン (台湾) 5520-0333
China Eastern Airlines (MU) 中国東方航空 3506-1166
China Southern Airlines (CZ) 中国南方航空 5157-8011
Continental Airlines (CO) コンチネンタル航空 5464-5050

D

Dalavia Far East Airways Khabarovsk (H8) ダリアビア航空 3431-0687
Delta Air Lines (DL) デルタ航空 3593-6666
Dragonair (KA) 香港ドラゴン航空 6202-0066

E

Egypt air (MS) エジプト航空 3211-4521
Emirates (EK) エミレーツ航空 3593-6720
EVA Airways (BR) エバー航空 3491-5182

F

Finnair (AY) フィンランド航空 0120-700915

G

Garuda Indonesia (GA) ガルーダ・インドネシア航空 3240-6161

I

Iran Air (IR) イラン航空 3586-2101

J

Japan Airlines (JL) 日本航空 0120-255-931
Japan Asia Airways (EG) 日本アジア航空 0120-747-801

K

KLM Royal Dutch Airlines (KL) KLMオランダ航空 0120-468215
Korean Air (KE) 大韓航空 0088-21-2001

L

Lufthansa German Airlines (LH) ルフトハンザ・ドイツ航空 0120-051-844

M

Malaysia Airlines (MH) マレーシア航空 3503-5961
MIAT-Mongolian Airlines (OM) ミアットモンゴル航空 3237-1852

N

Northwest Airlines (NW) ノースウエスト航空 0120-120747

P

Pakistan International Airlines (PK) パキスタン航空 3216-6511
Philippine Airlines (PR) フィリピン航空 3593-2421

Q

Qantas Airways Limited (QF) カンタス航空 3593-7000
Qatar Airways (QR) カタール航空 5501-3771

R

Royal Nepal Airlines (RA) ロイヤルネパール航空 3369-3317

S

Scandinavian Airlines System (SK) スカンジナビア航空 5400-2331
Singapore Airlines (SQ) シンガポール航空 3213-3431
Srilankan Airlines Limited (UL) スリランカ航空 3431-6600
Swiss Int'l Air Lines (LX) スイスインターナショナルエアラインズ 0120-667788

T

Thai Airways International (TG) タイ国際航空 3503-3311
Turkish Airlines (TK) トルコ航空 5251-1551

U

United Airlines (UA) ユナイテッド航空 0120-11-4466
Uzbekistan Airways (HY) ウズベキスタン航空 5157-0722

V

Varig Brazilian Airlines (RG) ヴァリグ・ブラジル航空 5408-6711
Vietnam Airlines (VN) ベトナム航空 3508-1481
Virgin Atlantic Airways (VS) ヴァージンアトランティック航空 3499-8811
Vladivostok Air (XF) ウラジオストック航空 3431-2788

（改訂第3版）東京 日英併記 シティ・アトラス
TOKYO CITY ATLAS: A Bilingual Guide, 3rd edition

2004 年 10 月　第 1 刷発行
2008 年 10 月　第 9 刷発行

監修者　梅田 厚
編　者　講談社インターナショナル株式会社
発行者　富田 充
発行所　講談社インターナショナル株式会社
　　　　〒112-8652　東京都文京区音羽 1-17-14
　　　　電話　03-3944-6493（編集部）
　　　　　　　03-3944-6492（営業部・業務部）
　　　　ホームページ　www.kodansha-intl.com
地図編集　国際航業株式会社
印刷・製本所　凸版印刷株式会社

落丁本、乱丁本は購入書店名を明記のうえ、講談社インターナショナル業務部宛にお送りください。送料小社負担にてお取り替えいたします。なお、この本についてのお問い合わせは、編集部宛にお願いいたします。本書の無断複写（コピー）は著作権法上での例外を除き、禁じられています。

定価はカバーに表示してあります。

© 講談社インターナショナル株式会社 2004
Printed in Japan
ISBN 978-4-7700-2503-6

この地図は、国際航業株式会社の PAREA-Road を使用して作成しました。
（承認番号 平 16 総使、第 131-1 号）

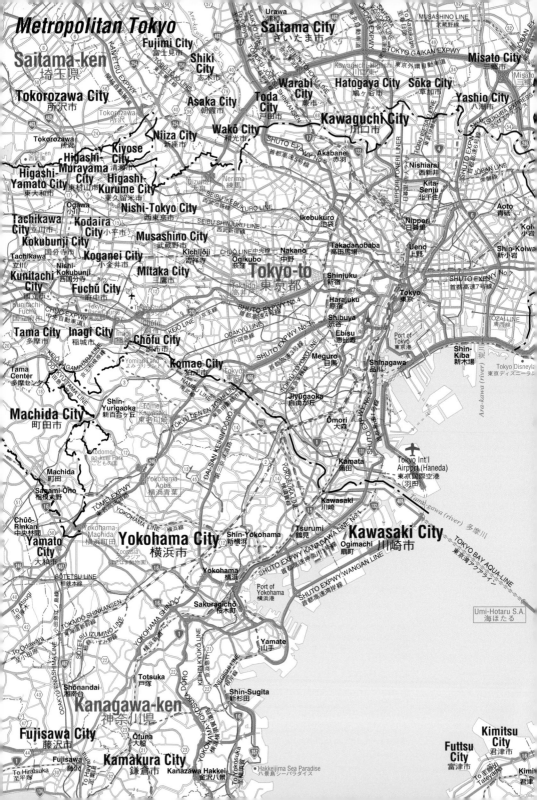